Basic Study Books

社会政策入門

これからの生活・労働・福祉

Introduction to Social Policy:
Future-Proofing Livelihoods, Work and Welfare

石井まこと・所 道彦・垣田裕介 編著
Ishii Makoto, Tokoro Michihiko, Kakita Yusuke

法律文化社

はしがき

——これからを生きる人に寄り添う社会政策を目指して——

人生と社会政策

人生は生まれてから死ぬまでの冒険でもある。それは過去から引き継がれ，未来につながる。過去を学び，いまを知り，未来につなぐ「営み」に社会政策は深くかかわっている。人間は忘れやすい動物である。本書で展開する多様な視点も，お金や産業社会の強い論理でかき消されやすい。そこで，お金や産業社会の論理を超えるべく，人生（ライフコース）の論理に焦点を当て，人生を途切らせない施策である社会政策の考えを本書で学んでもらえることを期待している。

皆さんにとって社会とはどのような存在だろうか。社会は，その構成員である個人の相互関係で作られ，絶えず変容している。第1章でも述べられるが，人間は光合成をする植物と違い，自らエネルギーを作り出せない。そこで生存のために創意工夫をしてきた。その1つが暮らしを支える政策「社会政策」であり，本書はその入門書である。

本書は，高校での公共・政治経済・現代社会などの内容と大きくかかわる。大学では批判的に物事をとらえ，自分の問題意識を専門的な学問として育み，それを他者と共有・発展させていくことがよりいっそう重視される。受験勉強のための学習を超えて，本書を通じて，これまでのあなたの人生やこれからの人生，それを支える社会政策の問題をじっくり考え，本当の「学び」への気づきや導きになるように企画した。

われわれは，労働を通じて収入を得て，食糧などの必需品と交換し，それらを消費して生活をしている。このサイクルがうまくいかなくなるときがある。出生期から幼少期にかけての健康・栄養・教育への配慮，進学し就職するまでの健全な心身の成長，結婚や出産や子育てなど家族形成での支援，退職後の高齢期の過ごし方など，これらを個人の力（自助）で切り抜けていくことはできない。

そこでわれわれは，誰もが生まれてから死ぬまでの人生（ライフコース）のどこにおいても，どのような状況でも，助け合い生活し続けることが可能なようにする「アイデア」を創造し実現してきた。それが社会政策である。その「かたち」は実に国や地域で多様であり，多様で複雑な生成・発展を遂げている。その中で，われわれの生活に大きく影響しているのが経済である。経済の「かたち」は家族や政治や企業や仕事の「かたち」を大きく規定する。われわれは資本主義という経済システムの中にいるが，これから紹介していくように課題は多い。この仕組みを問い直し，誰にとっても豊かな社会を目指していくことが社会政策の課題である。

そこで，社会政策とは「生活と労働が維持されるように，市民や政府が作り出す施策」とひとまず考えておきたい。そして，あなたやあなたの大切な人，周りの人たちの人生にとって社会政策はいかにかかわっているのかを可視化できるように本書は構成した。

本書のねらい

社会政策の学びは，「問い」から始まる。例えば，なぜ物質的には豊かなのに貧困が問題となっているのか。なぜ，いい仕事に就けるかどうか不安にさいなまれるのか。なぜ病気や老後のことを心配するのか。これらは社会政策が正しく機能していれば，なくなっていくものである。こうした問題が発生しているならば，社会政策がない，あるいは機能していない状態である。では，なぜそうなっているのか「問題意識をもつこと」，「問い続ける」ことが，社会政策の発展や進化には欠かせない。よって，われわれの暮らしにある問題を「問う」姿勢が社会政策の学びの最重要ポイントである。

様々な領域における問題意識をもってもらうための「問題提起の書」であり，社会政策の体系を理解してもらう「教科書」でもある。個人と社会の関係に不安や不信が強くなりつつある中で，誰の人生をも途切れさせない施策を生み出すアイデアをこれまで人類は国・地域ごとに作ってきた。SDGs を挙げるまでもなく人口・環境問題などの解決は，やや大げさではあるが，人類の存亡をかけた問題である。それぞれの暮らしを途切れさせないように社会政策を次世代にどう引き継ぎ，発展・進化させていくか，いまはまさに分水嶺の時代である。

現在から未来に向けて，現在ある施策がいかにわれわれの不安や不信に対応できていて，いかに対応できていないかを理解することに力点を置いた。そのうえで，強調したかったのは，社会政策は私たちが作り育てているということである。特に「常識」や「標準」にとらわれず，多様な人々が一緒に生活をすることへのアイデアはまだまだ不足している。いまの世の中，不安と不信が強くなっていると感じるならば，それを安心と信頼に変えるアイデアが社会政策に求められている。それを生み出すのは政治家でも，官僚でも，研究者でもなく，生活者である市民それぞれの立場から表出されるニーズの共有からである。

本書は，社会政策は何ができるのかということを念頭に置いた書籍であるが，問題に対する答え，簡単な解決策を掲載しているわけではない。初めて社会政策を学ぶ読者，学生の皆さんに少しでもわかりやすい教科書として使用できるように，キーワードに側注をつけ，用語等の解説を行っている。しかし，紙幅の関係上，社会政策の過去から現在までの歴史のすべてを網羅しているわけではない。その点は別途他書で補完してほしい。

社会政策には「完成形」は存在しない。本書を通じて，読者が社会政策という共有財産をいかに発展させ，機能させていくかということに関心をもってもらえることを期待している。この社会政策を発展させる作業は「わたし」という単数形ではなく，「わたしたち」という複数形で行うことに意義がある。単数である個人がバラバラではなく，つながりをもったコミュニティから支えられる，そんな施策が充実していく契機に本書が貢献できれば，望外の喜びである。

本書の構成

こうした特徴をもつ本書の構成は以下の通りである。

本書は2部構成であり，第Ⅰ部は「ライフコースと社会政策」とし，子ども期，進路選択期，成人期・壮年期，高齢期という4つの段階で起きる生活問題に対して社会政策がいかに機能，あるいは機能していないかを述べている。本書が人生を軸に研究者の研究区分ではなく，人生区分に沿って社会政策を理解してもらえるよう工夫している。

第1章（所道彦）は，私たちの生活と社会政策の関係から，なぜ人間社会に社会政策が必要とされているのかを全体像を示しながら述べている。

第2章（相馬直子・二木泉）は，子ども期の社会政策について述べている。世界と比較し日本の教育が異常なほど市場化している中で起きる問題や，児童虐待，移民の子どもなど，われわれ大人の目線から消えてしまいやすい対象を幅広く掬い上げた。

第3章（居神浩）は，進路選択期において，就職で起きる学歴間格差の問題を解決する社会政策を考える。進学や就職は進路指導や家族環境で，どうしても受け身になりがちであるが，主体的に選択できるためにはどうすべきか，必要な社会政策とは何かを述べる。

第4章（藤原千沙）は，成人期・壮年期の社会政策である，各章の結節点となる章であり，重要な章である。雇用労働モデルで標準化された社会政策を問い直し，そこから漏れる女性，非正規，自営，フリーランスなどへの対応が不十分なことや，成人期に「学び」が少ないこと等の問題を取り上げている。

第5章（森詩恵）は，高齢期の生活と社会政策について，高齢期に陥る生活困難などの課題を取り扱う。高齢期の生活では，所得，孤独・孤立，介護，認知症，最後の看取りなどのリスク負担が家族に集中しているが，このままで社会は維持できるのかを考える章である。

以上の第Ⅰ部で人生を支える社会政策が一通り網羅されている。

第Ⅱ部「ライフイベントと社会政策」では，仕事，結婚と子育て，住まい，保健医療，生活困窮といったライフイベント別構成としている。

第6章（石井まこと）は，第4章の補足にもなる仕事についてである。仕事は自由に選択できるようでいて，そうではない。どの仕事をするかで生活は大きく変わる。また，働けなくなる＝生活不能にならない仕組みを紹介し，社会政策を補完する仕事のコミュニティや労働組合の重要性について述べている。

第７章（松木洋人）は，結婚と子育てについてである。現在の日本では特定のカップル関係を前提とする社会政策が構築され，多様なカップル・家族は排除されやすい。また，かつての「標準家族」が減少しているにもかかわらず，それを前提とする社会は持続可能なのかが問われる。

第８章（祐成保志）は，住まいについてである。これまで住まいが社会政策の対象として意識されておらず，住宅は自助によるものと考える日本の問題を取り上げている。この間，ようやく「居住支援」という概念が広がりつつあり，この意義が述べられる。

第９章（森川美絵）では，健康ではなくなったとき，障害をもったときについてである。それらへの対応は，保健・医療・福祉の制度によるが，人生は長くなり，それらが作用する期間も長くなっている。複雑化しストレスフルな近代化の進展により，健康な心身は個人の努力では維持しきれなくなっている。本章は，これら課題への対応を探る。

最後の第10章（垣田裕介）は，生活困窮についてである。生活困窮とは具体的にどのような状態なのか，生活困窮状態から生活を立て直していくうえで何が求められるかを述べていく。同時に，どうすれば生活困窮者に社会政策を届けられるかを述べていく。

以上の10章構成は，これまでの社会政策の教科書になかった区分である。

冒頭にも述べたように，人生をこれから，いままさに切り拓いている読者の人生読本になることを願って本書を編纂した結果，こうした章構成にした。これからを生きる人に寄り添う社会政策とは何か，筆者たちも「問い」を立てつつ，本書を単なる解説書でなく，皆さんと一緒に社会政策がすべての人の人生に寄り添うにはどうすればいいか考えながら執筆した。社会政策の範囲は広く奥も深い。繰り返しになるが，本書は社会政策のすべてを網羅できていないが，その入門書として「学びが深まった」と言っていただければ幸甚である。本書が混迷を極める社会情勢の中にある皆さんの人生を照らし出す明かりになることを願っている。

2024年１月

編者を代表して
石井まこと

目　次

I

ライフコースと社会政策

第1章 私たちの生活と社会政策

福祉国家の基本理念を示すフレーズとして「ゆりかごから墓場まで」という言葉がある。社会政策は，私たちの生活を支えるため，日常の生活場面，人生の各ステージで展開されている。本書では，これらを解説していくが，本章では，社会政策がなぜ，そして，どのようにかかわっているのか整理・案内することとする。

まず，「生活する」とはどういうことなのか，生活の構造として考えてみたい。また「人生」に焦点を当てて，その中で想定されうるイベントとリスクを説明する。次に，生活の経済的な面（家計）に着目し，自助の限界を説明する。それを踏まえて，社会政策の目的，領域，体系，手段などについて全体像を説明していくこととしたい。

1 生活の構造と人生

社会政策は，人々の生活を支えるための施策である。皆さんはその入り口に立っていることになる。では，「生活」とは「生きていく」とはどういうことだろうか。「生活」は，あまりに身近な言葉であり，そしてそこには哲学的な意味も含まれることから，説明するのが難しいかもしれない。

地球上で，「生活」しているのは，人間だけではない。植物は，水や光や二酸化炭素がある環境のもとで光合成を行い，エネルギーを作り出して生きている。そして，自らが生きるプロセスで子孫を残している。生存に適した環境がなければ生きていけない。一方，人間は水や二酸化炭素だけでは，エネルギーを作り出せない。人間が生活していくためには，いろいろな条件を整えていく必要がある。人類の歴史は，生存のための創意工夫の歴史でもある。狩猟社会から農耕社会，そして産業革命や都市化などを経て，現在，世界では多様な生活が存在している。日本では多くの人が，自給自足ではなく，労働を通じて収入を得て，食料など必要品に交換し，それらを消費して生活している。

私たちの「生活」を，生きていくということで考えれば，

資料1－1　生活の見取り図

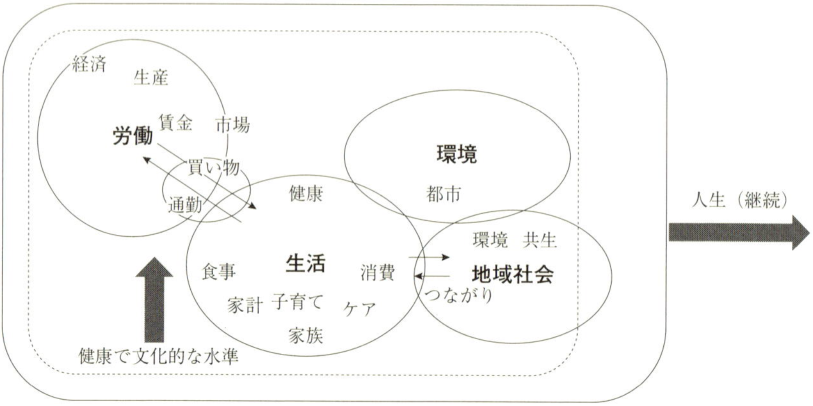

（出所）　筆者作成。

資料1－1のような構造になる。人間の生活は，環境や周囲に依存する場面が多くなることで，その構造は複雑になっているものの，その本質は，地上の生物と共通している点も多い。生物の生活は，周囲の環境に左右される。異常気象で雨が降らないと，植物は枯れてしまう。人間の場合でも，この構造のどこかがうまくいかないと，生活に支障が出てくることになる。経済の状況が悪化し，失業して収入がなくなると，食物に交換することができなくなる。また，消費がうまくいかないと，健康を損ない，労働ができないことも考えられる。たとえ，経済状況が良好で，世の中にたくさんの仕事があふれていても，病気や様々な家庭の事情で働くことができなければ，やはり生活は立ち行かない。

さて，生活を意味する英単語の「life」には，「人生」という意味も含まれている。資料1－1は，生活について特定のタイミングで写真を撮ったようなものである。子どもと大人とでは，生活の構造は異なる。生まれたばかりの子どもが，賃金労働できるわけではないから，子どもの生活の見取り図は，上記とは異なるものを用意しなければならない。人間は，異なる生活の構造を経由して，あるいはそれを変化させながら，人生を全うすることになる。

人生には，誕生，進学，就職，結婚，離婚，退職など様々なイベントがある。こういう人生の歩みを**ライフコース***（life course）と呼ぶ。ライフコースでは，楽しいことだけでなく，生活に影響を与えるような問題が発生することがあ

＊ライフコース
➡第2章「子ども期の社会政策」❷

資料1－2　人生における貧困リスク

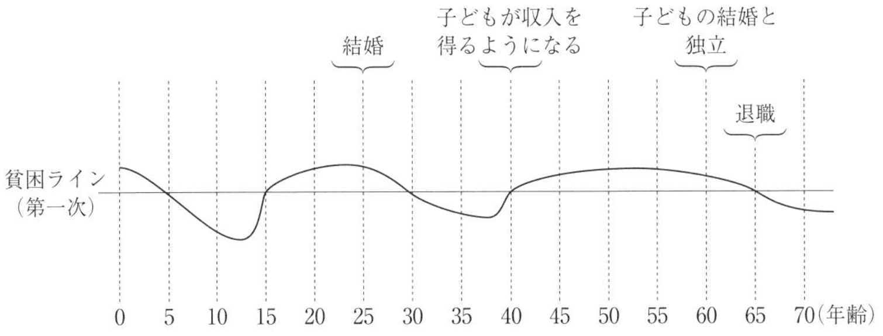

（出所）B. S. Rowntree, 2000, *Poverty: A study of town life* (centennial Edition), Policy Pr., p. 137.

る。突然，事故に巻き込まれてケガをするかもしれない。病気になるかもしれない。昨年まで順調であった仕事が，失われるかもしれない。また，老いによる身体機能の低下で，働くことができなくなることもある。

このような人生における生活上のリスクは，昔から認識されてきた。20世紀初頭，イギリスで貧困問題の解明に取り組んだ**ラウントリー***は，子どもの時期（および子育て中の時期）や高齢期に貧困のリスクが高まることを**資料1－2**のように示した。すべての人にとって，人生の中で，貧困に陥るリスクがあることが示されている。

近年，日本では「人生100年時代」という言葉が使われるようになったが，1920年代前半の日本人の平均寿命は，男性が42歳，女性が43歳であった。長くなった人生において，イベントも課題も増えることになる。これをどう乗り越えていくかがすべての人に問われている。

＊ラウントリー（Rowntree, B. S. 1871-1954）
20世紀初頭から中盤にかけて活躍したイギリスの貧困研究者。ヨーク市の実業家。貧困問題に関心をもち，独学で貧困調査の方法論を開発した。身体的な能率を維持するために必要なカロリー数を起点に，それを得るための食費を算出し，これに日用品費などを加算して，最低生活費を設定し，それを下回る生活をしている者の数を調査し，ヨーク市における貧困の実態を明らかにした。

2　生活していくということ

1　時間と家計をやりくりする（家計管理と自助努力）

次に「生活する」，「生活が成り立たない」ということを「家計」の面から考えてみよう。「生活する」ということを経済的な資源の流れとして理解するならば，「働く（労働）」，「稼ぐ（賃金）」，「交換（消費）」というプロセスが含まれる。例えば，自宅から通勤して会社で働いている人なら，1日24時間の中で，労働（生産）と家庭生活（消費）の間を行き来することになる。

私たちは，これらの生活行動を基本的に「世帯単位」で行っている。世帯とは，生活をともにする生活ユニットである。現代社会では，世帯の一員が稼得した資源を，必要な資源に交換し，世帯の中で消費する。単独世帯の場合は，これらを1人で行い，複数の場合は，世帯内で分担が行われる。世帯のかたちや役割分担は，時代によって変化する。農業社会においては，世帯の全員総出の作業が行われることがしばしばあった。工業化は，都市居住の拡大と核家族化をもたらし，男女の役割分担に基づく世帯モデルが形成される。父（夫）が働き，母（妻）が育児や家事を行うような世帯モデルは，男性稼ぎ主モデル（専業主婦モデル）と呼ばれる。このようなモデルで，母（妻）の行う育児や家事は，アンペイドワーク（無償労働）と呼ばれる。ただし，直接支払われていないが，経済的な価値がないということではない。

現代社会では，世帯の中で行われる家事や育児などの一部について，モノやサービスを購入することによって外部化することがある。例えば，食事については，外食することも，スーパーマーケットの総菜コーナーで購入することもできる。自らが炊事する必要はない。また，育児については，親が就労している間，保育サービスを利用することもある。共働き世帯やひとり親世帯では，アンペイドワークの部分が外部化されることが多い。購入者は，外部化によって生活上のニーズを充足するだけでなく，そのために必要であったはずの時間を買っていることになる。

「生活する」ということは，この単位を運営していくことを意味する。働いて収入を得れば，自動的に生活が成り立つわけではない。赤字にならないように消費を調整するか，あるいは，収入を増やすように副業や稼ぎ手を増やす（共働き化），労働時間を増やすなどの手段がとられる。また，長期的な視点に立って，月単位，年単位で，黒字部分について貯蓄を行い，必要な場合に，貯蓄を取り崩すことも行われる。さらに，大きな買い物が必要な場合には，借金をして，計画的に返済していく方法がとられることが一般的である（住宅ローンなど）。このように，それぞれの世帯で家計管理面での自助努力を行って私たちは生活をしている。

2　日本の家計の状況

ここで，総務省統計局『**家計調査***』のデータを参考に実際の日本の家計の状況をみておこう（**資料1-3**）。実収入には，世帯主の定期収入のほか賞与（ボーナス）や世帯主の配偶者

＊家計調査
総務省統計局が実施している「家計調査」では，家計の収入，支出等の細目までが調査項目として設定されている。例えば，食費であれば，トマト，レタス，パン，餃子などの具体的な支出アイテムに対する支出金額が集計されている。所得階級別，地域別の集計が行われており，地域ごとの消費の動向の参考になる。

資料1－3　家計収支（2022年・1か月平均・勤労者世帯・平均世帯人員3.24人　世帯主の平均年齢50.4歳）

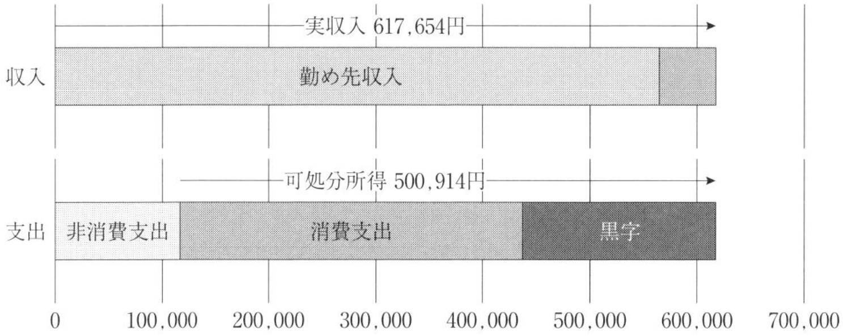

実　収　入	617,654円	消費支出	320,627円
非消費支出	116,740円	黒　　字	180,284円
可処分所得	500,914円		

（出所）　総務省統計局，2023，『家計調査報告（家計収支編）』。

の収入が含まれている。勤労者世帯の場合，勤め先収入が9割を占めており，失業や働けなくなった場合のリスクに備えることも必要となる。実収入から税金や社会保険料などの非消費支出を差し引いた額を可処分所得と呼ぶ。実際に自分で使うことができる所得である。黒字とは，可処分所得から消費支出を引いた額であり，その大部分が，預貯金などに回ることになる。

次に勤労者世帯の消費支出の内訳をみておこう（**資料1－4**）。これらは，勤労者世帯の家計収支に関する平均のデータであって，個々の世帯によって差がある。例えば，住宅は持ち家か賃貸かによって異なる（住宅ローン返済のための支出は，実支出以外の支出として処理されている）。また，子どもの有無によって教育費は大きく変動する。教育費の中には，塾や習い事の費用が含まれる。

家計の生活のゆとりや困窮の目安となるのが，「黒字」である。黒字を貯蓄に回すことによって，将来の支出に備えることができる。黒字になるように，消費支出を抑制する行動がとられる。不必要な支出を避けたり，計画的な消費行動を選択したりといった行動が考えられる。子どもの教育費なども将来的な家計支出を考えるうえで重要な項目である[*1]。

このような家計の状況は，私たちの生活を経済面から把握したものである。「お金の話」は，これからを生きていくために重要なテーマである。先に紹介したラウントリーは，人間が活動するために必要なカロリー量を起点に住宅費や日用

＊1　なお，これらのデータは，「○○円なければ老後生活ができない」ということを示すものではない。貯蓄に余裕のある層であれば，さらに消費支出を増やすこともあるし，逆に，余裕のない世帯であれば，消費支出を切り詰めることも考えられる。

資料1－4　消費支出の内訳（2人以上の世帯）

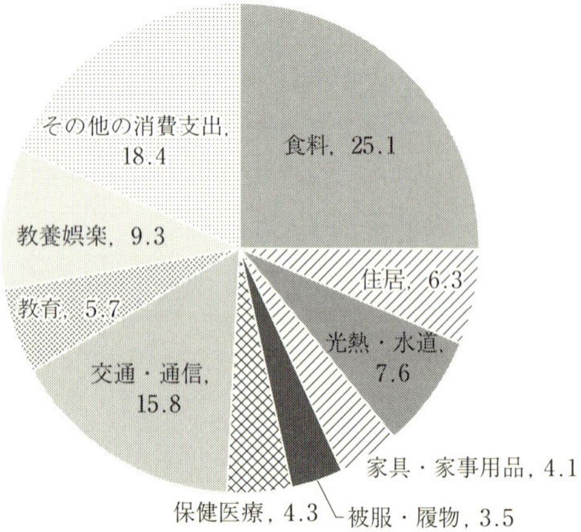

（出所）　資料1－3に同じ。

品費などを加算して，最低生活費（貧困線）を設定し，貧困の状況を明らかにした（**理論生計費法***）。生活が困難になる場合とは，家計が破綻しているようなケースも多い。そのような事態を避けるために生活者は工夫しながら，生きていくことになる。

＊理論生計費法（マーケットバスケット方式）
最低生活を用いるのに必要なアイテムを購入するために必要な金額を積算することによって最低生活費を算定する方法。ラウントリーが行ったヨーク市の調査がその先駆とされる。買い物カゴ（カート）にアイテムを入れていくイメージであることから，マーケットバスケット方式と呼ばれる。日本の生活保護制度でも戦後の一時期，この方法が用いられていた。

これらの「家計のやりくり」による「自助努力」には限界がある。そもそも収入の水準が低ければ生活することはできない。また，生活に必要な資源，食料や日用品の価格が，世帯の可処分所得を大きく上回る場合は購入することができない。経済面や社会面で，多くの生活資源について，国際的な相互依存関係が深まっている。海外の自然災害や戦争によって，モノやエネルギーの価格が上昇し，家計の安定が脅かされることがあるが，こういった大きな構造的な変化に，家計面での自助努力には限界がある。

また，先ほど述べたように，人生には，様々なリスクが待ち受けている。事故やケガ，病気で医療が必要になった場合，個人の家計だけで医療費を賄うことは難しい。人生の途中で，障害をもつようになって，十分な稼働所得を得られなくなった場合，貯蓄だけで家計を維持することは難しい。老齢のリスクについては，年金などの社会保障制度だけで消費水準を維持できるとは限らないので，多くの国民が貯蓄をすることで老後生活に備えている。しかし，人生がどこまで続くか本人にもわからないから，いくら貯蓄すれば十分なのか予測できないのが実情である。また，結婚して家庭をもつことや子どもをもつことは，それ自体は幸せな人生のイベントであるが，子育てや教育など様々な支出が必要となる。いくら必要になるか予測できないと結婚や子どもをもつことを躊躇することもありうる。困ったときに生活を支えてもらえるシステムがないと，人は不安の中で人生を過ごすことになる。結局，家計の問題は，家計収支の「やり繰り」のテクニックだけでなく，将来に対する不安感，社会や政府に対する信頼感と関係している。

さらに，お金さえあれば生活が成り立つわけではない。子育てや介護に関する精神的負担や家庭内の暴力など世帯内において，また，近隣との関係などにおいて家計の数値に現れることのない問題を抱えている世帯もある。長時間労働を強いられ，子どものための時間，あるいは，自分のための時間がとれないということもあるだろう。「生活困難」，「生きづらさ」とは，経済的な問題だけではないことに注意が必要である。

3　社会政策の目的と機能

1　社会政策の登場

社会政策の歴史は，自助努力の限界に対する社会的対応の歴史でもある。農業社会においては，自然災害が大きな脅威であったが，産業化が進み，貨幣経済のもと「雇われる」ことで収入を得るようになると，今度は「失業」が生活上の主要なリスクとなる。自助努力で対応可能な範囲や要素が変化してきたことに注意が必要である。

17世紀以降，産業社会への移行の時代，都市問題や貧困問題が深刻化するようになると，大量の生活困窮者が都市に滞留するようになり，治安面で大きな課題となった。困窮者を収容保護し，その労働力を活用するため強制就労させるような仕組みが構築された（**救貧法***）。

また，産業革命期には，「国民国家」としての国家が意識されるようになると，企業や資本家による労働力の搾取を抑制し，国の将来像を踏まえた政策が意識されるようになった。産業革命により工業化が進む一方，劣悪な環境で，長時間労働を強いられる工場労働者が多数生み出され，また，労働力不足を補うために児童労働・女性労働などが増加した。資本家による一方的で非人間的な搾取を抑止するための規

＊**救貧法**（イギリス）
イギリス最初の貧困者対策法といわれる。1601年にまとめられた（エリザベス救貧法）。教会区を救貧行政の単位とし，治安判事の監督のもとで，貧民監督官が貧民の保護・監督を行った。また，労働能力のない貧民には援助を行い，労働能力のある貧民は強制就労，児童は徒弟に出すといった対象者別の処遇を行った。さらに，救貧に関する費用を確保するために「救貧税」を創設した。しかしながら，産業革命期にまで，制度的な矛盾が蓄積し，救貧税が増大したため，「ルールの全国的な統一」，救済を受けている者は受けていないものよりも下位の水準の生活をしなければならない「劣等処遇の原則」や，救済を求めるものは救貧院に入らなければならない（「院内救済の原則」）といった原則などを柱とする大規模な改革が行われた。1848年，ベヴァリッジ報告に基づく社会保障制度を整備する際に廃止された。日本の生活保護制度の「先祖」に当たる。

制，児童労働の禁止や女性労働の保護などの施策が展開されるようになった（**工場法***）。社会政策の起源は，これらの国家の動きに見出すことができる。

また，自主的に自助努力の限界を乗り越える試みが工夫されてきた。1つには，個人の家計よりも，大きな単位で，リスクを分散することを考えるようになった。例えば，職場内での互助によって，事故が発生した場合に給付を行う仕組みが考えられるようになる。職場の仲間どうしで，お金を出し合い，それをプールしておいて，事故が発生した際にそれを見舞金のようなかたちで支給する。これは，「困ったときはお互いさま」と考える互助的な行動であると同時に，「自分が事故にあうかもしれない」という場合に備えて，ゼロか100かの選択ではなく，ある程度の支出を是認した個人としての合理的な選択と理解することもできる。

20世紀初頭にかけて，貧困の原因は，個人の怠惰や浪費ではなく，低賃金などの社会的要素にあることが明らかにされるようになった。やがて，生活困窮の原因が徐々に解明され，自助努力の限界が明らかになるにしたがい，国家が国民の最低限度の生活を保障することを求める考えが展開されるようになった（ウェッブ夫妻の**ナショナルミニマム論***）。

これらの考え方を受けて，社会政策を通じて，ナショナルミニマムを保障するシステムの構築が目指されるようになった。最も有名なものとして，1940年代後半に整備されたイギリスのシステムが挙げられる。その起点となった**ベヴァリッジ***報告（1942年）では，困窮，疾病，不潔，怠惰，無知を5つの巨人悪とし，それらに対応するための社会保険と公的扶助，無料アクセスの医療サービスや家族手当（児童手当）などから構成されるシステムが提案され，第2次世界大戦後，国民の支持のもと実施された。このような国民の生活保障のための包括的・体系的なシステムは「福祉国家」と呼ばれる。社会政策は，福祉国家に関する政策といえる。

敗戦後の日本も，福祉国家の途を目指し，社会政策を展開してきた。その出発点となる日本国憲法25条には，「すべて国民は，健康で文化的な最低限度の生活を営む権利を有する」「国は，すべての生活部面について，社会福祉，社会保障及び公衆衛生の向上及び増進に努めなければならない」と生存権の保障が規定されている。

また，社会保障制度審議会による「社会保障制度に関する

＊工場法（イギリス）
産業革命により工業化が進む一方，劣悪な環境で，長時間労働を強いられる工場労働者が多数生み出されることとなった。また，労働力不足を補うために児童労働・女性労働などが増加した。資本家による一方的で非人間的な労働者の扱いを抑止するための規制が試みられるようになる。1819年に制定された工場法は，1833年に強化され，工場監督官が設置された。その後も，児童労働や女性労働の制限，労働時間の制限など労働者の待遇や環境は改善されるようになった。現在の日本の労働基準法も，工場法以来の労働規制の流れを受け継いでいる。

＊ナショナルミニマム論
国が保障すべき国民の生活水準およびそれを国家が保障すべきとする考え方。イギリスのウェッブ夫妻によって提唱された。20世紀初頭に生活困窮を個人の問題・自己責任の問題から，社会的な問題ととらえるようになったこと，基本的人権として「社会権」の考え方が拡大したことがその背景にある。ドイツのワイマール憲法が初めて国民の生存権と国家の責任を明記した。

＊ベヴァリッジ（Beveridge, W.）
イギリスの官僚。戦時下の1942年，戦後の福祉国家のビジョンを提示する報告書をまとめた。この報告書の提案内容の実施については，1945年の総選挙の争点となったが，積極的な社会

勧告」（1950）では，次のように述べられている。

「……いわゆる社会保障制度とは，疾病，負傷，分娩，廃疾，死亡，老齢，失業，多子その他の困窮の原因に対し，保険的方法または直接公の負担において経済保障の途を講じ，生活困窮に陥った者に対しては，国家扶助によって最低限度の生活を保障するとともに，公衆衛生および社会福祉の向上を図り，もってすべての国民が文化的社会の成員たるに値する生活を営むことができるようにすることをいうのである。このような生活保障の責任は国家にある……」

日本では，1960年代「**国民皆保険・皆年金**＊」体制の構築期，1970年代の「**福祉元年**＊」の時期などに基本的な社会保障制度を整備した。また，1990年代後半からは，高齢化社会の到来に備えて公的介護保険の導入などを行った。

1950年代の勧告で列挙されている病気，ケガ，障害，失業，出産，老齢などへの対応は進化したものの，現在でも私たちの生活を脅かす存在であることに変わりはない。また，「健康で文化的な最低限度の生活」の意味するところも変化している。雇用の変化，家族の変化など，戦後，福祉国家の構築期とは，異なる社会状況の中で，人々の生活を守っていくための社会政策が求められている。

2　社会政策の目的と機能

ここまで，社会政策が国民の生活を安定させるために重要であることを説明してきた。現代の民主主義国家において，社会政策は市民生活の安定や向上を直接の目的として策定・実施されるものと考えられているが（武川，2001），もう少しその目的や役割を考えておくことにしたい。

まず，社会政策は，国家の持続可能性の観点からも重要である。産業革命期に，工場法などの規制によって労働問題に介入した理由には，資本家による一方的な搾取を放置することが，国益と一致しないという判断があったと考えられている。資本家が，自分の利益拡大のために，労働力を使い果たしていけば，国家の将来はない。社会政策は，国家・社会の将来をも見据えて実施される。例えば，現在，少子化問題を抱える国家がある。「少子化対策」とは，人口の増加を目的するものであり，国家の持続可能性的な視点で展開されるものである。ただし，子どもを産む・産まないという選択は，

政策の展開を掲げる労働党が勝利し，アトリー内閣のもとで数々の立法が行われ，戦後のイギリス福祉国家の基盤が構築された。

＊国民皆保険・皆年金
自営業や農業・漁業従事者など，公的年金制度や公的医療保険制度に加入していなかった人々が加入できる仕組みを整備し，すべての国民が何らかの公的医療保険・公的年金制度に加入できる仕組みとなったこと。単一の制度ではなく，給付面や負担面などについて制度間の格差が課題として残されている。

＊福祉元年
日本では，1960年代末から1970年代にかけて，社会保障・社会福祉サービスの拡大が進み，児童手当の導入や老人医療費の無料化が実施された。1973年は，福祉元年と呼ばれたが，その年に勃発した第4次中東戦争に始まるオイルショックで日本経済の高度経済成長は終焉し，1980年代から児童手当の削減や老人医療費の自己負担の導入など「福祉削減」の時代を迎えることとなった。

個人の生活上の，あるいは人生の選択によるものである。「国家のために子どもを増やせ」という視点にも問題がある。人々の健康や生活，個人の価値判断を無視した社会政策が展開されないよう注意が必要である。

また，社会政策を通じて，社会の安定・社会のコントロールを行うという考え方もある。ドイツのビスマルクによる一連の**社会保険制度***の導入は，社会主義者に対する「アメとムチ」の政策のアメに当たるものであった。貧富の差が広がり，生活困窮のレベルが，弱い立場の者にとって絶望的となったとき，社会の安定が大きく損なわれることが懸念されたのである。生活不安による暴動や革命を防止するための施策の必要性が認識されてきた。20世紀後半以降，独裁的な国家，強権的な国家が姿を消し，多くの国で民主主義に基づく政治が行われており，社会の分断の解消や格差是正のための手段は洗練され，税や社会保障制度などの社会政策を通じて実施されている。

＊（ビスマルクの）社会保険制度
社会主義対策として「アメ」と「ムチ」の政策を実施したとされる。社会保険制度を導入することで，労働者の生活保障を進める姿勢を示す一方で，社会主義運動を弾圧した。

現代社会では，社会政策を通じて，人々の生活上のリスクに対応する仕組みを整えているが，これらの仕組みは，個人の生活上のリスク対応以上の意味をもっている。給付を受ける人だけに着目するのではなく，社会政策を通じて，格差の是正が行われている点に注意が必要である。例えば，税を財源とする社会扶助制度は，生活にゆとりのある人たちから，困窮している人たちへの給付である。また，年金制度は，下の世代から上の世代への経済的資源の分配でもある。社会の様々な資源を集めて，必要に応じて分配していくことで，調和のとれた包摂的な社会の実現と持続性の確保のための役割を社会政策は担っている。

なお，格差の是正や資源の再分配には，民主主義的な手続きが重要である。他者の権利を尊重し，公平・構成な分配を進めていくことが求められている。また，「生きていく」，「生活する」ということには，自らが判断し，自分で生活を「経営」することが含まれており，それが可能な知識や技術，経験をもつ市民の存在が前提となる。社会政策は，自助の限界を補完するだけでなく，自助の前提となる環境を整備する役割を担っている。

3　社会政策が展開される場面

社会政策が展開される生活の場面を考えると，「労働政

資料１－５　生活と社会政策

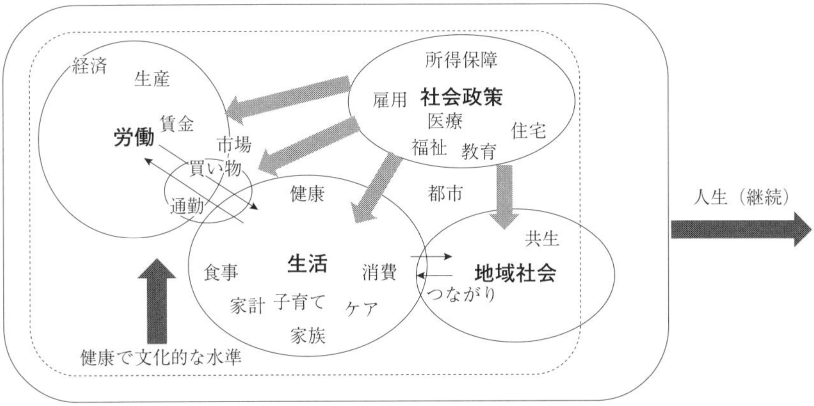

（出所）筆者作成。

策」，「家族政策」，「福祉政策」，「地域政策」といった小区分ができる（**資料１－５**）。

「労働政策」には，賃金，労働時間，労使関係などに関する政策が含まれる。「国家」と「労働」との関係については，様々な論点がある。弱い立場にある労働者に対する雇用主からの一方的な搾取は認められない。また，「本人が望む」という理由であっても，長時間労働や，危険な仕事を認めることは許されない。産業革命以降，工場労働者や事務職など被用者の働き方（働かせ方）に対する規制が社会政策の中心であった。一方，賃金や労働時間，労働条件などの設定は，企業内部の労使交渉に委ねられている。日本の場合は，終身雇用，企業内労働組合といった特徴的な雇用システムが存在し（**日本的雇用システム***），産業別に分立した社会保障制度が形成されてきた。大企業などの正規雇用の社員に対しては，比較的手厚い給付が行われるのに対して，非正規雇用の労働者はそこから排除されてきた。現代社会には，自営業やフリーランス，さらに，近年はインターネットなどの IT 技術の進歩を受けて拡大したギグワーカーなど，現在は多様な働き方が存在している。どのような働き方であれ，人間としての尊厳と健康な生活が保障される環境を整えていくことが社会政策の課題となっている。

「家族政策」には，少子化対策などの人口政策，子ども，高齢者，障害者に対する家族のケアに関する政策，子育て世帯に対する経済的支援策などが含まれる。「国家」と「家族」

＊日本的雇用システム
高度経済成長期に主流であった日本における企業の雇用形態。新卒者の一括採用，定年までの雇用が保障される「終身雇用」，在職年数や年齢とともに給与が上昇していく「年功賃金」，「企業別組合」などの特徴がある。
➡第４章「成人期・壮年期の社会政策」❷

との関係，介入や支援の目的や方法，その水準についても，慎重に検討しなければならない課題が多い。例えば，社会政策を通じて「子どもの数を増やすために介入する」，「特定の家族形態を強制する」，「家族による扶養を強制する」，「特定の家族モデルを奨励する」といった政策は，個人の自由を制約するという点で問題がある。国家による「出生」への関心は，歴史的に軍国主義や**優生思想***とも関連しており，慎重な姿勢が求められている。家族内でのドメスティックバイオレンスや虐待などに対して，家族を「治外法権」の場として，外部からの一切の介入を行わないという考え方も認められない。また，育児休業やワーク・ライフ・バランスの施策は，「労働」と「家族」の間に焦点を当てた施策である。24時間の生活上の時間配分を変更する政策と考えることもできる。

＊優生思想（優生学）
20世紀前半，人間の遺伝子に着目した学問が発達する中で，その知見を社会政策に導入し，「断種」を通じた障害者の出生の予防などの取組みが行われるようになった。日本でも，1920年代から優生運動が展開され，「優生上の見地から不良な子孫の出生の防止」を掲げた優生保護法が1996年まで存在した。障害者の人間としての存在・尊厳を否定する点，「優良種」を増殖しようとする国家主義的な面などが問題とされている。

「地域政策」としては，都市計画や過疎対策，地域経済の活性化，地域のマネジメントなどの施策が含まれる。地域社会は，私たちの生活の場・基盤である。「砂漠の中の一軒家」で生活することは難しい。地域社会が不安定になると，生活にも影響が出てくることになる。

工業化が進行し，多くの人が　都市部において「雇われること」によって生活の糧を得るようになると，都市部だけでなく，地方の生活もかたちを変えることになった。地方都市や農村部では，地域経済や医療に様々な課題を抱えている。同じ都市の中でも，地域ごとに貧困や特定の生活ニーズが集積するようなケースもある。社会政策を考えるときに，国全体の状況だけでなく，地方都市やコミュニティごとの視点も重要であり，どこで生活していても一定水準以上の健康で文化的な生活が確保されることが求められている。

4　社会政策の体系

社会政策は，私たちの生活のあらゆる場面に登場するが，それぞれの場面での生活を支えるために，おおよそ次の大きな領域で様々なプログラムを展開している。

1　雇　用*

＊雇用
➡第4章「成人期・壮年期の社会政策」，➡第6章「仕事をめぐる社会政策」

産業革命期以降，雇用労働が人の生活の費用を確保するための主流な手段となった。市場経済システムにおいては，人は自分の労働力を売って賃金を得て，必要なものを買い，生活を維持している。何らかの事情で，労働力を買ってもらえなくなれば，生活が行き詰まることになる。社会政策は，人々の雇用の維持を主要な領域としてきた。また，雇用されているだけで生活が保障されるわけではない。「奴隷」とならないように，最低賃金制度や労働時間の上限など「規制」による社会政策が実施されている。さらに，雇用が失われたときに，雇用の創出，ほかの雇用先への紹介・マッチング，雇用能力の開発・強化などの取組みを行っている。加えて，人々の生活面での変化に伴い，雇用との調整が必要になる。例えば，子育てや介護，自分自身の病気などで，年単位，日単位，時間単位で，仕事を休むことが必要になる。育児休業やワーク・ライフ・バランスなどの施策が，社会政策において重要な領域となっている。

2　所得保障*

就労できなくなったとき，また，就労していても十分な所得が得られないとき，生活に必要な資源が購入できなくなる。こういう場合に，直接，経済的な支援を行うためのシステムを社会政策は用意してきた。家計を通じて，生活が維持できるように，直接，家計の所得を補助する仕組みである。代表的なものとしては，失業給付，年金，生活保護，児童手当などの現金給付がある。

＊所得保障
➡第2章「子ども期の社会政策」，第5章「高齢期の社会政策」，第7章「結婚と子育て」，第10章「生活困窮と社会政策」

3　医　療*

病気やケガの際に，治療やケアが必要になる。医療自体は医師などの専門職によって提供される。社会政策は，まず，国民の医療ニーズに対応できるだけの医療専門職を確保し，生活の場面で提供できるようシステムを構築する。生活圏に医療サービスがなければ，人の生活は立ち行かなくなる。かつて日本でも「無医村」の解消が大きな課題であった。

また，医療専門職や病院を用意するだけでは，治療やケアを受けられるとは限らない。病やケガの種類や治療の必要度は様々である。風邪と輸血が必要な大規模な手術では，必要な人員や費用が大きく異なることになる。全額自己負担で，これらの費用を賄うことができるとは限らない。もし，治療費を負担できなければ，治療を受けられないことになる。これらの費用の負担の在り方を調整することが社会政策の課題となっている。

＊医療
➡第5章「高齢期の社会政策」，第9章「保健医療・介護」

＊住宅
➡第8章「住まい」

4　住　宅＊

人間が生活するために，住まいが必要であることは言うまでもないが，自助努力だけで住まいを確保できるとは限らない。住まいは「人生で最も高い買い物」と呼ばれる。自分の家（持ち家）を購入する場合，長期的な視点で家計をやりくりし，住宅ローンなどを利用することが多い。購入までの期間，どこかに住まいを確保しなければならないし，住宅を購入することができない層，あるいは購入しない層も存在する。その場合，民間や公的な賃貸住宅を借りることになる。持ち家でも賃貸住宅でも，そこにずっと住み続けられるかはわからない。特に，高齢期において，生活の場をどこにするかは大きな課題である。

住まいの問題は，個々人の生活の問題であると同時に，社会にとっても重要な課題である。十分な住宅が用意できなければ，労働力の確保も，次世代の育成もおぼつかないとこになる。国際的には，住宅政策は社会政策の重要な領域として位置づけられてきた。住宅政策の中には，社会住宅などの住宅の供給，住宅の費用に関する経済的支援（住宅ローンに関する減税や住宅手当）が含まれている。

＊教育
➡第2章「子ども期の社会政策」，第3章「進路選択期の社会政策」

5　教　育＊

教育，特に，子どもたちの学校教育は，社会政策において重要な位置を占める。人間としての成長期に，生きていくための知識や技術，経験を習得することが，その後の人生を左右することになる。また，子どもたちは将来の社会の担い手であり，教育は，社会の持続可能性を左右する。教育の領域には，義務教育（小学校，中学校）だけでなく，高等教育（高校・大学），専門教育，生涯教育など多様な領域が含まれる。「学び」は，人生の前半部分だけで行われるわけではなく，生きがいや自己実現と密接に関連している。

＊福祉・ケア
➡第5章「高齢期の社会政策」，第9章「保健医療・介護」，第10章「生活困窮と社会政策」

6　福祉・ケア＊

誰でも障害や老齢などにより，日常生活のサポートが必要になる場合がある。これらは，病気の治療とは別の課題である。これらの「ケア」については，かつては，家族が担うことが多かったが，現在では，社会的にその役割を分担することが基本となっている（社会的ケア）。障害者や高齢者，子どもに対する社会的ケアがこれらに当たる。

20世紀後半以降，社会的ケアは，社会政策の中で急速に拡大した領域であり，イギリスでは，かつてパーソナルソーシャルサービス（personal social services）と呼ばれていた。日本では，「福祉サービス」と呼ばれることも多く，日本の「福祉」の中心的なイメージとなっている。

これらのケアには，直接的なケア（介助）だけでなく，相談や見守りなどのサポートも含まれる。これらの生活上のニーズは個別性があり，それぞれの生活者に適合した「ケア」を提供するためには，複雑な作業が必要となっている。また，社会政策の各領域で生活を支える仕組みが構築されても，それを必要とする人に届けるための仕組みや専門職が必要になる。パーソナルソーシャルサービスには，「個別化された相談援助」が含まれてきた。現在，日本でも社会福祉士など相談援助の専門職が活動している。*2

＊2　歴史的には，生活困窮者に対して，宗教組織や篤志家による慈善活動が展開されてきた。19世紀以降の近代化・工業化の中で深刻化する貧困問題等に対して，より社会的・組織的な援助活動が行われるようになる。これらは「社会事業」と呼ばれる。これらの事業やこれらを通じて蓄積された対人援助の方法および専門職は，20世紀以降，現代的なソーシャルワーク，ソーシャルワーカーとして体系化・理論化されるとともに，社会政策・福祉国家のシステムの中に取り入れられ，現在に至っている。国際的には，「ソーシャルワークは，社会変革と社会開発，社会的結束，および人々のエンパワメントと解放を促進する，実践に基づいた専門職であり学問である」と定義されている（日本ソーシャルワーカー連盟）。

5　社会政策のかたち

1　給付と規制

社会政策の実施方法に着目すると，大きく「給付」と「規制」の２つがある（武川，2001）。「給付」とは，文字通り，健康で文化的な最低限度の生活を保障するために，社会政策を通じて，様々な生活資源を提供するものである。医療，教育，福祉などの各種サービス給付，社会住宅，住宅手当，児童手当などの現金給付，社会住宅などの現物給付がこれに当たる。

「規制」は，法律に基づいて労働や生活の局面に介入し，人々の生活を守るものである。例えば，労働の領域では，最低賃金や労働時間の上限などが定められている。また，職場の安全衛生管理などもある。これらは，労働者を保護するための市場経済システムへの規制である。住宅，医療，介護，教育などの領域では，サービス提供者の要件や施設の基準などが法律で規制されている。さらに，家族関係に法が介入する場合もある。児童福祉の分野では，児童虐待のケースでは，児童相談所が家庭に介入し，子どもの保護に当たる場合がある。家族法などの規定に基づき扶養を強制したり，養育費の支払いを定めたりする場合などがこれに当たる。これらは法律による家族関係の規制と考えることができる。

2　現金給付・現物給付・サービス給付

社会政策を通じて，国民に対して何かを「給付」する場合，その具体的な方法にはいくつかある。現代社会は，市場経済のシステムのうえに構築されている。家計を運営するに当たり，経済的資源があれば，国民はそれを市場で生活必需品と交換することができることが前提となっている。生活を支えるための社会政策の方法として「現金給付」は主力の1つである。現金があれば食料品や日用品をスーパーマーケットで購入することが可能であろう。現金以外にも使途を限定した**バウチャー（引換券）**[*]を給付する方法もある。

＊バウチャー（引換券）
食料品などの引換券を配布し，それを店で実際の食料品に引き換えることにより援助を行うような例がある。現金と異なり，ほかの用途には使用しにくいが，市場で交換可能であることが条件となる。また，交換システムを構築したり，管理するためのコストが必要になる。

ただし，市場システムで交換できない資源もある。現金を給付されてもそれを交換することができなければ，生活は成り立たない。病気になった際には，医療や介護のサービス自体が存在しない地域では，現金を給付するだけでは生活を支えることができない。こういう場合には，そのニーズを充足するための資源を直接提供すること（現物給付）で，人々の生活を支えることが必要になる。

さらに，サービスは，専門職などの人を通じて給付されるという点に特徴がある。モノのように保存することはできないし，購入と消費が同時に行われる。サービスの内容について利用者本人が理解することが難しいものも多い。そのため，医療サービスや介護サービスを実施するために必要な専門職の確保や配置，それを利用するための仕組みの整備も社会政策の役割である。

3　社会保険と社会扶助（税と保険）

どのような方法で社会から資源を確保し生活保障のために分配するか，社会政策を通じてとりうる方法は様々である。主要な仕組みとして，まず，社会保険制度がある。保険の仕組みを用いて，資源を確保し，事故が発生した場合に必要な人に提供する仕組みである。日本の年金，医療保険，雇用保険，介護保険，労災保険は，社会保険の考え方に基づいている。健康な人たちが病気の人たちを支える，働いている人が働けなくなった人を支える仕組みである。現在は，社会政策において実施される「制度」であるが，人がもつ「助け合い」，「お互いさま」の精神を社会化したものと考えることができる。

社会保険は，メンバー（加入者）に給付を行うための仕組みなので，事前に加入し，保険料を拠出しておく必要がある。このことから，しばしば，拠出制の仕組みと呼ばれる。拠出が求められる点は，民間保険と同じであるが，社会保険制度は，公的機関が運営していること，強制加入であること，そして，事業主負担や公的助成がある点で異なっている。

社会全体でリスクを公平に負担するためには，できるだけ多くの人に加入してもらう必要がある。例えば，医療保険の場合，病気の人だけが加入してもリスク分散は成り立たない。そこで，「強制加入」の仕組みがとられることが多い。民間保険では「リスクの高い人（近い将来給付事故が発生しそうな人）」は，加入を断られる場合があるが，社会保険にはリスクの高い人でも加入できる。そして，強制加入の仕組みであることが，公費負担が行われる理由にもなる。さらに，社会保険の保険料は，リスク発生の確率と連動していない。民間の保険では，リスクの高い人は，高い保険料を払うことが求められるが，社会保険では，全体の事故の発生率に合わせた平均の保険料を払うことが基本であり，さらに所得と連動した応能負担の原則で保険料が設定されることが多い。社会保険制度は，あらかじめ想定されるリスクの事態が発生した際に，経済的な給付を行い生活困窮の状態に陥らないよう設計されているという点で，予防的な措置の仕組みと考えることができる。

ところで，こういった予防的措置が用意されていても，実際に生活が困窮する場合もある。社会保険に未加入の場合，あるいは加入していても給付水準が低い場合などである。こういった場合に備えて，社会扶助の仕組みが用意されている。社会扶助は，税を財源とし，社会保険制度などほかの制度を活用しても対応できない場合に給付を行う仕組みである。日本では生活保護制度がこれに当たる。しばしば，社会扶助は，生活保障の最終的なセーフティネットと呼ばれる。

社会扶助制度では，その時点で一定の要件を満たしていれば，給付が行われる。事前の支払いは必要なく，拠出制の社会保険に対して，無拠出制の仕組みと呼ばれることがある。ただし，その要件に該当するかを判断するための審査が必要である。例えば，生活保護制度などでは，給付を受ける前に，申請者の資産などについて調査が行われる（**ミーンズテスト***）。

＊ミーンズテスト
資産調査と呼ばれる。所得や所有している貯蓄や資産を把握し，その人が実際に困窮していることを認定する。厳格に適用されることで，給付の対象者を限定することができるが，回復できない水準まで放置する事態を招くことにもなりかねない。また，スティグマの問題を発生させることにもなりかねないことから慎重な対応が求められる。

4 選別主義と普遍主義

社会政策のプログラムにおける給付の対象の範囲について，普遍主義と選別主義の２つの考え方がある。普遍主義とは，給付の対象を限定せず，広くすべての国民を対象とする考え方である。選別主義とは，給付の対象を，「本当に必要な人」，「真に困っている人」に限定するという考え方で，「所得制限」などによって選別が行われる。生活保護制度などの社会扶助制度では，資産調査（ミーンズテスト）が行われ，一定水準以下の者だけが受給できる仕組みになっている。日本の児童手当は，長年にわたって，選別主義の原則で運営され，所得制限が課せられてきた。「真に困窮している者だけを対象とする」という考え方には一定の支持があるものの，所得制限を実施するためのコストがかかること，選別を行うことによる**スティグマ***，税金等は負担しているにもかかわらず給付が行われないことに対する不満など様々な問題もある。社会政策自体が，社会の分断の原因とならないように注意する必要がある。

＊スティグマ
「恥辱」，「烙印」を意味する。社会政策によって様々な施策が実施されるが，その対象者が限定されている場合，その施策が適用されること自体が恥ずかしいと感じたり，また，その対象外の人たちから非難されたりすることが起こりうる。その結果，本来，受けられるはずの給付を申請しないといった事態を招くことになる。

5 社会政策の費用負担

社会政策における費用負担のあり方を考えておきたい。道路や橋などのインフラ整備や防衛費などと同様に社会政策の費用の多くは税金によって賄われている。個人が負担する所得税は，累進課税の仕組みとなっており，高額所得者は高い割合の税金を負担している。

一方，社会政策のプログラムの中でも，社会保険制度では税金とは別に保険料が徴収されている。実際には，税金も投入されている社会保険もある。また，被用者保険の社会保険料も給与に応じて負担することになるが，雇用主がその保険料の半分を負担しているものもある。

さらに，社会政策の「給付」を受ける場合に，利用者の負担が発生することがある。例えば，公的な医療サービスを利用した場合，社会住宅に入居した場合の家賃，保育所の利用料や高等教育の授業料の負担などがある。利用者負担については，さらに，応能負担と応益負担の２つの考え方がある。応能負担とは，支払い能力に応じて費用負担すべきであるという考え方である。富裕層はより多くの費用を負担し，困窮層は負担を免除するという制度設計になる。一方，応益負担とは，サービスの利用量に応じて費用を負担すべきであるという考え方であり，一定の額や一定の割合の費用を負担する制度設計になる。これらの考え方が混在するかたちでサービス給付が実施されることが多い。

社会政策が拡大すると，その実施のための費用が増えることは避けられない（**高福祉・高負担***）。特に，高齢化など人口構造の変化によって世代間の費用負担のあり方も大きな論点となっている。所得税を負担する時点で，累進課税の仕組みになっていること，消費税などを通じて，広く全国民が社会政策の費用を負担していることについて留意しておく必要がある。

＊高福祉・高負担
社会福祉や社会保障の水準を引き上げるためには，税や社会保険料などを通して高いレベルの負担が必要になるという意味。日本では，北欧諸国などを例に，税などの非消費支出が増加することで可処分所得が減少し，個人の消費生活や国の経済にとってマイナスになると主張する際によく用いられた。

6　社会政策の実施・担い手

1　社会政策の実施主体

社会政策を実施する責任は誰にあるのだろうか。健康で文化的な最低限度の生活を保障する義務は国にある。社会政策に関連する法律や施策は，基本的に国会の審議を通じて立法化され，制度として実施される。**労働三法***も厚生年金保険法も生活保護法も国の法律であり，国が責任を負う。

＊労働三法
「労働基準法」「労働組合法」「労働関係調整法」の3つの法律を指す。このほかにも，労働者の権利を守るための法律が多数定められている。

一方，社会政策の中には，生活者に近いところに位置する地方自治体がその実施において大きな役割を担っているものも多い。日本では，住民の生活ニーズに適切に対応するためには，身近な地方自治体，特に基礎自治体（市町村）に委ねたほうが適切であるとする考え方のもと，1980年代から「地方分権」が進められてきた。

社会政策の中には，法律に基づいて地方自治体に実施を義務づけているもののほか，実施について任意のものもある（地方自治体の事務）。福祉や教育に関する分野では，市町村が実施の責任をもっているものも多い。学校教育や児童相談所，施設の最低基準の設定などがあるが，都道府県，政令指定都市，中核市など，制度ごとに義務づけられる自治体が異なる。

地方ごとで別々の制度や異なる水準の制度が実施されれば，法の下の平等に反する事態になる。例えば，財政が厳しい地方自治体では，余裕がある自治体と同じ水準で社会政策を展開することが困難になる可能性がある。そこで，地方自治体間の財政上の格差を是正するために，地方交付税の仕組みが導入されているが課題も多い。地域格差の是正は，社会政策の重要なテーマである。

地方自治体は，その名の通り，住民の政治参加にとって最も身近なところに位置する。地方自治体とは，単なる役所の建物や公務員を意味するものではない。地方自治の仕組みを通して，身近な生活問題解決のために，住民が自ら政策の策定や実施にかかわっていくことが期待されている。

2　社会政策と自助・互助・共助・公助

さて，20世紀以降，社会政策が様々な仕組みを用意して人々の生活を支えるようになったが，生活の局面のすべてに介入し，全面的に生活を支えているわけではない。

自分の生活を支えるのは，まず自分であることに変わりがない。健康の基本は，自分自身の健康管理である。医療制度が整備されているからといって，積極的に病気になろうとする者はいない。公的年金制度があるからといって，老後のための資金を蓄えることをやめる人はいない。自力で生活する努力を行うこと（身辺自立・経済的自立）を前提に，私たちは生活している。

もちろん，子どもに自助を求めることは非現実的である。また，大人になってからも，どのように努力をしても，生活が立ち行かなくなることはある。その場合，生活を支えてくれる一番身近な存在は「家族」であろう。生活を支える社会的な仕組みが拡大しても，家族が，人の生活を支えるうえで大きな役割を果たしていることに変わりはない。子育て，看護，介護などには，家族が深くかかわることになる。

また，自助や家族の外には，地域社会があり，近隣の互助の役割も重要である。現在でも，生活の安心・安全は，地域社会の中で議論され，高齢者や子どもたちの成長を見守る活動が地域社会で行われている。また，災害時には，地域社会での支え合いが不可欠である。「ひとり」で生活している人にとっては，地域社会が他者との関係の場の１つとなる。孤独・孤立の防止や解消に，地域社会は重要な役割を担っている。生活の問題は，生産と消費だけで説明できるものではない。人間は，他者との関係性の中で，安心や幸福，自己実現を図ることになる。近年，こういった他者との関係や「つながり」に価値を再評価する考え方が定着しており，**社会関係資本***（ソーシャルキャピタル）と呼ばれている。

社会政策が拡大しても，家族や地域社会の担ってきた役割のすべてを代替することはできないし，その長所を上回るこ

＊**社会関係資本**
➡第６章「仕事をめぐる社会政策」

ともできない。また，地域社会では，様々なボランティアや民間組織が人の生活を支えるための活動を自発的に行っている。そこで，家族や地域社会の長所を生かしながら人の生活を支えていこうとする考え方が社会政策の主流になっている（**福祉多元主義***）。健康作りを支援することで，健康状態が維持できれば，医療サービスや医療保険を使う必要はない。また，地域の人たちと協力して，安心・安全に生活できる空間を作っている。日本では，NPO 法人の認証制度があり，地域でのつながりの中核を担っている。

その一方，都市部においては近隣とのつながりが希薄となっていることも多い。また「地域社会の支え合い」が美化されることがしばしばあるが，地域社会自体が，抑圧的で，監視社会であったり，他者に対して排除的となったりすることもある。近隣住民や民間組織に重要な役割を「丸投げ」することは，社会政策の責任放棄となりかねない。

直接的な公的施策・制度的給付だけが社会政策ではないが，互助や共助の存在を理由に，それらを常に優先し，公的な施策の実施に消極的になる姿勢も問題である。家族や地域社会の存在は，社会政策の不在を正当化する理由にはならないのである。人の生活にかかわる多様なアクター間の調整が，社会政策の大きな課題となっている。

7　日本の社会政策を取り巻く変化

社会政策は，社会の変化によって生じる様々な人々の生活問題への社会的対応である。国によって取り巻く状況や変化が異なっており，それが結果として社会政策の内容に反映される[*3]。日本において，これからの社会政策を考えるうえで重要な社会状況の変化をいくつか挙げておきたい。

まず，人口構造の変化である。日本では，人口高齢化が進行している。人口にしめる65歳以上の人口割合は，1970年には7.1％であったが，2020年に28.6％となり，2050年には37.7％になると予測されている。その背景には，少子化の進行があり，合計特殊出生率は，1970年には2.13であったものが，2020年には1.33となった。

また，生活の場である世帯の構造も変化しており，単独世帯やひとり親世帯の割合が増加している一方で，三世代世帯は減少している[*4]。1990年代，日本の高齢者の約40％が三世代世帯で生活していたが，その割合は10％以下となり，単独あ

＊福祉多元主義
福祉の担い手を公的な制度に限定せず，行政，家族・近隣・友人，民間非営利組織，営利企業など様々な主体がかかわって人々の生活を支えていこうという考え方。福祉国家成立後，肥大化する公的部門の問題の改善や民間の役割を再評価する中で定着するようになった。社会政策では，福祉サービスの分野で主流の考え方となっている。

＊3　福祉国家の類型
社会政策は，すべての国家で異なるといってよいが，多数の共通点も見出せる。学問の世界では，各国の社会政策や福祉制度の特徴に着目したグループ分けが行われてきた。有名なものとして，デンマークの研究者エスピン-アンデルセンは，先進福祉国家を，自由主義レジーム，保守主義レジーム，社会民主主義レジームの３つの類型化（福祉レジーム論）がある。この学説では，日本は，ドイツ，フランスなどともに保守主義レジームに分類されていた。

＊4　家族の多様化
➡第７章「結婚と子育て」

るいは夫婦のみで生活する高齢者の割合が大きくなっている。

こういう社会の変化の中で，生活に困窮するケースが出てくるが，1970年代に展開された社会政策では，これらの変化に十分対応できない場合がある。ふたり親を前提とした制度，子どもによる老親介護を前提とした社会政策の見直しが求められてきた。特に，高齢者分野の医療や介護，少子化対策など新しい社会政策が展開されるようになった。**社会福祉基礎構造改革***はその１つである。

＊**社会福祉基礎構造改革**
1990年代末から実施された福祉サービス制度改革。戦後，約50年間，公的な福祉サービスは，経済的な困窮者や家族などのケアを受けられない者を主な対象者とし，地方自治体がその必要性を判断・決定し（行政処分），公的規制下に置かれた民間の社会福祉法人との委託契約に基づいてケアを提供していた（措置制度）。やがて，措置制度の硬直性が指摘されるようになり，2000年に社会福祉事業法を改正して社会福祉法が制定され，利用者主体や地域福祉などが明確化された。また，同年には，介護保険制度が実施された。その後も，高齢者，障害者，児童などの各分野で，引き続き制度改革が行われている。

年々，社会政策に関する支出は増加している。2021年度には，全体で140兆円の社会政策関連の支出が行われている。さらにこれを政策分野別にみると，日本の社会政策の支出の大きな割合を，年金などの高齢分野，医療などの保健分野が占めている。また，近年，少子化対策の取組みも進められるようになり，家族分野の支出が増加傾向にある。

人口の変化や家族・世帯の変化は，長期的な傾向であり，急に社会政策によって大きな流れを変えることは難しい。むしろ，変化の中で取り残される人が出ないよう支援を行うだけでなく，これから予測される問題に対応すべく準備することが社会政策には求められている。

8　社会政策とともに生きる

日常生活の中で，そして，人生の中で，私たちは様々な困難に直面する可能性がある。そして，私たちは過去の経験から学び，智恵を絞って，こういう様々な困難の場面に備えるようになった。社会政策は，人々の生活の困難を乗り越え，個人や社会のウェルビーイングを実現するための試行錯誤の歴史から生まれ，現在に至っている。

20世紀型の福祉国家システムが形成されて80年以上が経過している。この間，科学技術は進歩し，工業化社会から脱工業社会への移行が進んでいる。人々の生活やライフコースも多様化し，世帯のかたちも「一人暮らし」，「単身世帯」が増加している。国の経済が発展すれば，自動的に人が幸せになるわけではない。逆に人々の生活の質を上げていくことが，結局，社会・経済の発展につながると考えることもできる。

近年，「持続可能な社会」，「SDGs」という言葉が定着するようになった。「貧困」，「健康」，「福祉」，「まちづくり」，「飢餓の解消」などの目標が掲げられているが，こういった

▶▶ Column 1 「社会政策」という概念をめぐって ◀◀

「社会政策」という言葉が，本書のようなかたちで使われるようになるまで様々な経緯，社会政策概念と守備範囲をめぐる議論がある。

日本の社会政策の創成期は，ドイツ流の社会政策（ソシアルポリティーク）の強い影響下にあった。19世紀，急速に経済を発展させる過程で発生する階級対立を抑えながら，国家体制を維持していたドイツは，明治維新後の日本にとってモデルとなっていた。1899年に「社会政策学会趣意書」が発表されているが，社会問題を研究する目的として，階級の軋轢の防止と社会の調和が掲げられていた。

さらに，戦前から社会政策学をリードした大河内一男は，社会政策を資本主義社会における労働力確保のための政策ととらえた。社会政策を資本主義経済・社会システムの不可欠な要素としてとらえることで，社会政策の有用性を説いたのである。この流れは戦後も継続し，日本において社会政策は，事実上労働政策を意味するものとなっていた。一昔前の社会政策のテキストの目次には，労働という言葉が列挙されており，福祉の姿は目立たない。

その後，日本社会は大きく変化し，社会政策が取り組むべき課題も広範囲なものとなった。産業構造は変化し，労働者の概念も２次産業を中心とする工場労働者から，サービス産業も含めた事務労働者，さらに，非正規雇用の増加などの「労働」をめぐる大きな変化が起きている。また，平均寿命の伸長，女性の労働市場参加の増加，単身世帯の増加，ひとり親世帯の増加などの社会の変化により，社会政策における社会保障や社会福祉の重要性はますます高まっている。

イギリス社会政策学会では，社会政策学を次のように説明している。「社会政策学は，人間のニーズ，社会正義，個々人と社会全体のウェルビーイングに関する学際的な学問である。政府，家族，企業やほかの組織など多様な社会セクターが，資源や機会を人々にどのように分配および再分配するかを研究する」。

本章でみてきたように，生活の中には，労働生活と家庭生活が含まれている。労働者は同時にケアラーでもある。人々の生活を支えるという意味を考えるとすべての局面に目を配る必要があることは言うまでもない。「いまを生きる」そして「これからを生きる」ことを支える仕組みが社会政策の中で構築されていくことになる。

［付記］社会保障と社会福祉

日本では，社会保障を，社会保険，公的扶助，社会手当によって構成されると説明されることが多い。一方，社会福祉は，ニーズをもつ人々に対する個別支援やケアを意味することが多いが，介護サービスなど社会保険制度を通じて提供されるものも多い。また，社会保険料の事業主負担，生活保護の稼働能力活用や就労自立の支援など，社会保障，社会福祉は，労働分野と密接な関係にある。さらに，社会福祉には，民間非営利組織による社会福祉事業や地域住民の活動などが含まれており，すべてを公的制度として理解することはできない。社会政策は，これらを包含する政策体系と理解することができる。また，社会政策は，支援を必要とする人たちに対する政策だけを意味するものではない。人々の生活を支えるための全構成員の負担や義務のあり方も社会政策の範疇となる。

個々のテーマは，私たちの生活の場面で統合されなければならない。人々の生活が持続可能であることが重要といえる。

一方，幸せに生きていくために行動することが，私たちには求められている。人間は意思をもち，自らの幸福を追求していく生き物でもあるが，１人では生きていけない。社会政策は，単に生存を保障するだけのものではなく，人々の主体的な選択と幸福追求を保障するための社会的な仕組みである。そして，社会政策を作っていくのも私たちなのである。私たちは，一定の範囲で，主体的に環境を変えることも，人生を選択することもできる。

次章から，ライフコースに従って人々の生活と社会政策との関係をみていくことにしたい。100年前のラウントリーとは異なる地図を用意して，社会政策とともに人生を歩んでもらえればと思う。

本章のテーマをさらに理解するために

- **武川正吾，2011，『福祉社会：包摂の社会政策』有斐閣。**

  社会政策の基本的なことがコンパクトにまとめられているベーシックなテキスト。
- **埋橋孝文編，2020，『どうする日本の福祉政策』ミネルヴァ書房。**
- **桜井純理編，2021，『どうする日本の労働政策』ミネルヴァ書房。**
- **落合恵美子編，2021，『どうする日本の家族政策』ミネルヴァ書房。**

  本章でも取り上げた「労働」，「福祉」，「家族」についての社会政策の課題の新しいテキスト三部作。基本的に同じフォーマットで構成されており，わかりやすい。社会政策の様々なテーマの中から，あなたの興味あるものが見つかるはずである。

引用参考文献

総務省統計局 HP，2023，「家計調査報告（家計収支編）2022年（令和４年）平均結果の概要」https://www.stat.go.jp/data/kakei/sokuhou/tsuki/pdf/fies_gaikyo2022.pdf

中鉢正美，1956，『生活構造論』好学社。

Rowntree, B. S., 2000, *Poverty: A study of town life* (Centennial Edition), Policy Press（1901年版の復刻版）.

（所　道彦）

第 2 章

子ども期の社会政策

——人生のスタートを支える多様な社会へ——

子ども期は，誰でも経験する人生の一過程である。子ども期の環境や出身家庭などの要因は，子ども自身が選択することや変えることとは難しく「親ガチャ」などという言葉も作られた。子ども期はその人の将来に密接につながっているため重要であり，社会全体で支える必要がある。本章では日本の子ども期に関する多様な社会課題と社会政策を，国際比較やいくつかの理論枠組みを使って考える。国際比較を行うことで日本を相対化して考え，新たな課題を解決するための方策を柔軟に構想することを重視する。また筆者らの経験や当事者の声も交え，具体的な議論を心がけたい。

1 国際比較からみる日本の特徴

子ども期の社会政策といえば，教育政策を思い浮かべる人も多い。異なる社会の教育事情から日本の特徴を考えよう。

1 教育サービスが市場化される日本

(1) 子どもへのプレッシャー

筆者が日本と北米（カナダ・アメリカ）の学校に子どもを通わせた経験から感じるのは，日本と比べて北米の学校はおおらかで，子どもへのプレッシャーが少ないことである。例えば持ち物。日本では教科書を含め日々多くの持ち物があるが，カナダの学校は基本は「置き勉」である。教科書を含め学習に必要なものは基本的に学校にあるため「忘れ物」という概念がほとんどない。制服がない学校も多く，髪型やピアスなど校則が厳しくない学校が多い。高校生になると昼食を外で食べたり，授業がない日には早く帰宅してアルバイトをする生徒もいる。部活はシーズン制で３か月ほどで種類が変わり，時間や数回が少ないことも多いため，１年を通して数種類のスポーツに挑戦したり，芸術系との兼部も可能である。保護者面談で子どものよい面を伝えたり褒めてくれる先生が多いことも日本との違いかもしれない。**公立教員の労働組合***が強く労働環境を守る運動も活発で，教員は残業も少な

＊公立教員の労働組合
日本の教職員労働組合（日教組）は教育の民主化などのために経済的・社会的・政治的地位を確立することを目的に1947年に３つの教職員団体が合同し結成された。文部科学省によると1970年代後半以降加入率が低下し，2022年時点の日教組の加入率は20.1%，教職員団体全体では29.2%。一方カナダの公立教員の労働組織率は100%である。

く休みもとりやすい。

(2)　塾のない社会

日本では子どもの塾通いが当たり前で，大学受験のための塾や予備校はもちろん，高校や中学，そして小学校受験のための塾もある。しかし世界には塾通いをすることが一般的でない社会は多い。例えばカナダでは通常，高校までは自分の住んでいる地域の学校に進学するため受験はない[*1]。一部の中学や高校には理数系，芸術系，国際バカロレアなどの特別コースがあり希望者は出願できるが，この選抜において，多くの子どもに平等な機会を与えるため，学力試験や実技試験を廃止する自治体が出てきた[*2]。大学受験は日本のように1回で合否が決まる筆記試験ではなく，高校の成績に基づいて決まることが多い[*3]。そのため日本の受験生よりはだいぶゆるやかな雰囲気である。それでも学校の成績を上げるため家庭教師をつけたり，よい成績をとりやすそうな学校に転校する人もいるなど日本とは受験対策が大きく異なる。高校を卒業してもすぐに進学しない人や，大人になっても学ぶ人がいる。

日本で生まれ育つと塾のない社会や学校からのプレッシャーがあまりない状態というのを想像しにくいかもしれない。韓国も含め，東アジアは**教育サービスが市場化**[*]された社会で，公教育や教育の公共性とは何なのかを考えさせられる。

(3)　教育支出[*]が民間中心の日本

国際的に日本の教育（初等～高等教育）への公的支出はOECDの中でも下から2番目に低い（**資料2-1**）。特に，高等教育機関（大学・短大・高専）への民間支出の割合は67％に達し，OECD平均（31％）の2倍である。

2　教育をめぐる格差

親の資本格差[*]による，就学前からの出発点の不平等や教育格差，体験格差が問題化されてきた。出身家庭や地域という本人の力では変えることができない要因が学歴・収入・職業・健康など諸要因に影響している（松岡，2019）。ちなみに韓国では市場化された教育サービスを効率的に使いこなす教育マネージャー役の母親の苦悩が指摘されている。

また，学校教育のデジタル化としてGIGAスクール構想が2019年からスタートしたが，その取組みには地域間格差がある。地域間格差は，都道府県別の大学進学率にも現れている。

＊1　カナダでは通常，小中高の受験もないため受験塾は存在しないが，スポーツや音楽などを習う人は多い。また教育熱心な親ほど英語圏でも仏語教育の公立学校に入れる傾向が高い。カナダでは英語と仏語が公用語であるが仏語が堪能な人の数は多くなく，将来よい仕事を得やすいと考えられているためである。

＊2　トロント市では高校の特別コースは学力や実技で選考されていたが，経済的・文化的状況にかかわらず希望者に等しく機会を与えるため2022年から抽選となった。また歴史的・構造的に疎外されてきた背景を考慮し，定員の20％を先住民・黒人・中南米・中東をルーツにもつ学生が，理系の50％を女子が入学するよう定められた。

＊3　志望動機，小論文，実技，作品提出などが課される場合もある。なお北米や欧米の学校では暗記中心ではなく，自分で調べたり話し合ったりして学ぶことが多い。高校生くらいになると歴史や語学の授業などで論文形式のレポートを書く機会も増える。日本でもアクティブラーニングの授業が増えている。

＊教育サービスが市場化
日本は少子化対策のもと規制緩和で保育も民営化・市場化が進み公的保育制度の基盤が崩れつつあるなど，子どもの生活が市場に浸食されている。アメリカの事情は鈴木大裕，2016，『崩壊するアメリカの公教育：日本への警告』（岩波書店）

資料２－１　教育（初等～高等教育）への公的支出（GDP 比）

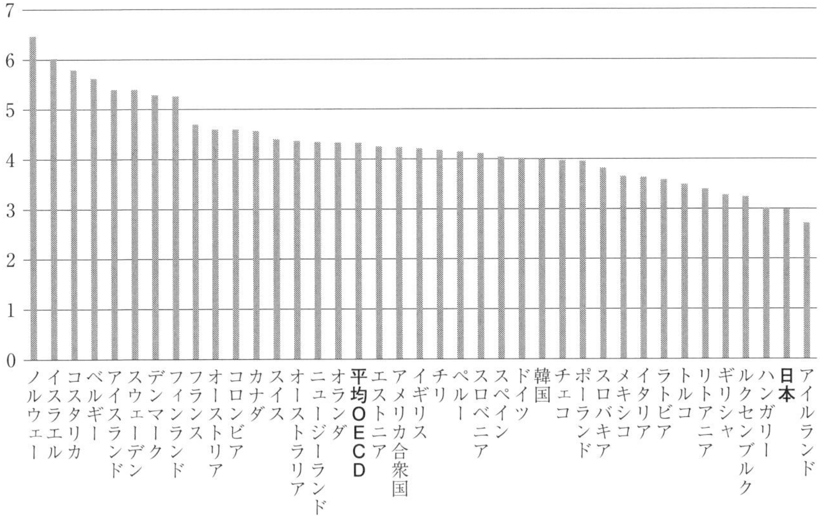

（出所）　OECD, 2023, Public spending on education (indicator). doi: 10.1787/f99b45d0-en（2023年11月７日閲覧）より筆者作成。

各県の高校出身の大学入学者数を推定18歳人口（３年前の中学校，中等教育前期課程卒業者数）で割ってみると，2019年で東京が73.3％の岩手では38.1％と約２倍の差がある[*4]。その背景は様々であるが１つには経済的要因がある。統計をみると地方のほうが所得水準が低く，奨学金利用率も高い傾向がある。国立・私立ともに学費の値上げが続くが，政府は返済不要な給付型ではなく，返済が必要な貸与型奨学金を拡充してきた。奨学金返済に関する相談を受ける奨学金問題対策全国会議は，学費と奨学金制度の改善を求める運動を展開している。返済に苦しむ当事者の声を制度改革に反映することが重要である。

2　子ども期の社会政策を考える枠組み

子ども期は，人生の**ライフコース**[*]の１つであり，このときの環境や出身家庭などの要因が将来につながっている。

1　社会政策における「子ども」

子ども期の社会政策を検討する前に，「子ども」をどうとらえるかという論点を４つ提示したい。

第１に子どもの年齢の定義は何かという点である。法制度

が参考になる。

＊教育支出
OECD の国際比較データである Education at a glance における民間支出（private spending）とは，家計や民間団体などの民間財源による支出を指す。公的補助金を差し引いた学校教育機関への直接支出が含まれる。一方で，塾や習い事など教育機関以外の支出は含まれない。

＊親の資本格差
資本はお金だけではなく時間，情報，知識，ネットワーク（社会的資本），文化的な態度（文化資本）も含まれる。エスピン-アンデルセンは『効率と平等の福祉革命』（2011，岩波書店）の中で，親の時間的投資に関する階層間格差と子どもの育ちへの影響につい

をみると2022年４月に改正された民法で18歳へと**成人の年齢が引き下げ***られた。一方，2023年４月施行のこども基本法（後述）には年齢の定義がなく，「心身の発達の過程にある者」が子どもと定義された。少年法の適用は20歳までである。ただし18～19歳は「特定少年」として教育や処遇で更生の期待をする年齢としている。このように制度によって子どもの年齢の定義は異なる。

第２に，そもそも「子どもは誰のものか？」，「私財か公共財なのか？」という議論である。親が私的に産み育てているという意味で「私財」であるが，子どもは社会を支える「公共財」でもある。親は社会から委託されて子どもを育てているというとらえ方や，子どもは誰のものでもなく権利主体であるという見方もある。日本では少子化が進むにつれて，子どもを年金の支え手や労働力としてとらえる見方が強い。

第３に，子どもを人口政策の一部としてとらえる視点である。現代では少子化対策として子ども政策をとらえがちであるが，振り返れば，戦後ベビーブームの後は人口抑制のための家族計画事業（避妊の普及等）が実施されていた。このように子どもを「量や質」ととらえ，人口を管理することは福祉国家の最重要課題であり，人口政策には優生思想が見え隠れする。例えばスウェーデンでは1934年断種法により知的障害者や精神疾患者の本人同意なしに1970年代まで不妊手術が可能であった。日本も旧優生保護法（1948～96年）下で強制不妊手術（優生手術）により，子どもを産み育てることを障害者は剥奪されていた。2000年代に入り日本では旧優生保護法裁判で国家賠償が命じられている。

第４に，国内の子どもの事情や政策だけでなく国際的な動向や理念など複眼的にとらえる必要性があることである。戦後は日本国憲法に基づき**児童福祉法***（1947年），**児童憲章***（1951年）が制定され，児童の福祉や理念が定められている。国際的には1948年世界人権宣言，1959年児童の権利宣言，1979年国際児童年，1989年**児童の権利に関する条約***（日本は1994年批准）などがある。子どもの政策は，国際的な人権保障，日本国憲法，国内の法制化など複眼的にとらえる必要がある。

2　政策の目的から考える

社会政策とは市民生活の安定や向上を直接の目的として策

て指摘している。

＊4　教育社会学者の舞田敏彦は能力が高くても親の経済力や進学先の少なさなどで大学進学を断念する地方の現実を論じる。

＊ライフコース
人が人生の中でたどる様々な過程のこと。現代は人々の生き方が多様化しているため，これまで一般的であったライフステージやライフサイクル（標準的な出来事〔ライフイベント〕に当てはめて人生の変化を説明する概念）とは区別される。

＊成人の年齢の引き下げ
成人の年齢の引き下げに伴い日本国籍の人の選挙権も18歳に引き下げられた。ただし飲酒・喫煙できる年齢は健康上の理由から20歳である。なおアメリカでは選挙権が18歳，飲酒・喫煙できるのは21歳以上である。

＊児童福祉法
戦後福祉三法の１つ。すべての児童が適切に養育され，愛護されなければならないとされる権利があること，そしてすべての国民が児童が心身ともに健やかに育成されるよう努めなければならないことを定めている。保育，母子保護，児童虐待防止対策を含むすべての児童の福祉を支援する法律。

＊児童憲章
1951年５月５日こどもの日に制定。日本国憲法・教育基本法（1947年〔旧法〕）・児童福祉法の制定を経て，新しい児童観の確立を定める。

定・実施される政策である（武川，2011）。

子どもに関連する社会政策を「消極的な目的」，「積極的な目的」の2つに分けて考えてみよう。まず「消極的な目的」とは，制度や政策によって「悪を退治」することで社会的，経済的安定を目指すものである。戦後の日本の社会保障制度のお手本とされたイギリスの『ベヴァリッジ報告』では，人が生まれてから亡くなるまでの生活を国が包括的に保障する「ナショナル・ミニマム」という考え方が打ち出された。そこでは回避されるべきものとして，「**5つの巨人悪***」（窮乏・疾病・無知・不潔・無為）があり，これを退治するために個別の政策が設計された。①窮乏には所得保障政策，②疾病には保健・医療政策，③無知には教育政策，④不潔には住宅政策，そして⑤無為には雇用政策が形成された。子ども期で考える場合，教育政策はもちろん，子どもが健康に生まれ・育つうえで保健・医療政策や住宅政策も欠かせない。親や家族に対する所得保障政策や雇用政策も，子どもが社会経済的な安定を得るために重要な政策である。なお，これらの政策は子どもに関する政策ではあるものの，家族や世帯，あるいは親という集団的（大人志向）アプローチをとる。

加えて，現代の文脈で巨人悪を挙げるとすれば，虐待・暴力・差別・ハラスメントではないだろうか。児童虐待・ドメスティックバイオレンス（DV）・**デートDV***や，ジェンダー・年齢・人種・障害などの属性に基づく差別，パワハラなど各種ハラスメントが顕在化している。障害者差別解消法，人種差別撤廃条約，男女雇用機会均等法，児童虐待防止法など一連の法制度は，この巨人悪を退治するためにある。ただし日本には現在「人種差別禁止法」に当たる国内法は存在しない。

一方の「積極的な目的」は，上記の裏返しで実現すべき理想である。すなわち，①窮乏に対して豊かさ，②疾病に対して健康，③無知に対して発達，④不潔に対して快適さ，⑤無為に対して自己実現，⑥虐待・暴力・差別・ハラスメントに対して，権利擁護を目指していくことが「積極的な目的」となる。

＊児童の権利に関する条約
「子どもの権利条約」ともいわれる。生きる権利，育つ権利，守られる権利，参加する権利の4つの原則が柱とされる。

＊5つの巨人悪
これらは社会経済的な環境が変わった現代においても主要な社会政策の領域となっている。

＊デートDV
交際相手や元交際相手からの暴力。身体的・性的・精神的暴力を含む。恋愛関係になった途端に態度が急変したり，携帯電話をチェックして行動を監視したり，避妊に協力しないのもデートDVに含まれる。DV相談ナビ（#8008）など行政の相談窓口も確認してほしい。

3　政策のアプローチから考える

では，これらの目的を実現するには，どのようなアプローチがあるだろうか。子どもは人間であり，人権を有する1人の人格として価値がある。しかし，必ずしも大人と同じように扱うことを意味するものではない。子どもの保護と人間としての自立性への尊重は，常にジレンマをはらむ（Daniel & Ivatts, 1998, p. 18）。

ここでイギリスの社会政策研究者**メアリー・デリー***によるアプローチ――①家族志向，②子ども期志向，③子ども志向（Daly, 2020）――を用いて考えよう（**資料2-2**）。国や時代によって社会政策の内容，目的，アプローチは変化するが，この分類は物事のとらえ方の１つの型である。実際には各分類が重なることもありうるが，子ども期の政策を分析するための**理念型***として考えてほしい。

第１に，子どもの福祉が家族から最もよく得られるとみなす「**家族志向***アプローチ」である。このアプローチでは子どもの福祉は家族単位で親を中心に考えられ，大人（親）向けの給付（所得保障等）で間接的に子どもを支援する。**育児休業***の給付金（所得保障）もここに該当する。

第２に，人生の一段階として「子ども期」への支援をとらえる「子ども期志向アプローチ」である。子ども個人というよりも，年齢層や年齢カテゴリーによる分類に基づき，各世代のうちの子ども世代の一員として資源を提供される。子ども期に給付される**児童手当***や**児童扶養手当***の経済的支援がこれに当てはまる。

第３は，子ども（と親）に直接焦点が当てられる「子ども志向アプローチ」である。具体的には２つに分けられる。

１つは「子ども対象アプローチ」である。これは子どもを社会の構成員の一部であると認識し，子どもとしての資格やその権利を認め，大人とは異なる資源を与えることである。義務教育がこれに該当する。このアプローチでは，子どもはある程度の自律性を承認され，直接的に資源を獲得することはできるが，あくまでも政策の対象という位置づけである。

もう１つは「子ども主体アプローチ」である。子どもは自分で自分のニーズを自己定義できる存在であるという認識のもと，子どもの主体的な能力を高め，子どもに参加の資源と機会を与えるアプローチである。究極的な目標は，子どもたちの**エンパワメント***である。自分のことは自分で定義して考える，参加する，といった点において，「子ども対象アプローチ」よりもさらに踏み込んだものである。

以下，日本の状況に即して，どのような目的を，どのよう

＊メアリー・デリー
オックスフォード大学教授。子育てや家族をめぐる社会政策研究で数多くの国際的研究を発表。日本語で読めるものに『ジェンダーと福祉国家：欧米におけるケア・労働・福祉』（杉本貴代栄監訳，2009，ミネルヴァ書房）など。

＊理念型
マックス・ヴェーバーは現実を理解するために類型化したり概念化したりするための方法論を「理念型」と呼んだ。社会を分析するうえでは，自分が現実をどのようにみているかという価値判断の基準に自覚的になる必要があると述べた。

＊家族志向
子どもの福祉を家族単位でとらえて，大人（親）に焦点を当てるアプローチ。子どもに直接働きかけるのではなく，大人（親）や家族にリソースを提供することで子どもの福祉に影響を与えようとする。

＊育児休業
➡第７章「結婚と子育て」❷ 2

＊児童手当
➡第７章「結婚と子育て」❷ 2

＊児童扶養手当
➡第７章「結婚と子育て」❷ 3

＊エンパワメント
一人ひとりが本来もっている力を発揮し，自分で主体的に選択したり社会参加できること。

資料２－２　子どもに対する社会政策的アプローチ

	家族志向（Family-oriented）	子ども期志向（Childhood-oriented）	子ども志向	
			子ども対象（Child-focused）	子ども主体（Child-centred）
主な対象	大人	大人	子どもと大人	子どもと大人
子どもへの関与	間接的	間接的・直接的	直接的（ニーズをもった特定の集団として子どもを認識）	直接的（子どもは自分で自分のニーズを定義できる存在であるという認識）
給　付	家族への所得保障	成人の生活準備のためのサービス	資源（所得保障とサービス）	資源（所得保障とサービス）と参加
望まれる成果	家庭の収入を満たす	十分に資源を有する子ども	子どもの承認と資源を与える	子どものエンパワメント

（出所）　Daly, 2020, p. 356 より筆者作成。

なアプローチで達成できるか考えていこう。

3　子ども期志向の社会政策

家族志向アプローチの政策は第７章に詳しいためそちらを参照してほしい。本章では子ども期志向アプローチから詳しく考えていく。

1　子ども期への社会的投資戦略

社会政策において「**人生前半の社会保障***が重要」，「子どもへの**社会的投資***が大事」との政策論議がある。これらは「子ども期」に焦点を当てたアプローチという意味で，「子ども期志向」といえる。これらの政策には，子ども全員を対象とした普遍主義的な政策（医療費助成，保育園の無償化など）と，所得制限で対象をしぼった選別主義的な政策（児童扶養手当，奨学金など）がある。児童手当はこれまで所得制限があったが，所得制限撤廃（普遍主義化）が決定している。一方，高校生の扶養控除の廃止は議論が決着していない。

2　子どもの貧困と対策

子どもの貧困対策にしぼって考えてみよう。日本は子どもの貧困の「発見」が諸外国より遅れた。長年，日本政府は公式の貧困率統計をもっておらず，2009年に OECD と同様の方法で**相対的貧困率***を算出し公表した。この表をみると年々貧困率が上がっていることがわかる（**資料２－３**）。

＊人生前半の社会保障
子どもや若者，子育て世代への社会保障を充実させるべきであるという考え方。

＊社会的投資
福祉や教育を「投資」としてとらえ，そこに資金を投入することによって，将来社会的経済的により大きなリターンを求めようとする考え方。

＊相対的貧困率
所得から税金や社会保険の支出を差し引いて，かつ，社会保障給付など所得の再分配を行った後の最終的な所得（可処分所得）の中央値（所得の低い人から高い人までを並べた時の真ん中の値）の半分未満にいる

人々の割合。必要最低限の生活水準が満たされていない状態である絶対的貧困とは異なり，社会の大多数よりも貧しい状態であることを示す。

＊相対的剥奪
所属する社会で慣習になっている必要な社会資源を欠く状況と定義される。子どもの剥奪を測る項目として，高校までの教育，本や絵本，学校行事への親の参加，誕生日の祝いなどがある（阿部彩，2008，『子どもの貧困：日本の不公平を考える』岩波書店）。

＊社会政策の逆機能
税制度や社会保険・社会保障給付などの社会政策による所得再分配は本来，貧困を減らす効果があるが，それが貧困対策として機能していないだけでなく逆に貧困を増やす結果となること。2009年や2012年は日本において社会政策の逆機能の状態が解消されたが，今後も注視が必要である。（ユニセフ・イノチェンティ研究所，2016，『レポートカード13　子どもたちのための公平性：先進諸国における子どもたちの幸福度の格差に関する順位表』）。

＊子ども食堂
全国こども食堂支援センターによると2022年時点でこども食堂は全国約7000か所あり，2012年の発足から増え続けている。

＊社会的スティグマ
文化，人種，性別，社会的属性などに対する偏見や差別意識。

子どもの貧困については公式に統計が公表されたことにより，政策が作られてきた。この背景には2009年にあしなが育英会の大学奨学生が声をあげ，2010年に全国的なネットワークが設立されるなど，市民運動による子どもの貧困への問題提起や，当事者・市民運動・専門家等の連帯がある。2013年には議員立法で「子どもの貧困対策の推進に関する法律」が，翌年に「子供の貧困対策に関する大綱」が策定された。

子どもの貧困を考える際，単に経済的な貧困だけではなく，「ほかの人が当たり前にもっている（している）ことを自分はもっていない（できない）」という「**相対的剥奪**＊」という視点から考えることも重要である。例えば，現代では携帯電話をもっている若者が多いが，同時に「低所得世帯ならばもつべきではない」とか「貧困ならもてないはずだ」という言説も存在する。

さらに考えたいのは，税金・社会保険・社会保障といった「再分配」の制度が，貧困を防いでいるのか，という点である。2016年に出されたユニセフの報告によると，先進国では所得の再分配後のほうが相対的貧困率が低くなる国々が大半であるが，日本では年によって再分配後のほうが子どもの貧困率が高くなる「**社会政策の逆機能**＊」に陥っていた。ひとり親の就業率は高いのに貧困率が高いのが日本の特徴である（**➡第7章「結婚と子育て」❸ 1**）。

このように，社会保障給付では子どもの貧困対策への効果が限定的であることも影響して，全国の民間団体やボランティア組織がリードするかたちで子どもの貧困への取組みが広がり，社会での認知も広がってきた。例えば**子ども食堂**＊は，子どもやその家族が無料または低料金で食事をすることができる場である。ある運営者は，子ども食堂では所得制限などは設けず間口を広くし，様々な人に来てもらうことで，貧困や子ども食堂に対する**社会的スティグマ**＊を回避することができる，と述べる。これはいわゆる普遍主義的家族志向を採用している。

北米の子どもの貧困対策を考えてみると，カナダやアメリカでは，法律的にも安全面からも12歳くらいになるまで子どもだけで外出することはしないため子ども食堂というものは存在せず，家族向けの**フードバンク**＊などが活用される。子育て広場などで食料品や生活必需品が配布されることもある。なおカナダでは児童手当が手厚く，最大で子ども１人当たり

資料２－３　子どもの貧困率

	1985	1988	1991	1994	1997	2000	2003	2006	2009	2012	2015	2018		2021
													新基準	新基準
							（単位：％）							
相対的貧困率	12.0	13.2	13.5	13.8	14.6	15.3	14.9	15.7	16.0	16.1	15.7	15.4	15.7	15.4
子どもの貧困率	10.9	12.9	12.8	12.2	13.4	14.4	13.7	14.2	15.7	16.3	13.9	13.5	14.0	11.5
子どもがいる現役世帯	10.3	11.9	11.6	11.3	12.2	13.0	12.5	12.2	14.6	15.1	12.9	12.6	13.1	10.6
大人が１人	54.5	51.4	50.1	53.5	63.1	58.2	58.7	54.3	50.8	54.6	50.8	48.1	48.3	44.5
大人が２人以上	9.6	11.1	10.7	10.2	10.8	11.5	10.5	10.2	12.7	12.4	10.7	10.7	11.2	8.6
							（単位：万円）							
中　央　値　(a)	216	227	270	289	297	274	260	254	250	244	244	253	248	254
貧　困　線　(a/2)	108	114	135	144	149	137	130	127	125	122	122	127	124	127

（注）１）貧困率は，OECD の作成基準に基づいて算出している。
２）大人とは18歳以上の者，子どもとは17歳以下の者をいい，現役世帯とは世帯主が18歳以上65歳未満の世帯をいう。
３）等価可処分所得金額不詳の世帯員は除く。
４）1994（平成６）年の数値は，兵庫県を除いたものである。
５）2015（平成27）年の数値は，熊本県を除いたものである。
６）2018（平成30）年の「新基準」は，2015年に改定された OECD の所得定義の新たな基準で，従来の可処分所得からさらに「自動車税・軽自動車税・自動車重量税」，「企業年金の掛金」および「仕送り額」を差し引いたものである。
（出所）厚生労働省「2022（令和４）年　国民生活基礎調査の概況」（2024年１月12日閲覧）。

約600ドル（約６万円）の現金が毎月給付される。ただし，この制度は世帯所得に応じて額が変わるので選別主義であるといえる。

＊フードバンク
企業や個人から寄付された食品・食材を NPO 等が引き取り，必要な人に無償で提供する。

4　子ども対象の社会政策

次に，子どもに対し大人とは異なる資源を与えるアプローチとして，ケアを行う子どもを対象とするヤングケアラー，暴力を受ける子どもを対象とする虐待対策をみていく。

1　ヤングケアラーの「発見」

厚生労働省と文部科学省の**ヤングケアラー***実態調査（2021年）では，公立中学２年生の5.7％（約17人に１人），公立の全日制高校２年生の4.1％（約24人に１人）が「世話をしている家族がいる」と回答している。ヤングケアラーは「介護者」と「子ども」という，二重で可視化されにくい存在で，表面化しにくい構造にある。子どもが「介護力」であるとみなされ，提供されるサービスの量を減らされるケースもある。当事者からは学業との両立が困難であったり，進路選択が狭まるという声も聞かれる。

＊ヤングケアラー
法律上の定義はないが，家族にケアを要する人がいる場合に，大人が担うようなケア責任を引き受け，家事や家族の世話，介護，感情面のサポートなどを行っている子どもと定義される。

日本では2000年頃から研究者の間で知られるようになった

＊ケアラー支援条例
ケアをする側を支援するため地方自治体が理念や方針，計画の策定を規定したもの。2023年までに全国約20か所の自治体で同様の条例が制定されている。

＊ケアの不可視化
子育てや介護などのケアは家族性にその負担と責任が偏り家族内で担われることが多く外からは見えにくい。なお，子育てや教育の責任が核家族の中で果たされるべきという考え方が浸透したのは，近代家族が成立した20世紀に入ってからのことである。

＊ケアをめぐる世代間連鎖
祖父母世代，父母世代，子ども世代とケア責任や負担が家族の中で引き継がれていくこと。

＊ケア単位
子どもや高齢者など，他者に依存しなければ生きていけない人（依存）と，その依存者をケアする人（二次的依存）を同時にとらえる視点（マーサ・A・ファインマン／上野千鶴子・速水葉子・穐田信子訳，2003，『家族，積みすぎた方舟：ポスト平等主義のフェミニズム法理論』学陽書房）。国際的にも，社会の中でケアをどう保障するべきかという「ケアの倫理」をもとに政策をとらえ直す動きがある。

＊児童虐待防止法
家族の子育て責任や親権が強い日本では，公的機関による介入の明確なルールが設けられず家庭への積極的な立ち入りがなされてこなかった。しかし虐待が可視化され，政府・民間 NPO 等

が，この概念が広まったのは，当事者，支援現場，一般社団法人日本ケアラー連盟，研究者などの連帯があった。2020年に埼玉県で全国初の条例として「**ケアラー支援条例**＊」が制定されるなど，対策が進められている。教育・福祉の連携にとどまらず，ケアの負担や責任が，子どものような弱い立場に集中しないよう，包括的な家族支援が必要である。ヤングケアラーは子どもがケアを担うことの困難さだけではなく，**ケアの不可視化**＊や**ケアをめぐる世代間連鎖**＊の問題でもある。**ケア単位**＊で社会政策を考えることの重要性や，ケアをする（しない・強制されない）権利としても考えたい。

2　児童虐待：子どもへの暴力

子どもへの暴力への対策として日本で法律上最初に子どもへの虐待が定義されたのは2000年に施行された「**児童虐待防止法**＊」である。子どもへの虐待は，①身体的虐待（身体的な暴行），②性的虐待（性的暴行，性交の強要，性的な表現を見せる，児童ポルノなどの被写体にする），③ネグレクト（養育の怠慢や拒否），④心理的虐待（暴言など心理的外傷を与える行為）に分けられる。なお児童とは18歳未満と定義されている。厚生労働省によると2021年度に虐待によって死亡した子どもは78人（心中による虐待を含む）であった。そのうち生まれたばかり（月齢０か月）の虐待死が最も多く16人であった。この中には予期しなかった妊娠等で自宅等で出産して新生児を遺棄した事例も含まれる。ここからは虐待防止には子どもの保護や家庭への介入だけでなく，親や新たに親となる若者への支援が必要なことがわかる。加えて，武田信子は『やりすぎ教育：商品化する子どもたち』（2021，ポプラ新書）の中で「教育虐待」という概念を紹介し，教育熱心と虐待の境目や子どもが商品化される実態に警鐘を鳴らす。

児童ポルノや児童買春など，児童に対する性的搾取は児童の人権と利益を著しく侵害するもので重大な児童虐待といえる。1990年代には国内外で日本人による海外の児童に対する人権侵害や児童ポルノのインターネット上での発信も国際的な批判を浴びた（岩下・岩本，2008）。児童への性的搾取や虐待を禁止するために1999年に「**児童売春・ポルノ禁止法**＊」が制定された。しかし日本の児童ポルノ対策は，その所持を規制する目的が主であり，子どもを保護する視点が欠けていると指摘されている（佐藤，2015）。現在でも「着エロ」と呼ば

▶▶ *Column 2*　虐待や暴力と子ども政策 ◀◀

子ども期の社会政策の展開は，それが動くきっかけの社会状況や事件などがある。特に虐待や暴力ではかけがえのない命が奪われて初めて社会が動き，社会政策が策定されることもある。例えば古くは1930年頃，不況による貧困の増加によって家計を助けるために子どもに身売りをさせたり物乞いをさせることが広がった。それに対して1933年に「児童虐待防止法」が制定され，子どもの身売りや物乞いが禁止された。さらに第二世界大戦後，保護の必要な子どもが増加したことで1947年に児童の福祉に関する総合的な基本法である「児童福祉法」が制定された。近年の事例として2011年11月に滋賀県大津市で当時13歳の少年がいじめを苦に自殺した事件がある。この事件をめぐって学校や教育委員会の隠蔽体質が発覚し問題視された。このことをきっかけに2013年にいじめの防止のための対策の基本指針である「いじめ防止対策推進法」が制定された。また2018年から2019年にかけて児童虐待による死亡事案が多発した。2018年に東京都目黒区で５歳女児が，2019年には千葉県野田市で10歳女児や北海道札幌市で２歳女児が死亡した。これに対して2020年４月に「児童虐待防止法」が改正され保護者による体罰禁止が盛り込まれた。ただしこれ以降も虐待やネグレクトにより死亡する子どもの存在が報告されている。今後，どのように社会全体で子どもの命を守り，健やかに養育していくかが社会課題となっている。

れる露出の多い水着等を着せて撮影する会が行われていたり，その写真が出回っている。警察庁によると2021年に児童ポルノ事件の被害者となった18歳未満の子どもは1458人。現在は**SNSを利用した性被害***も深刻である。

また子ども期の男性への性被害も知られるようになってきた。2023年には大手芸能事務所，ジャニーズ事務所創設者の故ジャニー喜多川氏の性的加害について，イギリスの公共放送局であるBBCがドキュメンタリーを放送した。その後，元所属タレントが相次いで被害を告白したことなどから大きな社会問題となった。これは男性による**#MeToo運動***（2017年から始まった国際的な性暴力告発の運動）としても大きな意味をもつ。

さらに日本では諸外国に比べて公共の場で性的な表現のあるポスターなどがあふれているといわれる。2018年に大手コンビニから成人向け雑誌が撤去されたが，現在でも誰でも目のつく場所に性的なアニメキャラクターによるポスターが掲示されていることも多い。これは子どもに対する**社会的な虐待***の一形態ともいえるのではないだろうか。

による啓発活動によって問題意識が高まってきた。厚生労働省によると児童相談所への相談は2021年に約21万件と過去最高を記録した。

＊児童売春・ポルノ禁止法
2014年改正の「児童買春，児童ポルノに係る行為等の規制及び処罰並びに児童の保護等に関する法律」。

＊SNSを利用した性被害
騙されたり脅されたりして，裸や下着姿のような露出の多い写真を送らされる被害が多発している。またSNSを通じて困っている少女たちに「無料で泊めてあげる」などと巧みに近づき，誘拐や監禁する事例もある。

＊MeToo運動
2017年から始まった国際的な性暴力告発の運動。

5 子ども主体の社会政策

ここでは子ども自身が自分のニーズを定義する主体であるととらえる。ただし子どもの年齢によっては限界があるため，親や支援者が権利を代弁する存在とも想定される。

1 子どもの権利保障の最前線

日本は1994年に「児童の権利に関する条約」に批准している。この条約は18歳未満の子どもの人権の尊重，保護の促進を目指したものである。自治体によっては「子ども条例」を策定するなど，先進的な取組みも進められている。兵庫県川西市の「子どもの人権オンブズパーソン」は，子どもの声を聞き関係者が連携して課題解決に取り組む。その他，戦後ヨーロッパで広がった子ども主体アプローチである「自分の責任で自由に遊ぶ」理念の**プレーパーク***が日本でも全国に作られた。NPO 法人日本冒険遊び場づくり協会は，**IPA***（International Play Association）の日本支部から派生した中間支援組織である。中高生のための児童館の東京都杉並区の通称「ゆう杉並」も有名である。

また歴史的には，障害をもつ子どもの親は，権利主体としての子どもの代弁者として障害児支援の制度拡充を求め闘ってきた。知的障害児をもつ３人の母親が，教育・福祉・就労などの施策の整備を求めて，当事者たちや社会に呼びかけ，1952年に精神薄弱児育成会（別名「手をつなぐ親の会」）を設立した。また重症心身障害児のいる親も，1964年に「全国重症心身障害児（者）を守る会」を創設し，どんなに子どもの障害が重くても，一人ひとりに合った医療・福祉・教育を受けられるよう働きかけてきた。障害児の子育ては家族が行うべきものという社会通念が強い中，当事者が制度不足を強く訴え続けてきたにもかかわらず，今日に至っても依然として家族頼みの状況である（**障害児福祉***）。

保育では子どもの権利・女性の権利・労働者の権利保障が重なる。高度経済成長期に共働き家庭が増え，各地での活発な**保育運動***によって保育所の数も都市部を中心に大きく増えたが，その数は十分ではなかった。保育研究者や実践者は一貫して保育の質保障，保育政策の規制強化を訴えてきた。しかし2015年の**子ども・子育て支援新制度***により保育制度が複雑化し，同制度と児童福祉法との関連や「保育」の定義が整

＊社会的な虐待
社会的な環境によって健全な成長を阻まれること。それに対する対策や制度が整っていないことによって間接的な虐待状態に置かれているととらえられる。

＊プレーパーク
プレーパークで子どもを見守るプレーリーダーや支援者は子どもの権利や遊ぶ権利の専門家である。世田谷区羽根木プレーパークや川崎の夢パークをはじめ全国のプレーパークは子ども主体アプローチの最前線の現場である。

＊IPA
子どもの遊ぶ権利のための国際協会。1959年に採択された「国連子どもの権利宣言」に「子どもの遊ぶ権利」を盛り込み，その実現を目指した人によって1961年に創設されたNGO。

＊障害児福祉
障害児福祉をめぐる当事者や家族による運動は子ども期の社会政策の発展を歴史的に先導してきた。

＊保育運動
保育者や父母，その他の市民が互いに手を結び，日々保育を行う立場から，あるいはわが子を預ける立場から，国や地方団体などに，保育に関する質的・量的な改善を要求する，あるいは自らそれを作り出す諸活動を行うこと（汐見稔幸ほか，2017,『日本の保育の歴史：子ども観と保育の歴史150年』萌文書林，222頁）。

＊子ども・子育て支援新制度
子ども・子育て支援の新しい制度や取組み。2012年に

理されていないとの指摘もある。保育の市場化が進む中，保育の公共性や公的保育とは何かが問われなければならない。また，保育園と幼稚園の制度的整理（幼保一元化など）も課題である。

社会保障制度改革推進法などとともに子ども・子育て三法が成立し開始された。子ども・子育て分野を医療・年金・介護と並んで位置づけ，財源確保と財政の健全化を目指す社会保障制度改革の一貫である。

2　不登校

不登校はその後の進学や就労の選択につながるため，ライフコース全体に影響を与える。本来，教育と就労は柔軟に行き来できることが理想であるが，特に日本では，子ども時代と大人時代の境目がはっきりしており，子ども時代の過ごし方や学歴が大人時代（特に就職など）に大きく影響しやすい。

文部科学省が**「児童生徒の問題行動・不登校等生徒指導上の諸課題に関する調査」***で小中高校における，いじめ，暴力行為，長期欠席，中途退学，自殺の調査を毎年公表している。2021年度の小中学生の不登校は約24万人で，中学生が67%とその割合が高い。

2001年に活動を始めたNPO法人フリースクール全国ネットワークによる調査（2022年フリースクール調査）によれば，不登校の子どもが過ごせる場所の1つであるフリースクールで，全国でも約7,000人の受け入れしかできておらず，相談・指導等を受けていない状態にある不登校児童生徒は36.3%にのぼる。前述の文部科学省の調査の名称を含め，**不登校を「問題行動」とみなす社会のまなざし***から問い直したい。

さらに「オルタナティブスクール」も生まれている。オンライン技術が進み，多様な方法で多様な学びをしたいという子ども（と親）のニーズに沿う学びの形態が問われている。

カナダは18歳までが義務教育であるが，法的には16歳から自己決定が可能となる。16歳未満の子どもが学校に通っていない場合，親が学校に通わせていないとみなされると，親からの虐待やネグレクトが疑われ児童相談所や警察も介入する。本人が学校へ行きたくても行けない場合には，メンタルヘルス等に課題がある可能性があるとみなされ，本人や親と学校のソーシャルワーカー，校長，教員，保健師などチームでどうすれば学校に来られるようになるのか検討会議が実施される。なお，カナダでは，自分の通う高校だけでなく，学外のオンライン授業を受けられたり，夏休み，土曜日や夜間に授業を履修したり，民間のサポート校に通うことによって単位を取得することができるなど柔軟な仕組みになっている。

＊「児童生徒の問題行動・不登校等生徒指導上の諸課題に関する調査」
この調査は学校が把握しているものに限られるため，報告されていない数も多いことが推測できる。データで読み取れることだけでなく，わからないことも考えることが大切である。また名称である「問題行動」も適切とはいえない。

＊不登校を「問題行動」とみなす社会のまなざし
学校教育法第1条に定められる学校（いわゆる「一条校」と呼ばれる一般的な学校）以外の多様な形態の学びをどう保障するかが問われている。どのような状況でも子どもの学びの権利と同時に休む権利を保障するという視点で子どもの育ちを保障する制度改革が求められる。

3　児童養護施設の後の自立

児童養護施設*で育った子どもは児童福祉法が適用される18歳までは守られるがその後は**自立***させせられてしまうため，その後のサポートが課題となっている。近年では**児童養護施設出身者が設立した民間団体***や非営利セクターなどが中心となって，児童養護施設を出た後の居住支援等の取組みが始まっている。様々な事情をもつ若者が，成人してすぐに自立を強制させられるのではなく，地域で見守られながらその子なりの自立を図っていく，ケア付き居住の実践もある。

カナダでは16歳以降は，法的に様々な自己決定ができるとされるが，社会的養護が必要な子どもは，通常18歳まで**里親制度***を利用することができる。ただし希望する場合は21歳または学校を卒業するまで，里親のもとで暮らすことができる。里親家庭で過ごした人のための奨学金制度や，医療費が免除される制度もある。また20代まで社会で生きていくスキルを学ぶことができる講座やカウンセリングなどを受けられるなど，様々なサポートを受けられる年齢が上がっている。

4　子ども期の社会政策を支えるプラットフォーム

有権者ではない子どもの声は政策に反映されにくいといわれる。これまでみてきたように，政策の発展の背景には，当事者・市民運動・専門家等の連帯がある。当事者に近い市民団体や子どもNPOも社会政策発展に大きな役割を果たす。

日本の社会政策においては，子どもと女性の位置づけは少子化対策と就学機会の保障の域を出ていないと指摘される。これまで日本では子どもに関する所管が文部科学省，厚生労働省，内閣府などに分かれており，これらの**行政は縦割り***になっていると指摘されてきた。そこで行政事務を集約することを目的に2023年４月にこども家庭庁が設置された。子どもの年齢や制度によって支援が途切れないようにすることや，子どもや子育てをしている人を中心とした政策を立案し実施すること，そして「児童の権利条約」に基づいてすべての子どもが安心・安全で幸福に過ごせることを目指している。さらに子どもや若者の意見を聞いたり，政策決定に参加できるような仕組みを設けるとされている。こども家庭庁の実施する施策やその効果などは今後，様々な面から評価がなされていくべきである。

なお韓国では**女性家族省***がひとり親や児童虐待など家族支

＊児童養護施設
様々な理由で家庭で育つことができない子ども（2～18歳）が生活する場。児童福祉法に定められている。０から２歳までは通常，乳児院で暮らす。

＊自立
自己責任の規範が根強い日本では，場合によって子どもにも自立が要請されてしまうが，頼ることができる依存先がたくさんある状態が本当の自立であるといえる。

＊児童養護施設出身者が設立した民間団体
NPO法人ブリッジフォースマイル，児童養護施設支援の会をはじめとする団体がある。

＊里親制度
様々な事情で家族と離れて暮らす子どもを家庭に受け入れて養育する制度。カナダには大規模な児童養護施設はないので社会的養護が必要な子どものほとんどは里親もしくはグループホームで過ごす。

＊行政の縦割り
子どもにかかわる政策では①文部科学省：幼稚園，小学校から大学の教育，②厚生労働省：保育所，児童相談所，学童保育，③内閣府：認定こども園，少子化対策，子どもの貧困対策，児童手当，④警察庁：少年犯罪，性的搾取等など管轄が分かれている。

＊女性家族省（韓国）
一時期，保育政策も女性家族省が担当していたが，新自由主義的な改革で影響力を失い，保健福祉省に移管

▶▶ Column 3　カナダはなぜ「寛容な社会」といわれるのか？ 現代の社会政策と過去への反省 ◀◀

日本と比較してカナダは「おおらかで寛容な社会だ」といわれることがある。それはなぜかと考えるとき，カナダが移民社会であるということが無関係ではない。カナダは移民，難民を積極的に受け入れ，毎年30万人以上がカナダの永住権を取得している。トロントに住む人の半分以上はカナダ以外の生まれである。また人権を尊重しようとする国でもある。同性婚が合法化されているなど，多様な価値観をもつ人々と寛容で暮らしやすい社会を作っていこうという理念がある。例えば，違法な薬物を使用している人でも一律に逮捕し罰するのではなく，ハームリダクションの（健康被害や危険をなるべく減らすことを第1とする）考え方を採用しており，安全に薬物が摂取できるセンターが公的に運営されている。これは一律に禁止行為を違法化し罰を与えても抑止効果は得られない，むしろ必要な支援につなげていくほうが有効であるという，エビデンスに基づいた政策決定（Evidence Based Policy Making, EBPM）の事例の1つである。

さらにカナダが過去に行った社会政策への反省もある。1800年代の終わりからカナダでは，聖職者や教育者，ソーシャルワーカーなどの福祉関係者が中心となって先住民族の子どもに対して差別に基づく処遇を行ってきた。地域や家族から先住民の子どもを強制的に引き離し，寄宿舎で生活させたり，白人家庭に養子に行かせ，名前を変えさせ，言語を禁止し，伝統的な衣類の着用を禁止した。この政策は1996年に最後の寄宿舎学校が閉校するまで続き約15万人の子どもたちが影響を受けたといわれる。この中の多くは虐待され，最悪の場合は死亡してしまった子もいる。これまでの調査で4000～6000人が亡くなったとされている。生き残った子どもたちも，自分の本当の名前がわからなかったり，親や親族と再会することができなかったりと，心理的，肉体的，性的虐待を受けて深い傷を負った上に，自分のルーツも失ってしまったのである。現在も先住民の人々が直面する貧困問題，薬物やアルコール依存，精神疾患の高い割合などは，世代を超えて引き継がれてしまうトラウマが影響しているといわれる。カナダの現代の社会政策はこの闇の歴史とそれに対する反省を抜きに語ることはできないだろう。

援の担当所管であり，ジェンダー視点から家族支援を考える行政機構が存在している。2019年には子どもの権利保障院が設立され，子ども中心の連続的・統合的サービスが目指されている。

カナダのオンタリオ州の児童相談所 Children's Aid Society（CAS）は，各自治体に設置されているが，トロント市にはトロント CAS，ユダヤ系 CAS，先住民のための CAS の3つある。トロント CAS は100年以上の歴史をもつ孤児院が元になっている。CAS は民間組織であるが，財源は州や

された。また育児政策研究所など政府系シンクタンクが，市民団体・業界団体・研究者・議員・官僚との媒介役を果たしながら，政策開発に必要な調査・統計整備・政策評価を行うなど子ども政策立案に大きな役割を果たしている。

自治体の公費で運営されており，警察と連携して子どもを保護するなど公的な働きを担う。職員のほとんどは大学院で子ども福祉を専門に学んだソーシャルワーカーである。各CASでは調査研究や社会への発信も盛んに行われている。それにより州政府など政策決定機関に働きかけ，財源を確保するという意味合いもある。

6　子どもたちの声なき声を政策へ

1　福島のこどもたち

2011年３月11日の東日本大震災の原発事故から時が経ち，「記憶の継承」が問われている。**原発避難による生活の激変や不安***を認識し，その被害の深さと複雑さ，その支援や補償について考え続けたい。福島の若者が甲状腺がんに罹患したことを訴える裁判「311子ども甲状腺がん裁判」の第２回期日に，まだ10代の若い女性がこのように述べている。

＊原発避難による生活の激変や不安
原発事故による避難者を支援する東京災害支援ネットは「避難者いじめ」が常態化していると述べる。福島から横浜市に自主避難した生徒へのいじめの発覚後，相次いで「震災いじめ」が明らかになった。支援団体調査では６割超の避難者が不快な思いをしたことも明らかになった（『日本経済新聞』2018年３月６日付）。

> 「私は小学校に入る前に原発事故に遭い，以来11年間，小さなアパートで避難生活を続けています。そして13歳でがんになり，17歳で２度目の手術を受けました。原発事故の時も，検査のことも，まだ小さかったので，何が起きているかよく分からず，覚えていることはほとんどありません。自分の考え方や性格，将来の夢も，まだはっきりしないうちに，全てが変わってしまいました。だから私は，将来自分が何をしたいのかよく分かりません。ただ，経済的に安定した生活を送れる公務員になりたいと考えています。恋愛も，結婚も，出産も，私とは縁のないものだと思っています」（吉田，2023，40頁）

通常100万人当たり１～２人程度の小児甲状腺がん患者が，原発事故後，福島県の健康調査にて事故当時０～18歳であった約40万人中338人に見つかっている（2023年２月17日時点）。水俣病の裁判でも60年前に幼かった子どもが水俣病の被害を認められずに裁判が続いているが，「311子ども甲状腺がん裁判」も，事故当時６歳から16歳の子どもたちが先頭に立って闘っている（吉田，2023）。

> 「確かに過去に起きたことだけど，大切なのは，未来にどう繋げるのかのはず。悲惨な事故のことは忘れてはいけないし，なかったことにはしてはならないと思いまし

た。そうしなければ，また同じことを繰り返し，私たちと同じ被害者を生んでしまいます。４回検査を受けても，見つからなかった甲状腺がんが，２年間で１センチ以上も大きくなり，５回目の検査で手術が必要になったのは何故なのか。被爆の影響なのか。

裁判は，今まで謎にされてきたこと，事実を明らかにする場だと思っています。私はそのために今，ここにいます。

（略）裁判官のみなさん。私たちは今，匿名で戦っていますが，一人ひとり名前があります。私の名前はわかりますか。かつての私のように，裁判官の皆さんにとっては，ひとごとかもしれません。私がそうだったから，痛いほどわかります。

でも，私たちがなぜこのように立たざるを得なかったのか。それだけでも理解してほしいです」（吉田，2023，48頁）

原発事故を経験したいまなお「いのち」に向き合うよりも，経済や産業を活性化させようとする動きがある。福祉よりも経済政策が優先される社会の中で，震災や原発事故の被害にあった子どもたちの声なき声を知り，それが「いのち」の問題であることを知り被害者の暮らしを支援する社会政策を作ることは社会全体の責任である。

ここで挙げた子どもたちの声は，原発事故に限らず，いじめや虐待にあった子どもの声なき声にも重なる部分があるのではないだろうか。

2　強制的に移住させられる子どもたち

2022年のユニセフのレポートによれば，ロシアによるウクライナ侵攻によって引き起こされた経済危機の最も重い負担を担っているのは子どもたちだという。子どもたちは調査地域の人口の25％を占め，新たに貧困を経験した1040万人のうち40％近くにのぼる。ロシア連邦では，貧困ライン以下の家庭で暮らす子どもの数が最も増加し，280万人いるといわれる。ウクライナでは50万人の子どもが貧困状態にあり，22の調査国の中で２番目に大きな割合である。[*5]

前述の原発事故と同様，戦争は子どもの生活や将来に深刻な影響を及ぼし，子どもたちが最大の被害者となる。モザン

＊5　ユニセフの調査によるとウクライナでの紛争と経済危機の影響によって東欧・中央アジアで子どもの貧困は19％増加したという（ユニセフ HP「ユニセフ新たな調査発表」2023年５月５日閲覧）。

ビーク出身の政治家グラサ・マシェルは，「戦争によって世界は荒廃した道徳的真空に吸い込まれ，最低限の人間的価値さえ存在しない世界となる。子どもたちが虐殺され，レイプされ，負傷し，手足を失い，兵士として搾取され，極端に苛酷な状況にさらされている」と述べる。*6

3　日本社会と移民*の子ども

視点を日本国内に向けよう。文部科学省によると日本に住む外国籍の小中学生は2021年時点では約13万人で，そのうち約１万人が学校に通っていない可能性があるという。しかし日本では，外国籍の子どもは学校に就学させる義務がないため自治体が積極的に就学の促進や支援をしていない現実がある。さらに学校に通っていても外国籍の子どもたちや日本語が不自由な親への支援が不十分だという指摘がある。自治体ごとに日本語の補助教員やボランティアを配置しているところもあるが，人員や時間数が限られている。*7

また日本語が話せない子どもが，障害児向けの特別支援学級に入ることもある。子どもが日本語を話せるようになると，日本語が不自由な親との間に入って通訳をするなど，ケアラーとしての役割を求められる場合も多い。学校側や教員に知識がなかったり，一律に黒髪や直毛を求めるなど硬直化した校則のもとで，外国にルーツをもつ子どもが差別を受けたり，不利益を被ることもある。外国にルーツをもつ子どもへの理解が進み，多様なバックグラウンドをもつ子どもたちが安心して学校に通える環境整備や支援のあり方が問われてきた。その実践として全国各地で**多文化共生の様々な取組み***がなされている。

4　質の高い就学前教育・保育へ向けて

乳幼児の子どもはそもそも自分のニーズを声にすることが難しい。周囲の親や保育者がその子の権利の代弁者である。共働き社会となり，どれだけ社会全体で子育てを支えるか（**子育ての社会化***），家族頼みでなくどのくらい社会保障や福祉が充実しているか（**脱家族化***）が福祉レジーム研究でも問われてきた。保育の社会経済的位置づけが低く，保育労働は低賃金で非正規化も進行している。**社会福祉基礎構造改革***や少子化対策のもとで，日本の公的な認可保育制度は規制緩和が進み，戦後の保育制度が市場化へと転換した。子どもの権

＊6　グラサ・マシェル（1945-）は，アフリカ・モザンビーク出身の政治家で人権活動家。ネルソン・マンデラの妻。引用は『戦争と子どもたち』（国連広報センターHP）より。

＊移民
国連の定義によると移民（migrant）とは，滞在資格，滞在長さや移動の理由などを問わず本来の居住地を離れて国際または国内移動している人のことをいう。その数は２億8000万人で20歳以下が15％である。ただし日本政府は移民という言葉は使わず「外国人」という呼び方を用いている。

＊7　カナダ最大の都市トロントは，市民の半分以上が外国生まれであり英語を母語としない人も多い。そのためほとんどの公立学校に英語教室があり，必要であれば誰でも通うことができる。英語教室と自分のクラスを行き来して１日を過ごす子どもも多い。大人向けの無料英語教室もある。

＊多文化共生の様々な取組み
例えば在日コリアンが多く住む川崎市川崎区桜本では「ふれあい館・桜本こども文化センター」が設置され，祭りや学びの機会を提供することを通じて多文化共生のまちづくりを促進している。

＊子育ての社会化
子どもが育つうえでの社会的支援がどれだけ充実しているか，国が公的に責任をもって行っているか，家庭内や企業での性別分業がどのくらい解消されつつある

利保障の最前線にいる保育士の配置基準や保育室の空間基準なども日本は国際的に低い。保育の量だけではなく，保育の質向上が求められている。1948年に策定された児童福祉施設最低基準における保育士の配置基準のわずかな「改善」だけではなく，根本的な見直しが課題である。

　また，ベビーシッターや家事ヘルパーの利用も増えており，「国家戦略特別区域家事支援外国人受入事業における特定機関に関する指針」において，家事支援外国人材の在留期間が，３年から５年に延長された。国際的にも，家事労働者の待遇は低く，劣悪な扱いを受けやすく，差別されやすく，搾取されやすい。市民権をもたず，国境を超えた，弱い存在になりやすい。日本はILOの189号条約（家事労働者）を批准していないが，トランスナショナルなケアワーカーの国際基準として批准も含めて議論が必要である。

　子ども施策の財源も課題であり続けてきた。社会保険の原理が強い日本の政策では，税よりも保険制度に基づき雇用保険や企業の子ども・子育て拠出金に頼る議論になりがちである。すでに育児休業給付金は雇用保険財政を圧迫している。介護保険の発想をもとに育児保険構想も2000年代から一部議論があるが，老齢リスクと子どもが生まれることとは性質が異なるため，子ども施策にはリスク対応の社会保険ではなく税で対応することが妥当だという意見もある。2017年に幼児教育・保育の無償化が議論された際にも「こども保険」の議論が浮上した。かたちを変えた「こども保険」の動きが近年みられる。例えば，2023年から出産育児一時金が引き上げられ，その財源は，75歳以上の後期高齢者医療制度の保険料の上限額を引き上げる健康保険法改正がなされた。さらに，2023年末に，医療保険料に上乗せ徴収するかたちで，高齢者を含む「全世代型社会保障」の一環として，「こども・子育て支援金」（支援金制度）の制度創設の素案が提示された。日本では，年金・医療・労働・介護・子育てなど社会保障全般にわたる「持続可能な改革」の議論の中で，「支えあい」「連帯」が強調されてきたが，公的なケアの責任や，政策形成における市民の参画が問われている。OECDはStarting Strong（人生の始まりほど力強く）という報告書を刊行しており，加盟国の就学前教育・保育政策の現状や課題をまとめている。関心のある人は手にとってほしい。

か，地域も子どもに優しい環境かが問われてきた。

＊脱家族化
イギリスの社会政策研究者ルース・リスターは「家族関係から独立して，社会的に受け入れられるような標準的な暮らしを，賃労働か社会保障給付によって個人が営めるかの程度」（Lister, 1994）と定義する。脱ジェンダー化，脱家父長制化という概念化もある。

＊社会福祉基礎構造改革
➡第１章「私たちの生活と社会政策」⑦

5　障害のある子どもと家族支援

日本は2014年に国連障害者権利条約に批准している。これは障害をもつ人の権利や自由を定めた条約であるが，2022年に日本は改善勧告を受けた。その中の１つが障害のある子どもない子どもも一緒に学ぶインクルーシブ教育の権利を認めることである。日本では特別支援学級・学校という分離教育が広く行われている。それを将来的に廃止し，一人ひとりに合わせた支援や**合理的配慮***をすべきであるというものであった。この背景には**障害をもつ当事者やその親***が声をあげ続けてきたことが大きく影響している。大阪市青空学校のインクルーシブ教育の実践は日本国内でも注目されてきた。特別支援教育（special-needs education の訳語）という概念も，本来は「特有の」，「個の」（special）という意味がある。障害児教育は「一人ひとりのニーズに応じた教育」の究極の進化だともいえる（川崎，2023，211頁）。「特別扱い」というニュアンスではなく，「個のニーズに合った」普遍的なアプローチとして考えていくことが大切である。障害のある子どもや家庭への様々な支援策の所得制限も，障害児への権利侵害であるため所得制限撤廃を含めた制度の見直しを問う声が高まっている。

また，**ニューロダイバーシティ***（Neurodiversity，神経多様性）の視点で，発達障害が特別扱いされずに社会や生活上の困難さが理解され，幼児期から多様な人とのかかわりをもって育つことの重要性が専門家からも指摘されてきた。

なおカナダでは障害がある子どももない子どもも，必要なサポートを受けながら一緒に学ぶことが多い。例えば筆者の子どもが通う高校には介助犬と一緒に通っている生徒がいる。その生徒が入学する際には「介助犬はペットではないので触らないこと」との注意が全校集会で伝えられた。また全盲の生徒も，デジタル教科書やプリントが配られたり，パソコンでノートをとることで一緒に授業を受けている。

病気や障害のある兄弟姉妹がいる人を「きょうだい児」，「きょうだい」と表現して可視化し，サポートする取組みも少しずつ広がってきた。きょうだい特有の悩みや，親が高齢になったときの将来のケアへの不安について，きょうだい自身の声も社会的に認識していく必要がある。

＊合理的配慮
➡第９章「保健医療・介護」３ 2

＊障害をもつ当事者やその親
『障害者家族を生きる』（土屋葉，勁草書房，2002）やNHK ハートネット TV「きょうだい児の当事者の語り」からそのリアリティを理解することができる（NHK 福祉情報サイトハートネット HP ＃きょうだい，2023年７月12日閲覧）。

＊ニューロダイバーシティ
すべての脳には違いがあり神経障害や発達障害は遺伝子の差異の結果として現れ，人はそれぞれ固有の強みをもつという教育や障害に対するアプローチ。神経多様性，脳の多様性とも訳される。

6　性の問題

日本は性教育が遅れ，女性の「**リプロダクティブ・ヘルス／ライツ***」の教育の重要性が指摘され続けてきた。少子化対策のもとでライフプラン教育が広がっているが「産む性」としての女性の役割を強調しすぎる懸念も示されている。出生率が低下する一方で，若年層の出産は一定の率を保っている。日本では若年層のひとり親向けの支援がとても不足しており，保育園の優先入所など一部の自治体に限られる。一方，韓国ではひとり親政策の中に「青少年未婚母支援」が位置づけられており，学業・親業・就業の総合的支援がある。

教育の場での性差別*もいまだに存在する。医学部入試で女子生徒が不利な条件になって合格しづらくなっていたことをはじめ，東京都の公立高校入試では男女別に定員が分けられているために，長年女子にとって不利な状況であった。

また男女差だけでなく，多様な性や性指向，LGBTQへの理解と施策も課題である。政策や福祉から抜け落ちてきた課題，声なき声に耳を傾け，政策につなげていくことが大切である。

＊リプロダクティブ・ヘルス／ライツ
性と生殖に関する健康と権利。男性向けのバイアグラは申請から半年で認可されたが，女性の避妊のための低用量ピルは長い年月を要し，欧米よりも認可が約40年遅れた。緊急避妊薬（アフターピル）も世界約90か国で処方箋不要で安価に購入できるが，日本では処方箋が必要かつ高価である。処方箋なしで安価に利用できるようにするべきという声が高まっている。

＊教育の場での性差別
名簿の順番が男女別になっていたり，男女で固定されている制服もいまだに多い。性指向を本人の了解を得ずに他人に公にする「アウティング」によるいじめや嫌がらせも報告されている（一橋大学アウティング事件）。

7　社会は変えることができる

自分の困りごとやニーズを言語化するのは難しいかもしれないが，SNSなどで自分のことをつぶやくことも大切な発信である。世の中には言葉にできないことのほうがむしろ多いかもしれない。そんなとき，アートなどいろいろな表現形態があることを覚えておきたい。子どもが自分の気持ちを安心して表現でき，理不尽なことや正義にかなっていないことを問題ととらえられる環境作りが，子ども期の社会政策には重要だと考える。それには教育がやはり大切である。

カナダでは問題解決型の教育が重視されている。これは生徒が自ら問題の解き方を導き出し，それを説明するというものである。またクラスでは話し合いや学び合いが重視されていて，いわゆるアクティブラーニングを取り入れた学びも多い。例えば，筆者の子どもが小学校5年生のとき，政治の仕組みや政策について学ぶ授業でクラスの法律（ルール）を作ることになった。その際に学校で禁止されているガムを教室内で許可してほしいという法案が提出された。理由はガムを噛んでいると集中できる子もいるから，というものであった。実際にクラス内でディベートを行いその法案を検討し選挙が行われた。その結果この法案は可決。「クラスの外では不可。下に落とさない」という条件付きで許可された。学校で禁止されているルールがクラスでは担任の先生の権限で許可されたことに驚いた。また北米の学校では選挙があると，学校内で各陣営に分かれてポスターを作り応援演説をしたり，模擬投票を行って政治制度や政策を学ぶ。この過程で，声をあげたり議論したりすることによって，よりよい社会に変えることができることを学ぶ。

ひるがえって日本ではどうだろうか。2023年４月に**こども基本法***が施行された。「こどもまん中社会」，「すべてのこども」という抽象的な言葉が使われているが，子ども関連の政策がどのように実施され，それがどう機能していくか注視する必要がある。前述の韓国の事例のように，子ども・家庭・ジェンダーの視点は切っても切れない関係がある。こども家庭庁でもジェンダーの視点は重要であるが，いまのところ「子ども」に過剰に焦点が当たっていて，ジェンダー視点が欠けているといわざるを得ない。加えて，今回の法制化では子どもの権利保障のための第三者機関の設置が見送られたが，諸外国のように子どもの権利保障を確実に実施するためには独立した機関の設置が必要不可欠である。

これまで日本では子どもは「将来世代」や「次世代」としてとらえられてきたが，本来子どもはいまを生きる「現役世代」である。また子どもをひとまとまりの「人口」としてとらえる視点が強い日本社会において，今後は子どもが「いまを生きる」権利主体であることにどれだけ社会が誠実に向き合うかが問われている。

***こども基本法**（６つの基本理念）
①全てのこどもが尊重され，基本的人権が守られ，差別されない，②全てのこどもが適切に養育され，生活を保障され，愛され，保護される権利が保障され，教育を受けられる，③年齢や発達の程度に応じ，自己に関係する事項に関して意見を表明でき，多様な社会的活動に参画する機会が確保される，④全てのこどもが年齢及び発達の程度に応じ，意見の尊重，最善の利益が優先して考慮される，⑤こどもの養育は家庭を基本としながら，十分な養育の支援が行われ，家庭での養育が困難なこどもの養育環境が確保される，⑥家庭や子育てに夢をもち，喜びを実感できる社会環境の整備。

本章のテーマをさらに理解するために

- **湯浅誠，2021，『つながり続ける　こども食堂』中央公論新社。**
  子ども食堂の取組みを紹介した本。子どもの貧困や子ども福祉について考えるきっかけを与えてくれる。
- **熊谷晋一郎，2019，『小児科の先生が車椅子だったら：私とあなたの「障害」のはなし』ジャパンマシニスト社。**
  本当の自立とはどのようなことを意味するのか考えながら，既存の社会構造について再考することができる。
- **貴戸理恵，2004，『不登校は終わらない』新曜社。**
  当事者の視点から不登校について考察した研究。このテーマの基本文献である。

引用参考文献

岩下美代子・岩本愛子，2008，「日本における『子ども虐待』の変遷（第１報）」『鹿児島純心女子短期大学研究紀要』第38号。

佐藤幸，2015，「児童ポルノに関する国際的規律と子どもの権利」『北大法政ジャーナル』No. 21-22。

武川正吾，2011，『福祉社会：包摂の社会政策（新版）』有斐閣。

松岡亮二，2019，『教育格差：階層・地域・学歴』筑摩書房。

吉田千亜，2023，「原発事故12年後の『子どもたち』：（下）法廷で語られる『いのち』の言葉」『世界』2023年４月号。

Daly, M., 2020, "Children and their Rights and Entitlements in EU Welfare States" *Journal of Social Policy*, Vol. 49, No. 2, pp. 343-360.

Daniel, P. & Ivatts, J., 1998, *Children and social policy*, Bloomsbury Publishing.

Lister, R., 1994, "'She Has Other Duties': Women, Citizenship and Social Security", in Baldwin, S., Falkingham, J. eds. *Social Security and Social Change: New Challenges to the Beveridge Model*, Harvester Wheatsheaf.

（相馬直子・二木　泉）

第3章

進路選択期の社会政策

本章ではいわゆる「青年期」における大きな選択，具体的には進学か就職かの選択に直面する18歳（高校３年生）と主にどんな仕事に就くか（どの会社に就職するか）の選択に直面する22歳（大学４年生）時点における進路選択について，その現状をデータで確認したうえで，具体的な課題と政策対応を考えていく。次により俯瞰的な観点から個々の進路選択と日本社会の「かたち」との関係について，いくつかの視点を紹介する。ここでは自分の進路選択が社会におけるどのポジションに位置づけられるかを強く意識してもらいたい。これらを踏まえてどんな進路選択をしても，すなわち社会のどのポジションについても不利にならない政策の哲学的基礎を高校の新科目「公共」の教科書の内容に即して考えてみたい。

1　18歳と22歳の進路選択

高校から大学にかけての時期は**エリクソン***の**ライフサイクル論***によれば，子ども期と大人期の間の「青年期」と呼ばれる。青年期は近代化以降，子どもが大人の労働から解放されることで，社会的な義務や責任を果たすことを猶予される（「**モラトリアム***」と呼ばれる）期間として生じたものである。エリクソンによればこの時期の課題は「**アイデンティティ***」，すなわち「自分らしさ」の確立である。学生は「やりたいこと」探しを通じて，アイデンティティの確立を目指すわけであるが，それが具体化するのは学校を卒業する時点での進路選択においてである。

1　高校卒業後の進学選択

まず皆さんのように高校卒業後，「進学」という選択をとった人たちを公式データによって確認しておこう。この点については文部科学省が『**学校基本調査***』というデータを公表している。直近の（以下，「直近」は執筆時の2023年時点を意味する）令和４年度学校基本調査（確定値）報道発表資料より「高等教育への進学率」の動向をみていこう。このデータで

＊エリクソン（Erik Homburger Erikson, 1902-1994）
アメリカ合衆国の発達心理学者。「アイデンティティ」の概念，「心理社会的発達理論」を提唱した。

＊ライフサイクル論
エリクソンが提唱した発達段階論。人間の成長過程を「乳児期」，「青年期」，「成人期」といった８つの段階に分け，それぞれの段階における発達上の課題を示した。

＊モラトリアム
エリクソンによって提唱された心理的概念。学生など社会に出て一人前の人間となるのを猶予されている状態をいう。天災・恐慌などの際の金融の混乱を抑える

は1985（昭和60）年以降の各種進学率の動きが示されている。大学（学部）・短大入学者，高等専門学校４年在学者，および専門学校入学者を合わせた「高等教育機関進学率」は，この30数年の間に，60％台から80％を超えるところまで上昇している。直近の内訳としては大学・短大入学者がおよそ６割，専門学校がおよそ２割といったところである。高校卒業後，何らかの教育機関に進学するのが大多数となり，高卒就職の選択は２割に満たないまでに低下していることが確認できる。

なお大学・短大進学率は30％台から50％台を超えるところまでは急速であったが，50％台から60％台への動きはゆるやかである。「大学全入時代」と呼ばれているが，大学進学率はまだ60％台に届いていない。後述するが，大学進学率はこれ以上あまり伸びないかもしれない。

2　大学学部卒業者について

次に同じ資料から「大学（学部）卒業後の状況」について確認していこう。卒業後の状況区分として「卒業者」，「進学者」，「就職者」，「左記以外の者」と分けている。就職者については，2019（平成31）年３月卒業者までは「一時的な仕事に就いた者」，2020（令和２）年３月卒業者からは「有期雇用労働者」と「臨時労働者」というように，いわゆる「正社員就職」に当たる「無期雇用労働者」以外の就職者についても調査している。また，「左記以外の者」とは「進学者」でも「就職者」でもないことが明らかな者を指している。

直近の2022（令和４）年３月卒業の数字では，進学率が12.4％，就職者の率が74.5％，就職者のうち，有期雇用・臨時労働者の率がそれぞれ1.2％，0.7％となっている。なおここでの「就職者の率」は「卒業者に占める就職者の割合」であって，新聞・テレビのニュース等でよく報じられる「**就職（内定）率***」とは異なるので注意したい。「左記以外の者」は2003（平成15）年３月卒業が22.5％でピークであったが（「就職率」はこの年が55.1％でボトム），その後徐々に低下し，2019（平成31）年３月卒業では6.7％まで下がった。

3　大卒労働市場の動向

次に大卒の進路選択に大きな影響を与える大卒労働市場の動向についてもみておきたい。この点については，人材紹介

ため，手形の決済や預金の払い戻しを一時的に猶予される金融モラトリアムとは区別される。

＊アイデンティティ
エリクソンのライフサイクル論の発達課題の中で最も重要な概念。より厳密には「自分は一体何者かという自らへの問いかけに対する肯定的・確信的回答」を意味する。

＊学校基本調査
学校に関する基本的事項を調査し，学校教育行政上の基礎資料を得ることを目的とする。全国の幼稚園，幼保連携型認定こども園，小学校，中学校，義務教育学校，高等学校，中等教育学校，特別支援学校，大学，短期大学，高等専門学校，専修学校および各種学校を対象に，毎年実施される。調査の内容は，５月１日現在の学校数，在学者数，卒業者数，卒業後の状況等である。

＊就職（内定）率
厚生労働省「大学等卒業予定者の就職状況調査」の数字。就職を希望している人のうち，どれだけの人数が就職したか（または，内定をもらえたか）という割合。調査は年４回実施しており，10月１日現在，12月１日現在，２月１日現在の調査結果は「就職内定率」，４月１日現在の調査結果を「就職率」としている。

資料３－１　求人総数および民間企業就職希望者数・求人倍率の推移

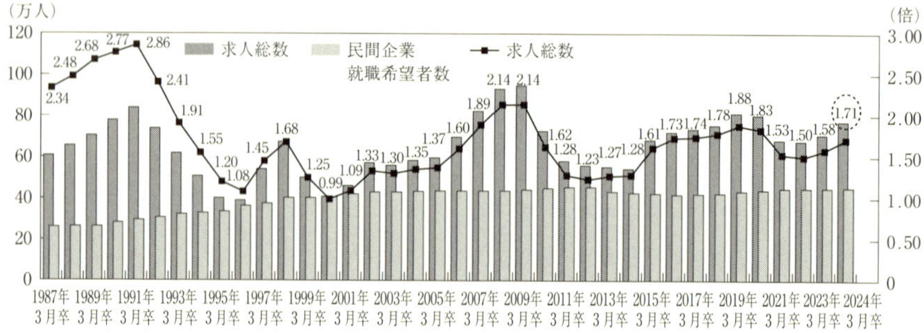

（出所）リクルートワークス研究所 HP『第40回ワークス大卒求人倍率調査（2024年卒）』（2023年11月20日閲覧）。

業最大手のリクルートの研究機関であるリクルートワークス研究所が毎年公表している『大卒求人倍率調査』に当たるのが便利である。（**資料３－１**）

なお求職者１人当たり何件の求人があるかを示す求人倍率は１を超えると求人超過（学生にとって「売り手市場」），１を下回ると求職超過（企業にとって「買い手市場」）の傾向を示す。

では直近の『第40回ワークス大卒求人倍率調査（2024年卒）』のデータから大卒求人倍率の動向を追ってみよう。このデータでは1987年３月卒から直近の2024年３月卒業予定まで30年以上の動向が追える。

まず**バブル経済***崩壊直前の91年３月卒は2.86倍と大きく売り手市場の様相であったのが，バブル崩壊後急激に低下していったのが見てとれる。96年３月卒で1.08倍まで下がり，その後やや持ち直すものの再び低下，2000年３月卒では0.99倍とついに１倍を下回る。この時期は一般に「**就職氷河期***」と呼ばれるが，2000年代前半はゆるやかな回復基調を示し「雪溶け期」を迎えていた。09年３月卒では２倍を超えるまでに回復するが，2008年の**リーマン・ショック***を契機に，2010年３月卒以降，１倍台に逆戻りする。2010年代後半以降，再びゆるやかに回復するが，２倍を超えるところまでには至っていない。

このように進路選択の時期における労働市場の動向により，「**就職氷河期世代***」のように大きなハンデを背負う世代が生じるが，生まれた時代による不利をどの程度緩和しうるかが進路選択期の政策課題の１つになろう。

＊バブル経済
不動産や株式などの資産価格が実体経済とかけ離れて高騰すること。価格上昇の根拠が乏しく，下落基調に転じると過熱状態が一気にしぼんでしまうことから，泡（バブル）に例えられる。日本では1980年代から低金利を背景に地価が高騰し，株価も急伸したが，90年３月の大蔵省（当時）通達で不動産向け融資を抑制する総量規制を導入したことを契機に，資産価格は急落し，バブルは崩壊した。

＊就職氷河期
リクルート社の就職雑誌『就職ジャーナル』に掲載された造語。バブル景気の新卒採用における売り手市場から一転して急落した就職難の厳しさを氷河期に例えたもの。

＊リーマン・ショック
アメリカの低所得者を対象とするサブプライム住宅ローンの破綻が契機となり，大手投資銀行のリーマン・ブラザーズが2008年９月に経営破綻したことから連鎖的に発生した世界的金

2 大卒就職の課題と政策対応

これまで18歳と22歳時点の進路選択の結果を各種統計から数字として確認してきたが，この節では日本の大学生が就職という進路選択を行った際に，そこで生じる課題や政策対応について具体的に考えてみたい。

1 コミュニケーション能力中心の全人格的採用

この教科書でもしばしば登場する「**日本型新卒一括採用***」方式であるが，雇用ジャーナリストの海老原嗣生はその本質を見事にとらえている。海老原によれば，日本企業の新卒採用の要点は①基礎能力，②将来性，③肌合いの3点である（海老原，2016，第0章）。

基礎能力は大学入学時の偏差値である程度識別できる。そのため偏差値上位校である大学名偏重の一次選考が行われる。将来性はいわゆる「潜在能力」，すなわち具体的にどのような仕事ができるかではなく，どんな仕事ができそうな「人柄」であるかの評価である。肌合いはその会社の「社風」（組織風土）に合うかどうかの見極めである。いずれも客観的・数量的に評価できるものではなく，二次選考以降の面接において，学生の人間性全般を対象とした「全人格的把握」が採用の中心になる。

この点を補強するデータとして，**日本経団連***による『新卒採用に関するアンケート調査』（2018年）を挙げておこう。この調査では，新卒採用の選考に当たって重視した項目，全20項目のうち上位5項目を回答するようになっている。2018年までの動きをみると「**コミュニケーション能力***」が16年連続で1位（82.4%），次に「主体性」が10年連続の2位（64.3%），「チャレンジ精神」が3年連続の3位（48.9%）であった。以下「協調性」（47.0%）「誠実性」（43.4%）が続く。ちなみに「一般常識」（8%）「語学力」（6%）「履修履歴・学業成績」（5%）「留学経験」（1%）を重視するという企業はどれも1割にも満たない。

このような企業が求める「コミュニケーション能力」や「主体性」，「チャレンジ精神」などを備えた人格を柔軟に演じられる学生にとって現行の採用方式はさほど苦にもならないだろう。その意味で日本の就活は一種の「ロール・プレイング・ゲーム」だといえよう。しかし，この方法では相当苦

融危機。日本でもこの年，「派遣切り」や「雇い止め」などが発生した。

＊就職氷河期世代
大卒ではおよそ1970（昭和45）年4月から1982（昭和57）年4月，高卒では1974（昭和49）年4月から1987（昭和62）年4月に生まれた世代。2023年現在において40歳前後を迎え，50歳代に到達している人もいる。

＊日本型新卒一括採用方式
企業が翌年卒業予定の学生（新卒者）を対象に求人し，在学中に選考を行って内定を出し，卒業後一括して採用するという日本独特の雇用慣行。

＊日本経団連
一般社団法人日本経済団体連合会。日本の大手企業を中心に構成された経済団体である。日本商工会議所，経済同友会と並ぶ「経済三団体」の1つ。

＊コミュニケーション能力
昨今のキャリア教育や就活セミナー等における最頻出用語。いわゆる「アンブレラターム」（たくさんの意味が1つの傘＝言葉に覆われている状態）である。

戦する学生も少なくない。

大阪府商工労働部が大阪府内の大学48校722名の大学生に対して実施した『大学生の就職困難の可能性と大学の支援に関する調査』（2019年）によると，コミュニケーションの不全，具体的には**発達障害***およびその「**グレーゾーン***」，あるいはその不安などから最大4人に1人（25%程度）の学生が，何らかの就職困難に直面している。また社会や仕事で求められる汎用的な能力・態度・志向を測定する**PROG***テストの21項目では，「身についていない」と回答した項目が1項目以上ある割合は，回答者の同じく4人に1人程度（23.9%）であった。

このような調査結果を踏まえて，報告書では大学は就職困難の可能性がある学生に対する支援手法を確立していないこと，個々の学生の特性・適性の把握や他大学や外部機関との連携が課題であることが指摘されている。

では具体的にどのような政策対応が考えられるか。ポイントは「多機関連携」である。大卒労働市場は高卒のような「**学校経由***」の市場とは異なり，学生と企業との直接交渉である。何らかの理由で対等の交渉ができない学生のために，大学の細やかな支援や行政の仲介などが必要になる。そこで産官学が連携した政策を動かすための基盤である「プラットフォーム」を作ることが考えられる。このプラットフォームには大学の大衆化に伴う学生の多様化に対応した「**ダイバーシティ・マネジメント***」の精神が欠かせない。この点については「*Column 4*」で大阪府の取組み事例を紹介しているので，そちらを参照されたい。

2　新卒労働市場のミスマッチ

先述した海老原は日本型新卒採用の「本当の問題」は「大企業に入れない若者」と「若者を採りきれない中小企業」の問題だと指摘する。この点についてまたデータで確認しておこう。

まずこれも先述したリクルートワークス研究所の『大卒求人倍率調査』（2024年3月卒）から「企業規模別」のデータに当たってみよう。（**資料3－2**）

ここからは企業規模を問わない全体的なデータとは異なる様相が浮かび上がってくる。一般に「大企業」と呼ばれる従業員数1000人以上の企業ではほぼ一貫して「買い手市場」が

＊発達障害
学習，言語，行動のいずれかにおいて不全を抱えた状態。もしくは発達に「凸凹」がある状態。発達障害者支援法において「自閉症，アスペルガー症候群その他の広汎性発達障害，学習障害，注意欠陥多動性障害，その他これに類する脳機能障害であってその症状が通常低年齢において発現するもの」（第2条）と定義される。

＊（発達障害の）グレーゾーン
発達障害の症状がいくつか見受けられていても診断基準のすべてを満たしているわけではないため，発達障害であるとの確定診断を下すことができない状態。

＊PROG（Progress Report On Generic Skills）
学生の「リテラシー」と「コンピテンシー」の成長を支援する目的で，河合塾と株式会社リアセックによって開発されたアセスメントテスト。「リテラシー」は，新しい問題や，これまで経験のない問題に対して知識を活用して課題を解決する力，「コンピテンシー」は，周囲の状況に上手に対応するために身につけた，意思決定・行動指針などの特性を測る。

＊学校経由
高校での就職は事前にハローワークに求人登録した企業からの求人票が高校に送られ，進路指導担当の先生が届いた求人票の中から生徒に合った企業を勧めるという「学校斡旋」のかたちをとっている。生徒は勧

資料３－２　従業員規模別求人倍率の推移

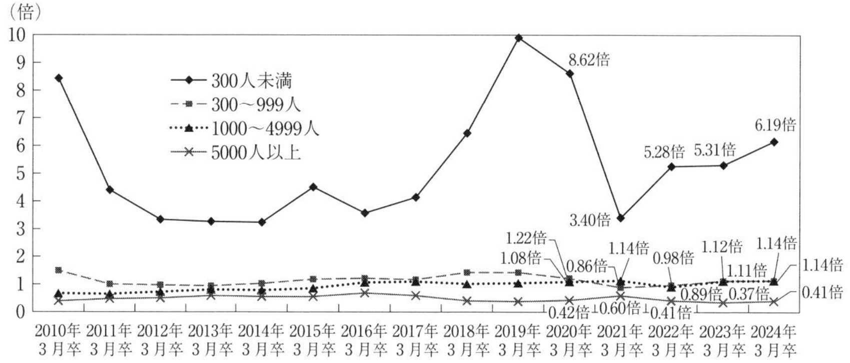

（出所）　資料３－１に同じ。

続いているのに対し，300人未満の「中小企業」ではずっと求人倍率３倍を超える「売り手市場」であり，変動幅も大きい。さらに業種別でみると，「金融業」，「サービス・情報業」は常に1.0を大きく下回っているのに対し，「建設業」，「流通業」ではおおよそ4.0〜12.0の間を推移している。

このような状況は「離職率」のデータからも確認できる。厚生労働省は『**新規学卒就職者の離職状況***』として「就職後３年以内の離職率」を最終学歴ごとに公表している。直近の2022（令和４）年報道資料から2019（平成31）年３月卒業者のデータをみてみよう。

かつて新卒者の早期離職について「**753離職***」と呼ばれていたが，近年は様相が異なってきた。大卒者は直近で31.5%とこの10年ぐらいほぼ30%台前半で大きな変化はみられないが，高卒者は40%台から直近では35.9%まで下がってきている。大卒者に目に転じて「事業所規模別」でみると，ここでも従業員数が少なくなるほど早期離職者が多くなる傾向が見てとれる。従業員数100人未満が平均の離職率を超える企業規模の分かれ目である。また「産業別」でみても，業種ごとの離職率の差は大きい。「金融業，保険業」（25.1%）や「情報通信業」（27.8%）は平均を下回るが，「宿泊業，飲食サービス業」は50%を超え，「生活関連産業，娯楽業」や「教育，学習支援業」なども40%台後半と平均よりかなり高い。

このような新卒労働市場におけるミスマッチの企業規模・業種間格差は意外と問題視されていないが，海老原が指摘するようにかなり本質的な問題である。学生はどうしても大企

められた企業の中から応募先を１社にしぼらなければならないという「１人１社制」の慣行が続いてきたが，近年ではその問題点が指摘され，見直す動きも出ている。

＊ダイバーシティ・マネジメント
多様性を認め合うことで様々な人材の能力を最大限活かし，事業を成長させていくという企業運営の考え方。日本の「メンバーシップ型雇用」のもとでは正統なメンバーである男性正社員が人材育成の中心であった。これに対して女性や高齢者，外国人，障害者など，多様な人材の特徴を活かして組織力向上につなげていくのがこの考え方の目標である。

＊新規学卒就職者の離職状況
事業所からハローワークに対して，雇用保険の加入届が提出された新規被保険者資格取得者の生年月日，資格取得加入日等から学歴ごとに新規学卒者と推定され

業志向になりがちであるが，そこはずっと企業の「買い手市場」である。「大企業に入れなかった学生」は中小企業に向かわざるを得ないが，海老原がいうところの「肌合いあわせ」が十分にできないため，入社しても早期離職につながりやすい。

ではどのような政策対応が考えられるか。海老原は大学4年後期に就職未決定者が中小企業5社ぐらいでそれぞれ2週間ぐらいの就業体験を重ねる「短期肌合いあわせ型インターンシップ」を提唱している。また入社後のミスマッチについては，地域を単位に行政・商工会議所・中小企業家同友会・経営者協会などが連携し，地域内の「社外異動」を促進する「地域内人材育成コンソーシアム事業」を提案している（海老原，2016，第5章）。

前項の就職困難学生への政策対応でも触れた大阪府の取組み事例でも，連携する企業は大企業ではなく「中堅・中小企業」が主である。中小企業におけるミスマッチを対象とした多機関連携事業がここでも必要とされよう。

る就職者数を算出し，さらにその離職日から離職者数・離職率を算出している。

＊753離職
就職して3年以内に，中卒新入社員の7割，高卒新入社員の5割，大卒新入社員の3割が離職する現象。早期離職は，その後非正規雇用になったり収入が落ちたりするなどキャリア形成に悪影響をもたらすことが多いため社会的にも問題視されてきた。

3　「ブラック企業」問題

皆さんの中で「**ブラック企業**＊」という言葉を聞いたことがないという人はほとんどいないだろう。聞いたことがあったとしてもまだ現実味がない人も，就職活動を始め，さらに内定をもらうと，応募先あるいは内定先企業が「ブラック企業」かどうか，インターネットなどで調べることになるだろう。

厚生労働省では「ブラック企業」について定義していないが，一般的な特徴として，

①労働者に対し極端な長時間労働やノルマを課す

②賃金不払残業やパワーハラスメントが横行するなど企業全体の**コンプライアンス**＊意識が低い

③このような状況下で労働者に対し過度の選別を行う

ことなどを挙げている。

このような企業に就職してしまった場合の対応として，「第一義的には会社に対して問題点の改善を求めていくことが考えられ」るが，「新入社員が単独で会社に問題点の改善を求めて交渉等をするのは現実的には非常に難しい」ため，「問題点に応じて，外部の関係機関や労働組合に相談することも有効な手段と考えられ」ると書かれている[*1]。

＊ブラック企業
2001年にインターネットの掲示板「2ちゃんねる」で生まれた言葉。従業員を違法または劣悪な労働条件で酷使するという労働環境の「ブラック」な状況と「就職してはいけない企業」の「ブラックリスト」という意味が含まれている。

＊コンプライアンス
日本語訳としては「法令遵守」。企業が関係する法律や規制などを正確に認識し，それらを遵守するための具体的な取組みを行っていること。

＊1　厚生労働省HP「労働条件に関する総合情報サイト」（2023年10月28日閲覧）。

なおこのように厚生労働省は「ブラック企業」という言葉は用いていないが，企業の「コンプライアンス」違反について「労働基準関係法令違反に係る公表事案」というかたちで，法令違反をした企業の名称や違反内容を公表しているので（事実上の「ブラック企業リスト」），インターネット検索をして調べてみてもらいたい。[*2]

さらに皆さんには職場に関する情報に対するアンテナの感度を日頃から高めておくことを勧めたい。この点については「**若者雇用促進法**[*]」において，労働法制に関する知識等の周知啓発として国に対して「学校と協力して，その学生・生徒に対し労働法制に関する知識等の付与に努めること」（法第26条）を規定するとともに，事業主に対して積極的に「青少年雇用情報」を提供するよう努めること（第13条，第14条）や前年度の有給休暇の平均取得日数などのデータを公表することを求めているのに注目したい。[*3]

さてここで皆さんにはハローワークのインターネットサービスを利用して，自分が（「就社」ではない）「就職」活動をする際に応募してみたい企業が上記項目についてどのような情報提供をしているのか，チェックをしてもらいたい。

まずハローワークインターネットサービスのトップページから「仕事をお探しの方」の「求人情報検索」をクリック。そうすると「求人情報検索・一覧」画面が立ち上がるので，適宜条件を入力していってもらいたい。

「求人区分」は必須なので「新卒・既卒求人」を選択。「就業場所」・「希望する職種」・「雇用形態」は任意であるが，できるだけ入力しよう。就業場所は自分が住んでいる市区町村およびその周辺の地域でよいだろう。職種は大まかな分類と細かな分類が出てくるので，自分の就きたい仕事のイメージがわかない人は大まかな分類，かなり具体的にイメージできている人は細かな分類で入力するとよい。雇用形態は「正社員」にしておこう。ここまで入力できたら「検索」をクリック。求人件数が多い場合は条件を狭め，少ない場合は広めてみよう。適当な件数であれば気になった企業の「求人票を表示」をクリック。１．会社の情報，２．仕事の情報，３．労働条件等，４．選考，５．補足・特記事項ときて，最後に「青少年雇用情報」の各項目の記載があるので，順番に丁寧にチェックしていこう。

なお皆さんには１社だけでなく必ず複数企業の求人票を比

＊2　この問題については筆者自身だいぶ以前から認識し，政策対応として「労働法教育」の推進・普及を提唱してきた（居神，2010）。この点については厚生労働省でも検討が進められ，同省HPにとてもよい授業案（「『はたらく』へのトビラ～ワークルール20のモデル授業案〔改訂版〕」）が公表されている。これは授業案なので教員向けのものであるが，学生の皆さんにはモデル授業案の中にある「労働法クイズ」にチャレンジして少しでも法知識を身につけてもらいたい。なお筆者は労働法に関する「知識」を身につけることも大事であるが，職場の現状に対して「異議申し立て」する「気構え」を涵養することが，労働法教育の肝ではないかと考えている。

＊若者雇用促進法
正式名称は「青少年の雇用の促進等に関する法律」。就職準備段階から就職活動時，就職後のキャリア形成までの各段階において，総合的かつ体系的な若者雇用対策を行うための法律として，2015（平成27）年10月１日から施行され，一部，2016（平成28）年３月１日または４月１日から施行されている。

＊3　このほかに，「過去３年間の新卒採用者数や離職者数」，「自己啓発支援の有無及び内容」，「前年度の育児休業取得対象者数・取得者数」，「役員に占める女性の割合及び管理的地位にある者に占める女性の割

合」など，働きやすい職場かどうかを知る労務管理の情報が公表されている。

＊ユースエール認定制度
若者の採用・育成に積極的で，若者の雇用管理の状況などが優良な中小企業を厚生労働大臣が認定する制度。認定条件は，直近3事業年度の新卒者など正社員として就職した人の離職率が20％以下，前事業年度の正社員の月平均所定外労働時間が20時間以下かつ，月平均の法定時間外労働60時間以上の正社員が1人もいないことなどのほか，「青少年雇用情報」がすべて公表されていることなど。

較検討してもらいたい。その会社の「本気度」がみえてくるだろう。特に「補足・特記事項」が意外と有用なので，ここのチェックも怠らないように。

また若者雇用促進法では「若者の雇用管理の状況が優良な中小企業の認定制度（**ユースエール認定制度**＊）」を設けている（第15条～第17条）。厚生労働省の「若者雇用促進総合サイト」にユースエール認定企業一覧が掲載されているので，こちらもチェックしておきたい。

3　個々の進路選択と日本社会の「かたち」

ここまでは大学生の多くが選択するであろう「就職」という進路について，その現状と課題および政策対応をみてきた。ここからはより俯瞰的な視点に立って，そうした個々の進路選択が社会のどのようなポジションに位置づくことになるのか，またそこからどのような日本社会の「かたち」がみえてくるのか，3人の社会学者の知見を紹介しながら考えていきたい。

1　3つの生き方

歴史社会学者の小熊英二は，現代日本での生き方を「大企業型」，「地元型」，「残余型」の3つの類型に分けている。以下，小熊の分析を紹介していく（小熊，2019，第1章）。

まず「大企業型」と「地元型」について。「大企業型」は大学を出て大企業や官庁に雇われ，「正社員・終身雇用」の人生を過ごす人たちとその家族である。「地元型」は地元の中学や高校を出た後，農業や自営業，地方公務員や建設業・地場産業などその地方にある職業に就き，「地元から離れない」生き方である。どちらの生き方にも一長一短がある。

「地元型」は収入は「大企業型」より少ないかもしれないが，親から受け継いだ持ち家があるならローンで家を買う必要はないし，地域の人間関係に恵まれ，自治会や町内会，商店会，農業団体などを通じて政治的な要求も通りやすい。

それに対し「大企業型」は高校か大学の段階で地元から離れた場所に移動することが多く，就職後は転勤で1つの場所に長くいないなど，地域に足場を失いがちである。近隣に子どもを預けられる人間関係がないと育児にお金がかかるし，ローンで家を買うと支出が多くなる。また地元に足場がないので政治的な要求が通りにくい。

この２つの「型」は日本の様々な制度の暗黙の前提になってきた。例えば，社会保障制度について，1970年代に自民党を中心に「**日本型福祉社会論***」という言葉が使われたことがあるが，それは「家族」,「企業」,「地域」の助け合いを強調し，政府の財政負担を軽減しようとするものであった。そこでは企業を基盤として生きる「大企業型」と地域を基盤として生きる「地元型」が念頭に置かれていた。実際，日本の社会保障制度の特徴である「**国民皆保険・皆年金***」は「職域」（被用者）と「地域」（被用者以外）を単位として成り立っている。

ところが，現代の日本社会では，企業に長期雇用されないが，地域に足場があるわけでもない人々，いわば「残余型」が増えてきた。所得が低く，地域につながりもなく，高齢になっても持ち家がなく，年金も少ない，都市部の非正規労働者がその象徴である。

ただし「残余」という言葉に特にマイナスの意味はない。日本社会の基本的な帰属集団である企業・地域のどちらにも根ざしていない類型が増えてきたということである。

では現代の日本社会において，この３つの類型はどのくらいの比率で存在するのか。小熊の推計では,「大企業型」が26%,「地元型」が36%,「残余型」が38%となっている。また歴史的なトレンドとして,「大企業型」は正社員数や大卒就職者数にさほど大きな変化がないため，比較的に安定しているのに対し，1990年代以降の高卒労働市場の急減や自営業セクターから非正規雇用への移動などにより「地元型」から「残余型」への移行が生じているという。

さて皆さんはこれからこの３つの生き方のうち，どれを選択することになるだろうか。

＊日本型福祉社会論
1979年に自民党から出された政策研究叢書のタイトル。三世代同居は日本社会の「含み資産」であるとして，北欧型の高負担高福祉の福祉国家を否定。家庭および企業による福祉機能を重視する。

＊国民皆保険・皆年金
日本国に住所を有する人はすべて何らかの公的医療保険・年金保険に加入するという仕組み。1958年の国民健康保険法の改正，1959年の国民年金法の制定により，1961年から実施された。

2　５つの階級

次に階級社会学者の橋本健二が描く日本社会の「かたち」をみていこう（橋本，2018)。

橋本は，階級社会学は階級構造の分析を通じて，その社会の「かたち」を明らかにする学問であるという。つまり現実の社会では人々が，収入や生活態度，生活の仕方や意識などの異なるいくつかの「階級」に分かれていると考えるのである。それではどのように「階級」を区別していったらよいのか。以下，橋本の解説を紹介していく（橋本，2018，第２・３

章)。

現代社会の主要な基盤となっている経済構造は**資本主義***である。資本主義は**生産手段***を集中的に所有する「資本家階級」とそのような生産手段をもたない「労働者階級」との交換関係を基礎とする経済構造である。労働者は資本家に労働力を提供し，資本家はその見返りとして賃金を支払う。つまり資本主義社会では労働力が商品として売買される。

このように資本家階級と労働者階級は資本主義社会の基本的な２つの階級である。しかし現実の資本主義社会にはこれ以外の２種類の「中間階級」が存在する。

１つは資本主義以前から存在する自営業や自営農民といった，自分で少量の生産手段を所有し，人に雇われるのでも人を雇うのでもなく，自分と家族が働いて生産活動を行っている人々である。彼らは両方の階級の役割を兼ねた中間的な性質の階級であり，資本主義以前から存在していたので「旧中間階級」と呼ばれる。

もう１つは資本主義経済の発達によって新たに生まれた階級である。資本主義が発達し，企業規模が拡大すると，もともと資本家階級が行っていた業務の一部，労働者を管理・監督したり生産設備を管理したりするような業務が，労働者の一部に任されるようになる。これらの人々は労働力を売って賃金を得るといった点では労働者階級と変わりないが，労働者階級より上の地位で労働者を管理・監督するという点では資本家階級に近い。このように両方の階級の中間的な立場にあり，資本主義の発展に伴って新たに生まれたことから「新中間階級」と呼ばれる。

したがって現代社会における階級構造は「資本家階級」,「労働者階級」,「旧中間階級」,「新中間階級」の４つの階級によって成り立っていることになる。さらにこれらを社会の「かたち」を具体的に描けるよう分析的に区別するためにはいくつかの情報が必要になる。

最も基本的なものは，人々が従事している仕事の内容を区別する「職種」である。一般に用いられる**職業分類表***に基づいて，管理職，専門・技術職，販売職，サービス職などに区別される。

次に重要なのが，勤め先での地位や雇用形態についての情報をあらわす「**従業上の地位***」である。一般的には，経営者・役員，自営業主・家族従事者，正規の職員・従業員，非

＊資本主義
生産手段の私的所有と私的利益の運用を基本とする経済システム。

＊生産手段
生産に必要な道具や機械，原料，建物などの物財。

＊職業分類表
「日本標準職業分類」については日本統計協会の HP (2023年10月28日閲覧) に，「厚生労働省職業分類」についてはハローワークインターネットサービスの HP (2023年10月28日閲覧) に掲載されている。

＊従業上の地位
国の多くの統計を扱う総務省では，従業上の地位に関する区分について，41の統計調査の定義を整理している。総務省 HP「統計基準等」のページから「『従業上の地位』に関する区分」を参照されたい。

正規の職員・従業員などに区別される。

さらに日本では企業規模によって賃金水準が大きく異なるので「企業規模（従業員数）」についての情報も必要である。特に資本家階級と旧中間階級を分けるために，一般に「企業」と認識できる従業員数５人以上・未満での区分が重要である。また「性別」も階級分類に関係する。特に日本では同じ職種でも男性と女性では仕事の内容が異なる場合があるからである。女性の事務職は新中間階級的な仕事内容でない場合が多い。

これらの情報をもとに日本の４つの階級区分をまとめると次のようになる。

①資本家階級：従業先規模が５人以上の経営者・役員・自営業者・家族従業者

②新中間階級：専門・管理・事務に従事する被雇用者（女性と非正規の事務を除外）

③労働者階級：専門・管理・事務以外に従事する被雇用者（女性と非正規の事務を含める）

④旧中間階級：従業先規模が５人未満の経営者・役員・自営業者・家族従業者

以上の階級区分に基づき，橋本が『就業構造基本調査』（2012〔平成24〕年）を用いて，それぞれの階級の割合を推計したところ，「資本家階級」（4.1%），「新中間階級」（20.6%），「労働者階級」（62.5%），うち「正規労働者」（35.1%），「パート主婦」（12.6%），「（パート主婦以外の）非正規労働者」（14.9%），「旧中間階級」（12.9%）となった。

ここで最近の傾向として橋本が注目しているのが，労働者階級内部における格差の拡大である。特に正規労働者と非正規労働者との間の年収や貧困率の差が著しい。

そこで橋本は非正規労働者を正規労働者と区別して，労働者階級のさらに下の階級を意味する「**アンダークラス***」と呼んでいる。これにより労働者階級は「正規労働者」に改められる。

したがって，日本社会は「資本家階級」，「新中間階級」，「旧中間階級」，「正規労働者」に「アンダークラス」を加えた５つの階級によって成り立つ「かたち」となる。

これら５つの階級は，年収や貧困率のみならず，資産所有額や所有物，学歴や婚姻率，さらには仕事や生活への満足度，政党支持率などの点で，それぞれが大きく異なる集団を

＊アンダークラス
欧米では1980年代から若年失業者を中心にした underclass の出現が社会問題化していた。これに対しては，福祉国家に過度に依存した個人の道徳的退廃の問題であるという見方と脱工業化に伴う若年労働市場の崩壊という社会構造の問題であるという見方がある。

資料3－3　階級分化装置としての高等教育

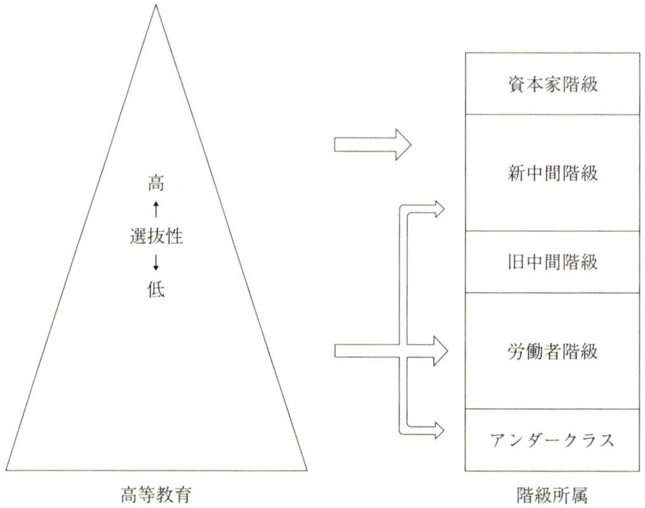

資本家階級：従業先規模が5人以上の経営者・役員・自営業者・家族従業者 新中間階級：専門・管理・事務に従事する被雇用者（ただし女性は事務を除外） 労働者階級：専門・管理・事務以外に従事する被雇用者（女性では事務を含める） 旧中間階級：従業先規模が5人未満の経営者・役員・自営業者・家族従業者 アンダークラス：パート主婦以外の非正規労働者

（注）　新中間階級において女性事務職が除外されているのは，その大部分が昇進機会のない単純事務作業者だからである。また専門・管理・事務以外の職種とは，具体的には販売・サービス職，技能・生産工程職などである。これらもまた管理的職能への展望が開けにくい職種である。筆者としては，「労働者階級」の特質として管理的職能への見通しの度合いを強調しておきたい。
（出所）　居神，2010，32頁。

形成している。

皆さんも自分の進路選択の結果，どの階級に所属することになるのか意識してもらいたい。なお筆者はかつて，高等教育の大衆化（高等教育への進学率が50％を超える段階）に伴い，大学はその「選抜性」（入試偏差値）の高低により，卒業生を階級分化させる装置となったのではないか，と仮説的に提起したが（**資料3－3**），皆さんはどのように評価するだろうか。

3　8つのグループ

計量社会学者の吉川徹は，日本社会を学歴・年齢・性別によって8つのグループに分けた場合，学歴によって最も分断される社会であることを主張する（吉川，2018）。

吉川は2015年に行われた2つの大規模社会調査（「階層と社

会意識全国調査」と「**社会階層と社会移動全国調査***」）のデータから，まず「**団塊の世代***」等を除いた「現役」層（1955～94年生まれ）を抽出する。この40年間に生まれた人々を調査当時の40歳を中心に上下20年ずつに切り分け，40歳から上を「壮年層」，下を「若年層」とする。

次に社会学等でよく用いられる学歴区分，すなわち短大および高専以上の学歴を「大卒」，高校卒業および専門学校卒業を「高卒」，義務教育卒業を「中卒」に分類して，比率をみると，大卒（45.5％），高卒（49.9％），中卒（3.7％）と「大卒」と「非大卒」がほぼ「フィフティ・フィフティ」であることがわかった。

吉川は上記の調査結果から，大卒・非大卒を切り分ける境界を「学歴分断線」と呼び，18歳時点での進路選択において，これを超えるかどうかが，その後の人生のありようを決める最も大きな岐路とみている。

この学歴に先ほどの生年，さらに性別を加えて構成される８つのグループごとにどのように人生の有利・不利がみえてくるか，具体的に紹介していこう（吉川，2018，第４章）。

①壮年大卒男性

大卒学歴をもって20世紀のうちに労働市場に入り，多くが**ホワイトカラー***正規職としてキャリアを重ねてきた。管理職あるいは経営者の比率が高く，個人年収ではほかのグループを大きく引き離している。20世紀の人生の「勝ちパターン」の恩恵に預かってきた人たち。

②壮年非大卒男性

ブルーカラー*職従事者が多いが，正規職もしくは自営・経営者も多く，個人年収は比較的高い。有配偶率が高く，平均を上回る子ども数をもつ。ほかのグループより長く日本社会を支え，貢献に見合った安定的な居場所を得ている。彼らの一部は後述の壮年非大卒女性とともに，大卒層の少ない地方コミュニティを支えている。

③壮年大卒女性

労働時間が少ないわりに世帯年収が多い。多くが**男女雇用機会均等法***以後の世代であるが，専業主婦の比率が高い。８割以上が既婚者で，夫の７割が大卒層であることから，世帯の豊かさと安定を得ている。キャリア女性，主婦，母親など多様な生き方を選択できる時

＊社会階層と社会移動全国調査
1955年以来，10年に一度行われている，社会階層や不平等，社会移動，職業，教育，社会意識などに関する社会調査。「2015年社会階層と社会移動（SSM）研究会」のHPに本調査の報告書や本調査のデータを用いた研究業績が紹介されているので参照されたい。

＊団塊の世代
戦後の第１次ベビーブームの時期（1947～50年）に生まれた世代。通商産業省の官僚であった堺屋太一による，オイルショック後の日本経済に関する未来予測小説の題名『団塊の世代』に由来する。

＊ホワイトカラー・ブルーカラー
カラーは英語の色ではなく，着ているシャツの襟（collar）を指す。ホワイトカラーは白い襟のシャツを着て，事務職や専門職などの仕事をする。ブルーカラーは青い襟のシャツを着て，製造業・建設業などの生産現場で生産工程・現場作業に直接従事する。➡第４章「成人期・壮年期の社会政策」❷ 1 も参照。

＊男女雇用機会均等法
正式名称は「雇用の分野における男女の均等な機会及び待遇の確保等に関する法律」（1986年施行）。性別を理由とする差別の禁止等（第５条～第10条），事業主の講ずべき措置（第11条～第13条）などを定めている。

間と経済力のゆとりをもっている。

④壮年非大卒女性

最も人口規模が大きいグループ。4人に1人は専業主婦。働いている人も非正規職が多く，個人年収は高くないが，世帯年収はまずまずの水準。未婚者は少なく，夫は7割が非大卒。国内の幅広い労働力調整に貢献し，多くの子どもを産み育てており，あまり目立たず日本の地域社会を支えている。

⑤若年大卒女性

職業キャリアや家族形成の過渡期にある。4人に1人は無職。有職者の多くはホワイトカラー職に就き，同世代の大卒男性と肩を並べる働き方をしている。個人年収は高くないが，6割が結婚，配偶者の7割が大卒のため，一定の豊かさの水準にある。地方居住者が少なく，都市部では最多数の「若者」。

⑥若年非大卒女性

個人年収は最も少なく，世帯年収も多くはない。有職者の職種はホワイトカラー職が半数，販売・ブルーカラー職が半数。既婚者は7割，配偶者の多くが若年非大卒男性。若年層の中で飛び抜けて子ども数が多いという意味で，日本の少子化社会を食い止める重要な役割を担っている。

⑦若年大卒男性

若年層の4グループの中で最も個人年収が多く，非正規雇用率が低く，ホワイトカラー職に従事している人が多い。ほぼ半数が未婚者で子ども数が8グループの中で最も少ないという意味で親密な絆が乏しい。半数以上が大卒家庭出身で，居住地は都市部に集中している。

⑧若年非大卒男性

5人に1人が非正規・無職で，正規職に就いているのは5人中4人。現在就いている職種をみると，約半数が，資格や専門的知識を必要としない，販売・サービスや半熟練・非熟練のブルーカラー職従事者。一度の離職経験のある人が6割以上，三度以上が2割以上。3か月以上の失業経験のある人が3割以上いる。労働時間はほかの男性たちと同程度に長いが，個人年収は300万円台前半にとどまる。

このように吉川は日本社会を８つのグループに分けたうえで，「若年非大卒男性」グループがきわめて厳しい現実に直面しているにもかかわらず，政策的支援が少なく，声も上げられていないことを危惧する。と同時に彼らの存在に決してネガティブでない意味づけを与えようとする。

「非大卒」には「低学歴」というネガティブなニュアンスがあるが，吉川は学費と教育年数のかかる大学教育を受けずに社会に出たという彼らの「軽やかな人生選択」に対して，英語のLightly Educated Guysを略した「レッグス（LEGs）」＝「軽学歴の男たち」という新しい言葉を与える。「高い―低い」で学歴をみるのではなく，「重い―軽い」という考え方でみようというわけである。さらに，レッグスの存在は日本社会の盲点であるが，それは日本社会が大卒という重い学歴こそが望ましい選択であると思い込み，またそこしかみようとしていない「大卒層だけを見ている社会」だからだと手厳しく批判する。

近年，「**大学の無償化***」政策として「**高等教育の修学支援新制度***」がスタートしたが，レッグスのような「軽い学歴」を選択した若者にとっては，自分たちにも同程度の支援策を講じてくれない限り，なかなか受け入れがたい政策ではないだろうか。

第１節の大学進学率のトレンドのところで大学進学率はこれ以上あまり伸びないかもしれないと述べたが，吉川が指摘するように，「子どもには，大学以上の学歴をつけさせたほうがよい」という考えに肯定的な回答は３分の２程度にとどまっていることからも，これからも「軽い学歴」を選択する層，すなわち「非大卒の人生を確信をもって進もう」とする若者は一定数，存在し続けるであろう。

その中で「大卒層だけを見ている社会」が進めようとしている「大学の無償化」政策はどのように正当化されるのだろうか。この問いに向けて考える準備を次に行っておこう。

4　どの進路選択も人生の不利にならない社会政策

社会政策とは何か。研究者によって様々な定義がされるが，ここでは「社会を構成する様々な人たちのウェルビーイングを高めるための社会のあり方を追究する政策」としておこう。「ウェルビーイング」という言葉が初めて公式的に用いられたのは1946年に設立された世界保健機関（WHO）の憲

＊大学の無償化
1948年の世界人権宣言において，高等教育の機会均等（第26条）がうたわれ，これを条約化した1966年の国際人権規約では，「高等教育は，すべての適当な方法により，特に無償教育の漸進的な導入により，能力に応じ，すべての者に対して均等に機会が与えられるものとすること」（社会権規約13条２(c)）と規定されている。日本が国際人権規約を批准したのは1979年であったが，上記条項の適用を長らく留保していた。ようやくこの留保を撤回したのは2012年であった。

＊高等教育の修学支援新制度
2020年４月より始まった新しい給付奨学金・授業料減免制度。大学や短大，高専，専門学校への進学に際して，「進学先で学ぶ意欲があること」および「世帯収入や資産の要件を満たしていること（住民税非課税世帯およびそれに準じる世帯）」を条件に，給付型の奨学金および授業料と入学金の減免が受けられる。詳しくは文部科学省HP「高等教育の修学支援新制度」を参照。

章において「広い意味での健康」の定義としてであった。そこでの健康とは「単に疾病や病弱な状態ではないというだけでなく，身体的，精神的，そして社会的に完全に良好ですべてが満たされた状態」であると定義されている。つまり，狭い意味の身体の「健康」だけでなく，心の豊かな状態である「幸福」と，社会の良好な状態を作る「福祉」を合わせた，「心と体と社会の良い状態」がウェルビーイングなのである（前野・前野，2022，第1章）。

皆さんの進路選択は皆さん自身のウェルビーイングを高めるとともに，社会全体のウェルビーイングを高めるものでなければならない。そのような社会を実現するための政策をどのように考えたらよいか。そのヒントは高校の教科書『公共』の中にある。

1　高校の新科目「公共」の意義

2022年度より高校の新学習指導要領が実施され，従来の「現代社会」に代わる新科目「公共」がスタートした。その目的は，これから社会に出ようとする高校生が「主体的に社会に参画」し，様々な社会の問題に向き合い，「他者と対話しながら問題を解決する力」を学ぶところにある。つまり，単に「社会のしくみ」について学ぶだけでなく，さらに「どのように社会にかかわっていくのか」，「どのような社会をつくっていくか」が問われるようになったということである（神坪，2023，第0章）。

そのため「公共」の授業では「現代社会の問題を自分ごととしてとらえ，問題を解決しようとする姿勢」や「一つの正解を見つけるのではなく，対話のうえ，納得解を導き出す」，「幸福，正義，公正などの人間と社会のあり方についての『見方・考え方』を身につけそれを現代社会の諸課題の解決に活用する」ことなどが求められる（神坪，2023，第0章）。

2　政策論の哲学的基礎

この項では社会政策を考えるときの哲学的基礎について，高校の『公共』の教科書に即して紹介していきたい。なお「哲学的」というのは，「物事をその根本のところまでおりて考える」，「対立のもとになっている価値観の違いについて考える」姿勢だと理解してほしい。

『公共』の教科書では上述の「人間と社会のあり方につい

ての見方・考え方」に当たるところである。資本主義経済は経済活動の自由によって成り立つものであるが，個人の自由を尊重しながら，利害や価値観の違いがもたらす社会的対立をどのように解決したらよいのか。ここでは皆さんが学んだかもしれない，いくつかの『公共』の教科書による説明を参考にしながら考えていこう。

さて前節で提示した「大学の無償化」についての考え方であるが，ある教科書（数研出版，2022，72-73頁）では，「功利主義」，「リベラリズム」，「リバタリアニズム」，「コミュニタリアニズム」の４つの観点を提示している。

まず「功利主義」は「最大多数の最大幸福」で覚えたであろう**ベンサム**[*]の考え方である。これは「正しさの基準を幸福の実現に求め，結果として人々が得られる幸福の合計を最大にすること」を目指す立場である。

次が「リベラリズム」である。これは「正しさの基準を個人の自由の平等な保障に求める」立場である。代表的な論者の**ロールズ**[*]が提唱する「正しさの原理」を少し詳しく説明しておく。ロールズはまず以下のような２つの原理を置く。

- 第一原理：誰もが他者と同じ種類の自由を同じ幅でもっていること（基本的諸自由の平等の原理）
- 第二原理：(a)何かに挑戦するときに，誰もいわれのない理由で拒絶されたり不利益を被ったりしないこと（公正な機会均等の原理），(b)経済的・社会的な不平等は，最も不遇な人々の最大の利益になる場合にのみ，認められること（格差原理）

このような原理のもと，ロールズは正義を導く仮想的な手続きを提唱する。社会の参加者は自分についての境遇・地位・能力など具体的な情報について何も知らない。ロールズはこれを「無知のヴェール」と呼ぶ。ロールズは社会についての一般的知識だけをもっているような状態を「原初状態」と呼び，そのうえで各自が合理的に話し合い，正しさを実現するために必要なものの適正な配分ルールを決めていくとしている。これをロールズは「社会的基本財」と呼び，このような話し合いを通じて「公正な社会」が実現されるというわけである。[*4]

３つめが「リバタリアニズム（自由至上主義）」。これは「正しさの基準を個人の自由の徹底的な尊重に求める立場」である。代表的な論者である**ノージック**[*]は功利主義やリベラ

＊ベンサム（Jeremy Bentham, 1748-1832）
イギリスの哲学者・経済学者・法学者。功利主義の考えの創始者。

＊ロールズ（John Bordley Rawls, 1921-2002）
アメリカ合衆国の政治哲学者。1971年に刊行した『正義論』（A Theory Of Justice）は政治哲学だけでなく幅広い分野に大きな影響を与えた。

＊4　この説明については東京書籍『公共』25頁が簡潔にまとめている。

＊ノージック（Robert Nozick, 1938-2002）
アメリカ合衆国の政治哲学者。主著は1974年に刊行した『アナーキー・国家・ユートピア』。

リズムが支持する福祉国家（課税を通じて所得や富を再分配する国家）を政府による個人の財産への不当な侵害として批判する。政府の役割は個人の権利の保障に最低限必要な司法や国防などに限定されるべきという「最小国家」を支持する。

最後の「コミュニタリアニズム（「共同体主義」）は，これまでの3つが前提とする個人主義的な人間観を批判する。これを代表する立場の**サンデル***によれば，「正しさの基準は，自分が生まれ育った共同体で歴史的に育まれてきた友愛や相互扶助といった『共通善』にもとづく」とする。共同体の中で歴史的に形成された共通善こそが個人の自由と正しい社会を実現するものと考えるわけである。

＊サンデル（Michael Joseph Sandel, 1953-）
アメリカ合衆国の政治哲学者。日本では2010年にNHK教育テレビで放映された『ハーバード白熱教室』が大きな反響を呼んだ。最近著に『実力も運のうち：能力主義は正義か？』（鬼澤忍訳，早川書房，2021）。

3 「公共空間における対話」のための練習問題

さて以上の4つの「人間と社会のあり方についての見方・考え方」に基づき，個人の進路選択の自由と公正な社会を実現させるための政策論について，本章のまとめとして考えてみよう。

キーワードは「公共空間」と「対話」である。まず，公共空間について，「公共」のある教科書では，「社会的な関係の中に生きる人間」という節の中で，「たがいの個性や人格をじゅうぶんに尊重しない社会とは，どのような社会だろうか」と問いかけたうえで，「仲間や身内の意見ばかりを聞き入れ，それ以外の意見には耳を貸さないという態度によって失われるものが公共空間である」としている（『公共』東京書籍，2022年，16頁）。公共空間とは自分とは異なる他者とかかわることを通じて自分の意見の絶対性を疑い，より多くの意見を取り入れ，よりよい社会を目指すための場だといえよう。

この点について**ハーバーマス***は，公共空間を作るには「自分にとって都合よく対象を操作して利益を得る能力ではなく，たがいによりよく了解しあうことを可能にする能力（これを「コミュニケーション〔対話〕的理性」と呼ぶ）」が必要だとする（同上，17頁）。利害や価値観の異なる人々が理性的な「対話」を通じて合意形成に達することの重要性を主張したわけである。

＊ハーバーマス（Jürgen Habermas, 1929-）
ドイツの社会哲学者。代表的著作は1962年に刊行された『公共性の構造転換』。

さて最後に本章のまとめの練習問題として前節で提示した「大学無償化」政策について，「公共空間」であるべき大学の授業の中で，皆さんどうしでぜひ「対話」してほしい。現在の日本の「無償化」政策は，「所得や資産などの条件」がつ

▶▶ *Column* 4　就職に困難・不安を抱える学生と企業とのマッチングに向けたシステム作りと大学教員の心がけ ◀◀

本章第2節で大阪府商工労働部による『大学生の就職困難の可能性と大学の支援に関する調査』を紹介したが，これと同様の調査として独立行政法人日本労働政策研究・研修機構（JILPT）による『大学キャリアセンターにおける就職困難学生支援の実態調査』（2015）があるので，あわせて参照してほしい。

このような就職に困難・不安を抱える学生の存在は「コミュニケーション能力」を中心に「やりたいこと」や「学生時代に力を入れたこと（通称：ガクチカ）」など本人の仕事能力とは直接関係しない企業のいわば「全人格的採用」によるところが大きいだろう。つまり，いまの大卒労働市場には企業が求めるものと学生の資質・能力*との間に大きなミスマッチが存在するとみることもできよう。

この問題について大阪府では2019年に「就職困難な可能性のある大学生を支援する産官学のプラットフォーム」形成に取り組み始め，2023年現在「持続可能な大阪の成長を支えるダイバーシティ推進事業」（https://osaka-diversity.com/ を参照）というかたちでこの構想を展開している。「持続可能」や「ダイバーシティ」といった予算獲得に必要な政策用語が掲げられているものの，この事業のポイントは「コミュニケーションに自信がないなど就職活動に不安のある学生のコミュニケーション能力の向上を支援し，企業と学生のマッチング機会を提供することで，学生の府内就職を促進する」（上記 HP の趣旨説明より）ところにある。

このように行政が媒介となって学生と企業との間のミスマッチを解消しようとする動きは一定の評価ができるが，大学の存在が希薄である。「就職に困難・不安を抱える学生」の実態を大学がより積極的に把握し，企業が求める「全人格的採用」への適応にこだわらない卒業後の進路指導が必要だと思われる。大学は経営として全人格的採用に適応的な学生を評価したがる傾向にある。個々の大学教員はそうではない学生も一定数いることを直視し，彼らを「追い込まない」進路指導を心がけたいものである。

＊　資質・能力3つの柱：2007年の学校教育法改正による学力の3要素（①基礎的な知識・技能，②思考力・判断力・表現力等の能力，③主体的に学習に取り組む態度），2014年の高大接続改革答申による高校教育の学力の3要素（上記③は主体性・多様性・協働性に）を踏まえ，2020年度からの新学習指導要領で「新しい時代に必要な力」としてまとめたもの。①生きて働く「知識・技能」の習得，②思考力・判断力・表現力等，③学びに向かう力・人間性等の3つの柱からなる。

いている。このままがよいのか，この条件をはずしたほうがよいのか。さらにほかの条件をつけたほうがよいのか。それともこのような政策は行うべきでないのか。

まずは「功利主義」，「リベラリズム」，「リバタリアニズム」，「コミュニタリアニズム」それぞれの立場ごとに，それぞれのロジックに基づいて，政策の是非を考えてもらいたい。次に同じ大学進学を選択した者の中で，この政策の恩恵に預かっている者，そうでない者，さらにそもそも大学進学を選択しなかった者など，自分をそれぞれの立場に置き換えて考えてほしい。早急に「答え」を出す必要はない。大事なのは周りに同調することなく，自由に自分の意見を言うこと。そこに意見の対立が生じたとしても，互いに納得できるところまで，粘り強く対話を続けることである。

本章のテーマをさらに理解するために

- **朝比奈なを，2022,『進路格差：〈つまずく生徒〉の困難と支援に向き合う』朝日新聞出版。**
  元高校教員の観点から「進学した高校で人生が決まる」，日本の「進路格差」の実態を明らかにする。高校進学時点ですでに「つまずいている」生徒への根本的な支援として「義務教育の大胆な改革」を提起。「教育困難大学」の実相を描く第８章も興味深い。
- **妹尾麻美，2023,『就活の社会学：大学生と「やりたいこと」』晃洋書房。**
  社会学の観点から「なぜ大学生が過剰なまでに『やりたいこと』や熱意を問われ，語るようになったか」を明らかにする。第７章「私立中堅大学の就職活動プロセス」は私の「マージナル大学」論を踏まえた調査研究で大変興味深い。
- **筒井美紀，2016,『殻を突き破るキャリアデザイン：就活・将来の思い込みを解いて自由に生きる』有斐閣。**
  大学の研究者から大学生の皆さんへの熱いメッセージ。副題がすべてを語っている。特に第７章「社会には扶けてくれる他者がいる：そして扶け合う人になる」，第８章「キャリアデザインを人生に活かす：まずは相手に譲ること」はぜひ読んで生きる力にしてほしい。

引用参考文献

居神浩，2010,「ノンエリート学生に伝えるべきこと：『マージナル大学』の社会的意義」『日本労働研究雑誌』第602号。
海老原嗣生，2016,『お祈りメール来た，日本死ね：「日本型新卒一括採用」を考える』文春新書。
小熊英二，2019,『日本社会のしくみ：雇用・教育・福祉の歴史社会学』講談社現代新書。
神坪浩喜，2023,『新しい高校教科書に学ぶ大人の教養　公共』秀和システム。
高等学校教科書『公共』，2022，数研出版。
高等学校教科書『公共』，2023，東京書籍。
橋本健二，2018,『新・日本の階級社会』講談社現代新書。
前野隆司・前野マドカ，2022,『ウェルビーイング』日経文庫。
吉川徹，2018,『日本の分断：切り離される非大卒若者たち』光文社新書。

（居神　浩）

第4章
成人期・壮年期の社会政策

本章では，生まれてから子ども期（第2章），進路選択期（第3章）を経て，「成年期・壮年期」の社会政策を取り上げる。次章は高齢期（第5章）なので，本章の対象は20～60代ぐらいの長期間にわたる。この年齢層は「稼働年齢層」，「労働年齢人口」などと呼ばれるように「働く」ことが期待されている一方，生育した家族から離れて1人で暮らしたり，誰かと家族を形成したりする年齢層でもある。第Ⅱ部で取り上げる仕事（第6章），結婚と子育て（第7章），住まい（第8章）は，本章の時期と重なるテーマなので，関連して読んでほしい。本章では，私たちの成人期・壮年期の暮らしが様々な点で社会政策とかかわることを確認しよう。

1 進路選択期から成年期への移行と働き方モデル

1 「学ぶ」から「働く」へ

学校を卒業したらどうするか。1日の多くを「学ぶ」ことに費やしていた時間を，どのような時間に切り替えるかは，人生の大きな選択である。

例えば，さらに上の学校に進んで「学ぶ」ことを続ける場合，その学費をどう捻出するかが日本では課題となる。家族に出してもらう，奨学金を借りて後から返済する，自分で働いてお金を稼いでから進学するなど，様々な手段があるが，それは教育を受ける人がその費用を私費で負担するべきであると考えられている社会だからである。義務教育だけでなく高等教育の費用も社会全体が公費としてお金を出して，学びたい人は誰でも私費負担なく学べる社会であれば，学費の捻出に悩むことはない。

とはいえ，さらに上の学校に進学するには，**機会費用***がかかる。高校を卒業して働き始めると1年で年収250万円が得られると仮定してみよう。4年制大学に進学することは，1年で250万円を得られる機会を4年間失うことを意味しており，その選択で失うものは無視できない。大学を卒業して，大学院に進学する場合も，大学卒業後に働いた場合に得られ

＊機会費用
別の選択をしていたら得られたであろう利益。実際はその選択をしなかったので，その利益は得られていない。そのことを，ある機会を得たことで失った費用と考える。

たであろう収入分を失ってしまう。それでも進学して「学ぶ」ことを続けるか，あるいは「学ぶ」時間を「働く」時間に切り替えるか，進路選択期から成人期へいつ移行するのかは，若者が直面する人生の選択である。

中学，高校，専門学校，大学，大学院などでの「学び」を終えた後，多くの人は「働く」時間に1日の多くを費やすようになる。現代の日本社会は，自ら生きていくために必要な財（モノ）やサービスを自給自足で入手することは難しく，それらを購入するお金が欠かせない。自分で稼がなくてもお金を使えたり，生存に必要な財やサービスが手に入る状況になければ，自分でお金を稼がなければならない。それゆえ多くの人は，学校での学びを終えた後は，自分でお金を稼ぐための仕事を探すことになる。

2　自営業で働くか，雇用労働で働くか

お金を稼ぐための仕事には何があるだろうか。様々な仕事がある中で最も大きな区分は，自分の事業でお金を得るか，誰かの事業に雇われてお金を得るかである。財やサービスを生み出す生産手段をもっている人は，自分の事業として財やサービスを生産し，それを売ることで，お金を得ることができる。しかし，何の生産手段ももっていない人は，自分の労働力（働く能力）しか売るものがなく，それを買ってくれる人に雇用されて働くしかない。前者の働き方は「自営業モデル」，後者の働き方は「雇用労働モデル」である。

この2つのモデルのうち，これまで「社会政策」は，雇用労働モデルを基本に設計されてきた。なぜなら，雇用労働者は，自らの労働力の使用権限を**使用者***（雇い主）に売り渡し，使用者の指揮命令のもとで働く代わりに賃金を得る働き方であることから，立場が弱いと考えられてきたからである。雇用労働者は，自ら生産手段をもっている自営業者とは違って，自分の労働力を売りたくても売れない失業状態に陥れば，生きていくことができない。しかも資本主義経済は，雇用労働者を使って生産活動を行う**企業や会社***によって発展し，経済成長がもたらされると考えられてきた。それゆえ国家（政府）は，企業の生産活動を円滑にしつつ，雇われて働く労働者の暮らしを守るために，企業や市場経済を規制するルールを作ったり，企業や労働者を保護する補助金や手当などを給付してきた。それが資本主義経済社会の維持を目的と

＊使用者
労働基準法，労働契約法，労働組合法など，法律によって「使用者」の定義は異なるが，一般的には，労働者を雇用して，事業に使用し，賃金を支払う者を指す。労働者の雇い主（事業主）。

＊企業や会社
2005年に制定された会社法の定義では，会社とは「株式会社」，「合名会社」，「合資会社」，「合同会社」を指す。企業とは，営利を目的に経済活動を営む事業体の総称で，会社を含む広い概念である。本章では「就社」と対応させるために「会社」という表現も用いるが，会社法が定義する会社に限定せず企業とほぼ同義で使用する。

する国家の政策であり，「社会政策」と呼ばれる。

3　雇用労働モデルの社会政策

雇われて働く「雇用労働モデル」と，雇われずに働く「自営業モデル」の大きな違いは，使用者（雇い主）がいるかいないかである。使用者が民間企業であれば「会社員」と呼ばれ，国や地方自治体などの公共団体であれば「公務員」と呼ばれるが，いずれも雇われて働く雇用労働者であることに変わりはない。自営業モデルと異なる雇用労働モデルの特徴は，使用者の指揮命令に従って働くことである。雇用労働者が昇進・昇格して，職場を取りまとめる**管理監督者***になれば，指揮命令を受けずに働くこともあるが，使用者と一体的な立場にある者が管理監督者であり，使用者から独立して働いているわけではない。

使用者（雇い主）がいるかいないか，その働き方の違いは，**家族***や**住まい***にも影響を与える。雇用労働者が働く場所は，使用者に指定された場所であり，**職住分離***が基本である。それに対して，自営業の場合は，自らの住まいを働く場所にすることも可能であり（職住一体），その場合は「通勤」が不要となる。居住拠点と働く拠点を毎日往復する時間と労力は大きく，新型コロナウイルス感染拡大（以下，コロナ禍）で日本でも広がった雇用労働者の在宅勤務（**テレワーク***）は，この通勤の負担を軽減する。

さらに自営業と雇用労働の違いは，家族の巻き込み方でもみられる。自営業は，１人が仕事をするだけでなく，家族とともに営む場合が少なくない。統計上は「**自営業主***」と「**家族従業者***」に分けられるが，ともに同じ家業である自営業に携わって働いている。雇用労働者は，夫婦や親子がたまたま同じ使用者のもとで働くこともあるが，一人ひとりは独立して労働力を提供しており，自営業のように家族として働いているわけではない。

では，これまでの社会政策は「雇用労働モデル」をもとに作られてきたとして，どのような施策や制度があるのだろうか。例えば近年の動きでは，2022年10月より**育児・介護休業法***の改正で「産後パパ育休（出生時育児休業）」がスタートした。男性の育児休業取得を促進するため，これまでの育児休業とは別に，子どもの出生後８週間以内に４週間まで２回に分割して取得できるなど，柔軟な仕組みが新設された。

＊管理監督者
「部長」，「課長」，「係長」などの役職を「管理職」と呼ぶことがあるが，法律上の「管理監督者」とは異なる。労働基準法の管理監督者は「監督若しくは管理の地位にある者」で，役職名にかかわらず，職務内容，責任と権限，勤務態様，賃金等の待遇で判断される。その実態なく管理監督者として扱われることは「名ばかり管理職」と呼ばれる。

＊家族
➡第７章「結婚と子育て」

＊住まい
➡第８章「住まい」

＊職住分離
職場と住居が別々で分離していること。反対に，職場と住居が同じであることは，職住一体。

＊テレワーク
「tele＝離れた場所で」，「work＝働く」ことであり，パソコンやインターネットを活用することで働く場所と時間を柔軟に選べる働き方とされる。コロナ禍で在宅勤務としての雇用型テレワークが広がったが，自営業の個人事業主として業務を受注する請負型テレワークもある。

＊自営業主
総務省「労働力調査」の定義では，就業者のうち「個人経営の事業を営んでいる者」である。１人以上の有給の従業者を雇って個人経営の事業を営んでいる者（雇有業主）と，従業者を雇わず自分だけでまたは自分と家族だけで個人経営の事業を営んでいる者（雇無業主）に分けられる。自宅

で内職をしている者も，統計上は自営業主（雇無業主）である。

＊家族従業者
自営業主の家族で，その自営業主の営む事業に無給で従事している者。

＊育児・介護休業法
➡第6章「仕事をめぐる社会政策」❷ 2

＊女性活躍推進法
正式名称は「女性の職業生活における活躍の推進に関する法律」（2015年公布）。2019年改正で「301人以上」を雇用する事業主の義務が拡大し，これまで義務化されていなかった「101〜300人以内」を雇用する事業主も新たな対象となった。

＊仕事と家庭の調和（ワーク・ライフ・バランス）
➡第6章「仕事をめぐる社会政策」❷ 3

＊1　厚生労働省「2021年度雇用均等基本調査」。

＊男女間賃金格差
賃金の格差をどう測るかは，中央値で測るか平均値で測るか，高い人と低い人の全体の分布で測るかなど，様々な測定方法がある。また，性別以外の差異――産業・職業・企業規模・勤続年数・年齢・学歴・役職などの条件を同一にそろえたうえで，なお残る差だけを性別の違いから生じる男女間格差ととらえる方法と，実際に生じているほかの条件の違いも含めて男女間格差ととらえる方法がある。

＊2　フルタイム労働者について男性賃金の中央値を100とした場合の女性賃金の中央値の水準（OECD.

また，2022年7月には**女性活躍推進法**＊の省令・告示が改正され，常用労働者301人以上の大企業は「男女の賃金の差異」について公表することが義務づけられた。女性活躍推進法は2015年にできた法律で，女性が個性と能力を十分に発揮して職業生活で活躍するための支援措置や国・自治体・事業主の責務を定めている。

このように今日では，男女ともに働きながら子育てができる社会が目指されて，社会政策が講じられている。成人期・壮年期の私たちは，就職したり失業したり，結婚したり離婚したり，子どもを育てる人，親の介護をする人，様々な人生を歩むが，社会政策としては，仕事と家庭が両立できる仕組みを整えようとしている。2007年には総理大臣ほか関係閣僚と労使の代表や知事会などを含めた官民トップ会談で「**仕事と生活の調和（ワーク・ライフ・バランス）**＊」憲章と行動指針が策定され，政策目標となった（➡第6章参照）。

しかし，ワーク・ライフ・バランスが政策目標として掲げられること自体，現状はそうなっておらず，課題があることを示している。「産後パパ育休」が導入されたというニュースを聞くと，男性も育児休業をとるようになってきた印象を受けるが，社会の実態は異なる。例えば2019年10月から2020年9月までの1年間に子どもが生まれた男女労働者のうち，女性の85％は育児休業を取得したが，男性の取得率は14％にとどまっていた。しかも男性は取得した場合も取得期間は短く，「5日未満」25％，「5日〜2週間未満」27％と，半数以上が2週間未満である。女性の取得者の9割以上が6か月以上取得するのに対して，男性の取得率の低さと取得期間の短さは対照的である＊1。つまり育児休業の取得には男女で大きく異なる実態があるがゆえに，施策が講じられているのである。

女性活躍推進法に基づく男女の賃金の差異の情報開示も同様である。日本は**男女間賃金格差**＊が大きく，フルタイム労働者どうしで比較しても，男性を100とした場合の女性の賃金は77.9（2021年）である。ほかの先進国でも格差はあり，女性の賃金は男性より低いものの，アメリカ83.1，イギリス85.8，ドイツ86.5，フランス88.4など8割以上の水準である＊2。女性活躍推進法自体，女性が職業生活で活躍できていないという現状認識のもとに生まれた法律であり，女性政策が華々しく展開されているようにみえるとしたら，それは現状や実態がそうなっていない課題があるからである。

ではなぜ，ワーク・ライフ・バランスが政策目標として掲げられるような社会になったのだろうか。つまり，男性は育児休業をとることが難しく，女性の賃金は男性とかなりの差がある社会になったのだろうか。次節では，現代に至るまでの日本社会の歴史を振り返って考えてみよう。社会政策はこれまで雇用労働モデルを基本に設計されてきたことを踏まえると，振り返るのは雇用労働者の世界である。

Stat〔Decile ratios of gross earnings: Table P1. Relative earnings: Gender gap〕)。

2　学校生活から中断のない移行と，雇用を通した生活保障

1　「職に就く」ではない就職と，新卒一括採用

「働く」ことが期待される成人期・壮年期へ移行するに当たり，私たちは一般的に，学生である前章の時代から，就職活動（就活）を始める。しかし日本社会の就職とは，職に就くこと（就職，ジョブ型）ではなく，会社に入ること（就社，メンバーシップ型）だといわれる。例えば就職の話で「○○に入ったので安心」といった会話が交わされるのを聞いたことはないだろうか。その○○とは大企業であったり，地元の有名企業であったり，役所であったり，誰の事業に雇われるかという「使用者（雇用主）」の名前である。日本の就職は，どの仕事に就くかではなく，どの会社に入るかが重視される。それゆえ学生も，どの仕事に就きたいのか，自分はその職を担うに足る知識や技能をもっているとアピールすることはあまりない。むしろ，どの会社に入りたいのか，自分はその会社のメンバーとして相応しい人物であることをアピールすることが多い。会社側も，入社希望の学生に対して「この職が担えるか」を尋ねることはなく，「志望動機」，「自己PR」，「学生時代に力を入れたこと」などを尋ね，その学生がどのような人物か，うちの会社のメンバーとして相応しいかどうか，人間性を見極めようとする。

このように学校を卒業する者に対して卒業時期にあわせて新入社員として採用する方式を**新卒一括採用***（新規学卒一括採用）と呼ぶ。こういった採用は欧米にはない日本に特徴的な採用方式であり，「**日本的雇用システム***」と呼ばれる仕組みが生まれることとなった。

歴史を振り返ると，優秀な学生を企業が確保するために，学生の卒業前から採用に向けて企業が行動することは戦前でもみられた。しかし，いわゆる幹部候補生である高学歴の職

＊新卒一括採用
➡第3章「進路選択期の社会政策」❷ 2 ，第6章「仕事をめぐる社会政策」❶ 1

＊日本的雇用システム
「日本型雇用システム」，「日本型雇用慣行」などとも呼ばれる，日本の雇用労働にみられる欧米のそれとは異なる仕組み。一般的には，「年功賃金（年功序列型賃金）」，「長期雇用（終身雇用）」，「企業内組合（企業別組合）」が特徴とされる。➡第1章「私たちの生活と社会政策」❸ 3 ，第6章「仕事をめぐる社会政策」❶ 1 も参照。

＊**ホワイトカラー・ブルーカラー**
➡第3章「進路選択期の社会政策」❸ 3

員（**ホワイトカラー**＊）に限られていた。それが1960年代には生産労働者（**ブルーカラー**＊）に広がり，新卒一括採用方式が確立していった。当時は社会一般の学歴水準が中卒から高卒へ高まっていった時代であり，高度経済成長で生産に必要な人手が足りない労働力不足が問題となっていた。経済成長を牽引していた製造業では，現場に携わる生産労働者をいかに確保するかが課題となり，特定の高校と関係を結び，毎年，高校から推薦された生徒を企業が社員として受け入れる採用方式が広がった。

新卒一括採用方式の利点は，企業にとっては，学校が推薦した「良質」な労働力を安定的に確保できることであり，高校にとっては，学生の卒業後の就職先を安定的に紹介できることである。学生にとっても，学校を卒業したらどうするのか，1日をどうやって過ごすのかといった卒業後の身の振り方が，在学している間に決まれば，不安なく卒業することができる。その後，次第に高卒就職が標準ではなくなり，高卒求人が次第に減っていく中で，高校と企業の関係は薄れていった。しかし学校が推薦しないまでも，3月に卒業する学生を企業が4月から採用する方式は続いており，「学ぶ」から「働く」への中断のない移行は，日本社会の特徴である。

この学校から企業へ「中断のない移行」という特徴は，日本社会の様々な仕組みや現象と結びついている。いくつか例を挙げて考えてみよう。

2　失業の防止とOJT

＊**失業**
働く意思があり就業可能で仕事を探しているものの，仕事に就けない状態。

まず，新卒一括採用が広く行われていることによって，若者の**失業**＊を抑えることが知られている。会社に入る「就社」ではなく，職に就く「就職」が一般的な社会では，まず「職」のポストが空いていなければ職に就くことができない。加えて，その「職」を担える知識や技能をもっていることが，職に就くための最低条件となる。それゆえ，キャリアの浅い若者が希望する職に就くためには，知識や技能を身につけ，経験を重ねる必要があり，若者の失業率は高くなりがちである。

日本の現状を確認したり分析・評価をするためには，歴史を振り返るだけでなく，他国と比較してみることも有益である。G7と呼ばれる先進7か国と，アジアから韓国，オセアニアからオーストラリア，北欧からスウェーデンを取り上げ

資料4－1　15～24歳の失業率（2021年）

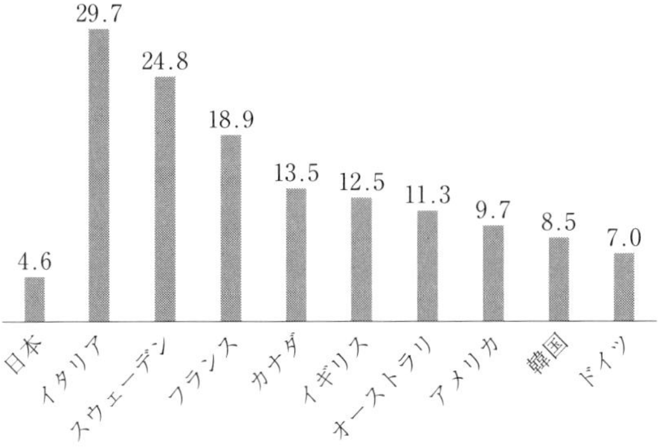

（注）イタリア，イギリス，アメリカは，16～24歳の数値。
（出所）OECD.Stat（LFS〔Labour Force Statistics〕by sex and age-indicators: Table D1. Unemployment rates by selected age groups-Total）より筆者作成。

て，日本の現状をみてみよう。

資料4－1は，若者（15～24歳）の**失業率***をみたものである。日本の失業率4.6%は，10か国のうち一番低いことがわかるだろう。若者の2割や3割が仕事に就くことができず仕事を探している国もある中で，日本の若者では失業者は少ない。しかし，15～24歳の日本の若者が，仕事に必要な知識や技能を他国の若者よりももっているとは限らない。若者の失業率の違いは，その国社会の景気や経済状況に左右されるだけでなく，「職に就く」のではない日本の就職の考え方と，新卒一括採用方式の影響が大きい。

では，学校を卒業したばかりで仕事の経験のない日本の若者は，どうやって仕事に必要な知識や技能を身につけるのだろうか。新卒一括採用が日本社会にもたらしたもう1つの特徴的な現象は，**職業訓練***の仕組みである。日本の企業は，学校を卒業したばかりで，職を担う知識・技能もなく，経験も積んでいない若者を採用する。そして未経験の若者が現場で使える労働者になるように企業内で仕事を教えて育て上げていく。この仕事をしながらの訓練は**OJT***と呼ばれ，日本の企業は，仕事に必要な知識や技能をもたない新卒学生を採用するからこそ，わが社のメンバーになってからのOJTに力を注いできた。就職とは，文字通り「職に就く」ことであれば，その職に就くための知識や技能は，それ以前に身につけておかねばならない（Off-JT）。日本の雇用社会はそうではな

＊失業率
労働力人口に占める失業者の割合。労働力人口とは，労働市場に参加している人口で，就業者と失業者から構成される。失業者は仕事を探しているので労働市場に参加していると考える。

＊職業訓練
ある職業や職務の遂行に必要な知識や技能を習得するための教育訓練。

＊OJT
On the Job Training（職に就きながらの教育訓練）。職場で実際の職務に就きながら上司や先輩から職務遂行に必要な知識や技能を学ぶ教育訓練方法。OJTではない一般の職業訓練は，OJTと区別してOff-JT（職に就きながらではない教育訓練）と呼ばれる。

く，仕事を始めてから仕事を学ぶことが許されているのである。

3　人の能力への着目

これら新規学卒者の採用とOJTという職業訓練は，日本社会が考える「能力」の評価にも影響を与えた。仕事をしながら学ぶということは，不断の訓練と能力の向上を促すことである。結果的に，長く仕事をしている人は多くの訓練を受けたことになり高い能力を身につけたとみなされるようになった。日本の賃金は，年齢や勤続を重ねるにつれて高くなる年功序列型であり，**年功賃金***と呼ばれてきた。だが年功賃金は，単に年齢が高いから高い賃金が支払われるのではない。後述する熟練仮説や人的資本論によれば，仕事の経験を積み，OJTを重ねたことで，高い能力が身についた結果，その人に高い賃金が支払われるのである。

＊年功賃金
➡第6章「仕事をめぐる社会政策」❶ 1

このような賃金の支払い方は，その人の「能力」に対して賃金を支払うことを意味するものであり，**職能給***と呼ばれる。職能とは，その職務を遂行する能力（職務遂行能力）を指す。

＊職能給
労働者の職務遂行能力を基準に賃金を決定する形態。

それに対して，その人が実際に就いている「職務」に応じて賃金を支払うことを，**職務給***と呼ぶ。職務給の支払い基準は従事している職務であり，職能給の支払い基準はその人の能力である。会社に入る「就社」ではなく，職に就く「就職」が一般的な社会では，賃金はその「職務」の価値に応じて支払われる。「**同一価値労働同一賃金***」と呼ばれる原則であり，職務の価値に対して支払われるのであるから，職務給である。だが日本の賃金支払いの基準は，職務を遂行できるその人の能力である。その人が携わっている職務とは関係なく，その人が身につけている能力に対して支払うのが職能給の特徴である。

＊職務給
労働者が就いている職務の価値を基準に賃金を決定する形態。

＊同一価値労働同一賃金
同一価値とみなされる労働には同一賃金を支払うこと。学生だから，女性だから，外国人だから，高齢者だから，非正規雇用だから，といった理由で賃金を差別してはならない考え方に基づく。

企業にとって職能給として賃金を支払うメリットは，労働者の配置転換が容易になることである。実際に携わっている職務の価値に応じて賃金を支払っているわけではないのだから，別の職務に異動させても，その人の職務遂行能力が変わらなければ，賃金水準は変えなくてもよい。労働者にとっては，慣れない職務に異動させられて，最初はうまくその仕事ができなかったとしても，これまでのOJTで蓄積されてきた職務遂行能力は高いとみなされていたら，これまでと同じ高い賃金水準が保障される。賃金が下がらないのであれば，配置転換への抵抗もなくなり，経営側の必要に応じて異なる職務に就くことも受け入れやすい。

このように労働者が身につけた職務遂行能力に着目し，職能資格の格付けに基づき賃金水準を決定する職能給は，ホワイトカラー／ブルーカラーを問わず日本企業で一般的なものになっている。実際に就いている職務ではなく，その人の能力を評価するという賃金支払いは，人に着目している点でよいものであると一般的に考えられてきた。そして，その人の能力を査定する**人事評価***も日本企業で普通に広がっている。

＊人事評価
会社が年1回など定期的に労働者の職務遂行能力や勤務態度を査定して，賃金・昇進・配置転換などの社内人事に反映させる制度。人事考課，人事査定とも呼ばれる。

4　雇用を通した生活保障の見方

これまでみてきた特徴――若者の低失業率，OJT，年功賃金，職能給，配置転換，人事考課――は，新卒一括採用という，学校から企業へ，中断のない移行がなされる日本社会で生まれ，形成されてきた雇用慣行である。これらは法律でそうしなさいと決められているものではなく，日本の企業が労働者をどのように雇用して育てていくのか，どのような賃金支払いであれば労働者に納得して受け入れてもらえるのか，**労使***が作りあげてきた「慣行」である。

＊労使
労働者と使用者を指す。両者は，雇用労働の当事者であり，労使関係，労使紛争，労使協定などの用語がある。

日本の雇用慣行といえば，「年功賃金」とあわせて知られているものに「**長期雇用***」がある。企業は，同じ会社のメンバーとして採用した以上，景気後退で不況になっても，コロナ禍で経済活動が停止しても，労働者を解雇することなく定年まで雇用を保障するという慣行である。新卒一括採用から定年までの雇用保障を可能にしてきた数々の仕組みは，成年期・壮年期にかかわる日本の社会政策を特徴づけるものである。

＊長期雇用
終身雇用とも呼ばれる日本の雇用慣行。新規学卒で採用してOJTで育成した労働者を企業は安易に手放すことはせず，労働者もOJTで培った能力は社外で通用するとは限らないため容易に転職しない。結果的に新規学卒で入社した企業で定年を迎えるなど勤続年数が長くなる。

このような社会政策をどのようにとらえるかについては，様々な見方がある。一般的には，新卒一括採用から定年までの雇用が保障される仕組みは，労働者に安定と安心をもたらしたと理解されている。こういった雇用システムは，労働者の成長を促し，公平に処遇し，暮らしを保障する，労働者にとって望ましいシステムだと考えられていた。会社からの指揮命令で配属された職務次第で賃金が決まるのではなく，OJTを通して自らの能力を高めることが賃金の上昇につながり，生活の安定をもたらす。企業が雇用を通して労働者の暮らしを守る「雇用を通した生活保障」は，日本社会の強みであったとされる。しかし，そのことがもたらした弊害も大きい。次節では，「雇用を通した生活保障」の強みの裏側にある問題点を考えてみよう。

3　雇用を通した生活保障の問題点

1　メンバーシップの範囲は誰か：特定労働者の排除

新卒一括採用から定年までの雇用保障は日本の雇用のよさであると理解されているが，はたしてそうだろうか。まず留意したいのは，新卒一括採用からスタートすることである。すべての労働者が，そういったかたちで働いているわけではなく，特定の労働者を排除することで，一部の労働者に提供されているにすぎない。企業内で育て上げて定年まで雇用を保障する労働者の存在は，企業経営に必要な**需給調整***の対象となる労働者の存在なくしては現実化しない。いわゆる“非正規”と呼ばれる労働者である。前節の記述に該当する労働者は，正確にいえば「正社員」,「正規職員」など“正規”と呼ばれる雇用者に限られている。パート，アルバイト，派遣，非常勤，嘱託，臨時など，様々な名称で呼ばれる非正規雇用者たちは，年功賃金も長期雇用も適用されることはない。日本の社会政策は，雇用労働をモデルに設計されてきたというだけでなく，正規雇用者をモデルとしており，非正規雇用者を排除することで生まれた仕組みであった。

＊需給調整
需要と供給の調整。労働力の需給とは，企業が労働力を需要する側で，労働者が労働力を供給する側。企業は，労働者の新規採用と解雇・雇い止め，労働時間の延長と短縮で，労働力の需給調整を行う。

この排除に関連して留意したいのは，雇用の入口の段階から差別を伴いがちなことである。「うちの会社のメンバーとして相応しい人間」は，会社が選ぶことができる。「あなたは相応しくない」という理由が，学業成績であれば学生自身も納得するかもしれないが，出身地であったらどうだろうか。性別，国籍，体形，服装，持ち物，雰囲気など，会社が「相応しい」と判断する基準はわからない。現在では，採用面接において，親の仕事などの質問をすることは就職差別と受け取られかねないため控える会社が多いが，かつては堂々と，両親がそろっているか，どこに住んでいるかなど，家庭的背景が尋ねられ，堅実な身元保証人がいることが採用の条件とされることもあった。「うちの会社のメンバーとして相応しい人間」を採用する仕組みは，会社の選好の中に潜む差別的要素を払拭することが難しい。

もう1つ，雇用を通した生活保障から排除された労働者グループは，女性である。1960年代の高度経済成長期に「新卒一括採用」が確立したことをみてきたが，同時代に制度化されたのが「**性別定年制***」である。女性は新卒一括採用で入社しても，若年のうちに退職することが期待され，企業内で育て上げる対象とはみなされていなかった。高度経済成長による労働力不足で労働者の定着が課題となっていた時代，企業は，女性労働者の定着は求めず，結婚前の若い女性だけが職場にいるというジェンダーで明確に区別した雇用管理を導入していた。1966年に，結婚退職制を無効とする**住友セメント事件***の判決が下されるが，働き続けたい女性は自ら勤める会社を訴えるしかなかったのである。

＊性別定年制
結婚退職制，女子30歳定年制，女子25歳定年制など，会社によって名称は異なるが，女性労働者の定年を男性労働者と区別する定年制度。

＊住友セメント事件
結婚後に退職しなかったことで解雇を通告された女性が会社を訴えた裁判。会社は，女性労働者には「結婚又は満35歳に達したときは退職する」旨の念書を書かせており，当該女性も念書を提出していたと主張したが，裁判所は，性別を理由とする合理性を欠く差別待遇や結婚の自由の制限は公序良俗に違反するとした（1966年12月20日東京地方裁判所判決）。

2　排除された人たちが支える仕組み

新卒採用から定年までの雇用保障と生活保障という仕組みは，非正規雇用者と女性労働者という特定の労働者層を排除して作られた。正確にいえば，ただ排除されたのではなく，彼らの存在を前提に，彼らが果たす機能があるからこそ，「雇用を通した生活保障」は成立した。

前述したように，景気変動にあわせて採用したり雇い止めをしたり，労働力の需給を調整できる労働者がいなければ，正規雇用者の雇用保障は実現しない。正規雇用者の雇用が保障されるのは，非正規雇用者の雇用は保障されないことの裏返しであり，表裏一体の関係にある。

では，職場から女性労働者を若年で排除することで，女性に期待されたのは何だったのだろうか。企業は，新卒採用から育て上げて定年まで雇用を保障する「男性」労働者に対して，時間も場所も区切ることなく仕事に心血を注ぐ生活態度を期待した。残業も休日出勤もいとわず，配転や転勤にも応じて，全身全霊で会社に貢献する「わが社のメンバー」だからこそ，生活を保障するのであって，家庭を顧みながら働くような男性労働者は想定していなかった。「会社人間」，「企業戦士」，「社畜」という言葉が生まれ，「24時間タタカエマスカ」という栄養ドリンクのCMは流行語ともなった[*3]。そのような働き方を男性労働者に期待する社会では，その労働者を支える人間を必要とする。1日の仕事を終えて自宅に戻った彼が，明日も出勤して会社に貢献するためには，彼の疲労を癒し，彼の体調を回復させ，彼の子どもを養育する人間が不可欠である。企業が女性労働者に期待したのは，会社で働き続けることではなく，全身全霊で会社に貢献する男性

＊3　「24時間タタカエマスカ」は栄養ドリンク「リゲイン」のテレビCMのコピーで，「現代用語の基礎知識」選ユーキャン新語・流行語大賞において1989年の授賞語となった。

労働者とその家族を「妻」,「母」,「嫁」として支えることだった。そうして初めて彼は，会社の期待に応える働き方ができるようになるのであり，日本の雇用社会はジェンダー分業を前提に成り立っていた。

このような「雇用を通した生活保障」の対象外とされた「非正規雇用者」と「女性労働者」は，日本的雇用システムが成立して全盛期を迎える1960年代から1980年代にかけて，ほぼ重なっていた。企業は，女性労働者の継続就労は期待しない一方，夫や家族を支えながら働ける仕事として「**パートタイマー***」という雇用形態を用意した。女性は，結婚・出産でいったん退職するが，子どもが成長してから再び働き始めるという，**M 字型***の就労が広がっていく。多くの企業は，パートとして雇用した労働者を，新卒採用して育て上げる労働者とは区別して処遇した。パートタイマーは家庭の主婦であり，経済的に夫に扶養されている女性が家事・育児の傍らに仕事をしているのだから，景気調整弁として雇い止めをしても生活に困ることはなく，OJT で育成して能力を高めて賃金を上げていく必要もない労働者として位置づけた。このジェンダーバイアスが深く組み込まれている「主婦パート」が今日の「非正規雇用者」の原型である。

＊パートタイマー
パートタイム労働者の当時の呼称。パートタイム労働者はフルタイム労働者と対比される「労働時間」に基づく労働者の区分であり，国際的にも使用される用語である。しかし日本の「パート」,「パートタイマー」は，正規雇用者である社員と区別した用語であり，労働時間が短いとは限らないことに注意が必要である。

＊M 字型
年齢階級別で労働力率を示した労働力カーブが，M の字のかたちのように，いったん下がって，再び上がることを指す。労働力率が下がるのは結婚退職あるいは出産・育児のために労働市場を退出するためとみられる。

新卒一括採用から定年まで，企業が雇用を通して労働者の暮らしを守る「雇用を通した生活保障」は，日本の雇用の強みとされてきた。しかし,「主婦パートは夫がいるので生活に困らない」,「学生アルバイトは親がいるので生活には困らない」など，労働者本人が具体的に置かれた状況とは無関係に，雇用管理区分によって，企業が生活保障を行う必要があるか否かが決められた。正規雇用者の「雇用を通した生活保障」は，非正規雇用者と女性労働者を排除して，彼らには生活保障の必要はないとみなすことによって成立した。しかも，生活保障が必要な人たちには企業が雇用を通してすでに生活を保障しているのだから，公的な社会保障は充実させる必要はないという考え方にもつながった。続けて，この問題を考えてみよう。

3　教育訓練への影響

学校から企業へ中断なく移行できる新卒一括採用は，若者の失業を防止する機能があることはすでにみた。仕事に必要な知識や技能は，就職してから，会社の中で身につける

資料4-2　「職業訓練（Training）」への公的支出の対GDP比（2019年）

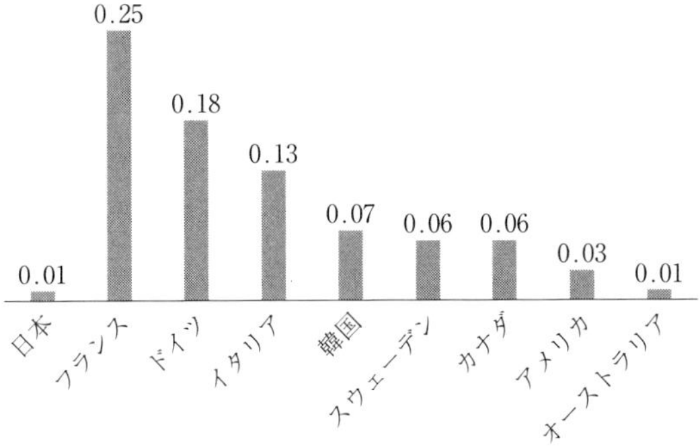

（注）　イギリスのデータはない。
（出所）　OECD.Stat（Public expenditure and participant stocks on LMP: Public expenditure of LMP by main categories〔% GDP〕）より筆者作成。

OJTが重視されていることも確認した。

しかし，OJTが重視される社会では，Off-JTは軽視されがちである。**資料4-2**より，職業訓練に対する公的支出をみても，日本はGDP（国内総生産）の0.01％に相当する金額しか支出していない*4。社会として，仕事に必要な知識や技能は，就職してから，会社の中で身につけるものであるとするOJTが標準とされれば，会社から離れた公共職業訓練（Off-JT）は，OJTを受けられない一部の人々向けという残余的な扱いとなる。日本社会における公共職業訓練の貧弱さは，「雇用を通した生活保障」が標準とされてきたがゆえに，社会保障や公共政策が発展してこなかった一例である。

仕事に必要な知識や技能を身につけるために公的に受講できる職業訓練の機会がなく，どこかの会社に入ってOJTで身につけなさいという社会では，新卒学生はよくても，壮年期になって別の会社に転職することは難しくなる。また，経済の変化に伴って新しく生まれた技術や知識は，これまでどの会社でも使われていないため，Off-JTでこそ学ぶことができる。そういった訓練プログラムを多くの国が重視しているのに対して，OJTを重視してきた日本は，Off-JTへの公費支出は少ない。**リスキリング／アップスキリング***が世界的にも経済の課題となる中，私たちはどのように新しい知識や技能を身につけることができるのか，社会的な問題として考えていく必要がある。

＊4　各国で制度や政策は異なることから，日本の数値が低いことについてはデータの妥当性を欠くのではないか，検証した研究もある。例えばフランスが計上している「職業訓練（Training）」と同質とみられる日本の制度を計上すると，日本の支出額はさらに増えるという。しかし，そういった推計で2015年度の約520億円が約1776億円に増えても，対GDP比は約0.03％であり，公的支出が少ないことに変わりはない（関家ちさと『OECD Databaseによる公共職業訓練政策の国際比較：公共職業訓練費に注目して』労働政策研究・研修機構（資料シリーズNo. 220），2019年）。

＊リスキリング／アップスキリング
Re-skilling, Up-skilling。スキル（技能）を新たに学び直したり，向上させること。デジタル領域のDX

資料 4 - 3　「居住（Housing）」分野の公的社会支出の対 GDP 比（2019年）

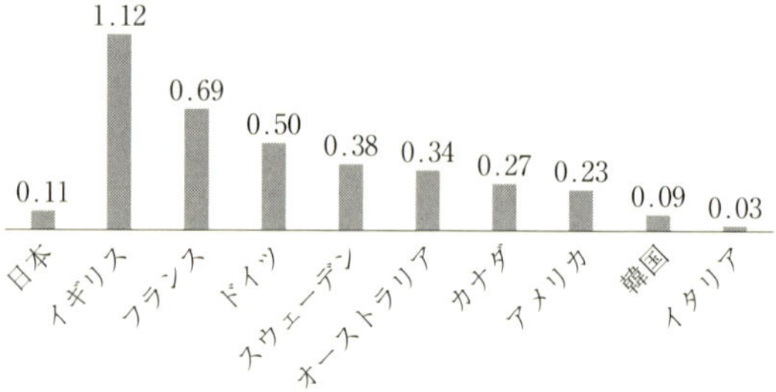

（注）　公的社会支出（Social Expenditure（Public））の「居住（Housing）」分野における「現金給付（Cash benefits）」「現物給付（Benefits in kind）」の合計。
（出所）　OECD.Stat（Social Expenditure-Aggregated data）より筆者作成。

4　住宅政策への影響

もう１つ大きな影響を与えたのが住宅政策である。日本の企業の中には，独身寮や社宅といったかたちで，社員が住む住宅を物理的に提供するケースがあった。企業から住宅が支給されているという意味で「**給与住宅***」と呼ばれる。さらに「**住宅手当***」というかたちで，社員の居住費用を賃金として補塡する企業も少なくない。労働者が将来マイホームを買えるように労働者の財産形成を促す「**財形貯蓄***」を制度化している企業もある。日本では，住まいの保障が政府の役割であると考える人が少ないのは（➡第８章参照），他国にあるような「**家賃補助***」といった社会保障制度がなく，むしろ労働者を雇用している企業が，福利厚生として，労働者の居住を支援してきたからである[*5]。

資料 4 - 3 からわかるように，日本では，居住（Housing）分野に対する公的社会支出は，GDP の0.11％にとどまる。私たちが居住することに対して政府からの支援はほとんどなく，自助で対応すべきであるという考え方は，先進国の社会保障のあり方として一般的ではない。

5　児童手当への影響

企業による「雇用を通した生活保障」が社会保障政策の発展を阻害した例としてさらに挙げられるのは，子どもの養育費である。日本で社会保障として児童手当の支給が始まったのは1971年で，戦後の日本国憲法のもとで各種の社会保障が

（デジタルトランスフォーメーション）や，環境領域の GX（グリーントランスフォーメーション）にかかわる職業能力を身につける必要があるなど，成人教育の分野で言及される。

＊給与住宅
会社や官公庁などが所有・管理して，会社の従業員や官公庁の職員に居住させている住宅。社宅，社員寮，公務員住宅などと呼ばれる。総務省「住宅・土地統計調査」によれば2018年で110万戸（住宅総数の2.1％）あり，1973年に184万戸（同6.1％）あった頃と比べて減少している。

＊住宅手当
法律で義務づけられていないが，労働者に対する会社の福利厚生として，住宅費の補助として支給している賃金。厚生労働省「就労条件総合調査」によると，2019年11月分の賃金で，住宅手当を支給した企業割合は47.2％である。

整備されてきた中で，児童手当の成立は遅かった。1960年代から児童手当の制度化に向けて議論はなされてきたが，日本に児童手当は不要であるという意見も根強かった。なぜなら日本の賃金は年功賃金で，子育て費用の保障は賃金に含まれているから，というのがその理由とされた。

ここで，年齢や勤続を重ねると賃金が上昇する年功賃金はどのように説明できるのか，整理してみよう。１つの考え方は，OJT を蓄積することで，本人の職務遂行能力（スキル，技能，熟練）が高くなり，それゆえに賃金が高まるという考え方である（熟練仮説）。教育を受けると能力が高まるという考え方は「**人的資本論***」とも呼ばれる。もう１つの考え方は，年齢が高まるにつれて，労働者の暮らしに必要な生活費はかさんでいくため，企業は労働者の生活を安定させる必要性から，生活費に見合った賃金を払うという考え方である（生活費保障仮説）。

この２つの考え方は，どちらが正しいというものではない。会社によって賃金支払いルールは異なり，会社内のルール作りは**労働組合***との話し合いでも左右される。時代によっても賃金支払いの考え方は変わっていくが，日本では「賃金で生活を賄う」という考え方は広く受け入れられていた。生活費保障仮説の考え方に基づけば，年功賃金は，労働者の家族生計費を加味する配慮が行われており，子育て費用は賃金の中に含まれていることになる。年齢や勤続を重ねることで賃金のベースとなる基本給が高まるだけでなく，日本の企業では，家族を養っている労働者に「**家族手当***」を支給するケースも少なくなかった。それゆえに，社会保障としての児童手当は不要であるという意見は一定の根拠をもち，制度化を遅らせたのである。

では制度の創設から50年が経過した現在，児童手当は充実しただろうか。**資料４-４**は，児童手当（世界的には家族手当〔family allowances〕と呼ばれる）に公的なお金がどれだけ費やされたか，その国社会の対 GDP 比でみたものである。日本の支給額は2019年時点で0.5％であり，イギリス，オーストラリア，カナダ，フランスの半分以下の水準である。2023年６月に岸田文雄内閣が閣議決定した「こども未来戦略方針」は，児童手当や育児休業給付の拡充を決定し，「異次元の少子化対策」とうたった。少子化対策としては，児童手当という現金給付よりも，保育所や学童保育の充実などサービス給

＊財形貯蓄
勤労者財産形成促進法（1971年公布）に基づき，労働者の財産形成を国と会社が支援する制度。「一般財形」，「住宅財形」，「年金財形」がある。住宅の取得・増改築の費用に充てることを目的とした「住宅財形」は利子が非課税となる税制優遇措置があり，財形持家融資も受けられる。

＊家賃補助
住宅費負担額を軽減するため，国や自治体が家賃の一部を肩代わりしたり，住宅手当やバウチャー（使途が指定された金券）を支給する制度。

＊5　住宅政策については，第８章「住まい」を参照。

＊人的資本論
人間は教育・訓練を受けると知識や技能が高まり，生産性も高くなるため，高い収益をもたらすという考え方。人間を資本とみなし，学校教育や職業訓練は経済的な見返りが期待できる人間への投資とみなす。

＊労働組合
➡第６章「仕事をめぐる社会政策」④

＊家族手当
法律で義務づけられていないが，労働者に対する会社の福利厚生として，配偶者の有無や子どもの人数・年齢に応じて支給している賃金。厚生労働省「就労条件総合調査」によると，2019年11月分の賃金で，家族手当（配偶者手当，扶養手当など）を支給した企業割合は68.6％である。

資料４－４　「家族手当（family allowances）」支給額の対GDP比（2019年）

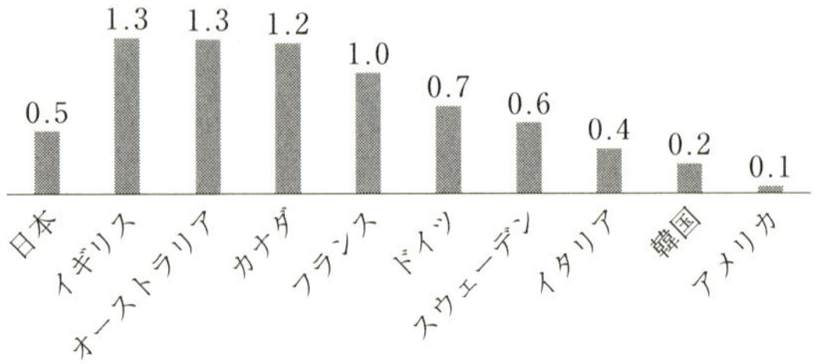

（注）　公的社会支出（Social Expenditure（Public））の「家族（Family）」分野における「現金給付（Cash benefits）」の「家族手当（Family allowances）」を指す。

（出所）　OECD. Stat（Social Expenditure-Aggregated data: Public expenditure on family by type of expenditure〔cash and in kind〕, in % GDP）より筆者作成。

付のほうが重要であるとの指摘がなされることもあるが，そもそも日本では，現金給付自体が少ないのである。

4　現状と変化の兆し

1　日本社会における貧困の広がり

成人期・壮年期の暮らしは，仕事にかかわる問題だけでなく，子育てや介護，病気や健康，住まいの選択，社会活動や政治参加など，様々な問題とかかわる。とはいえ，子ども期と高齢期の間にあるこの時期は，どのようにお金を稼ぐか，生計を立てるかが課題となるため，雇用・労働問題の考察が欠かせない。重要なポイントは，雇用・労働問題は，社会保障の問題と密接にかかわり，子育てや家族のあり方の問題とも不可分なことである。例えば，「**子どもの貧困***」は，子どもと同じ世帯で暮らしている世帯員全員が貧困状態にあると仮定して測定される。たいていの子どもは養育者と暮らしているのであって，子どもの貧困の広がりとは，成人期・壮年期に当たる養育者の貧困の広がりでもある。

資料４－５は，2018年時点の各国の相対的貧困率をみたものである。日本はこれら10か国の中で，アメリカと韓国に次いで貧困率が高い国となった。[*6] 同じ社会で暮らしている人々の中で，貧困状態に置かれている人が，ヨーロッパをはじめ主要な先進国よりも多いという社会で私たちは暮らしている。新卒一括採用で会社に入り，会社の中で育て上げられる仕組みは，一定の労働者層に「雇用を通した生活保障」を与

＊子どもの貧困
➡第２章「子ども期の社会政策」❸［２］

＊6　2024年１月時点でOECD.Statに公開されている2021年の貧困率は，アメリカ15.1％，韓国15.1％である。日本のデータは公開されていないが，厚生労働省「2022年国民生活基礎調査」によると，2021年の貧困率は15.4％であり，アメリカと韓国を超えている。

資料４－５　相対的貧困率（2018年）

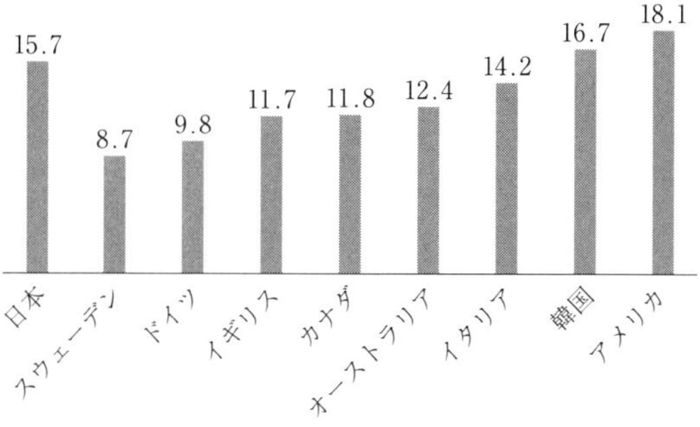

（注）フランスの2018年のデータはないが，2020年は7.7％である。
（出所）OECD.Stat（Income Distribution Database: by country -POVERTY）より筆者作成。

えたが，そこから排除された人たちは，雇用を通した生活保障もなく，政府からの社会保障も十分ではない状況に置かれることになった。今日における貧困の広がりは，これまで日本が特定の「雇用労働モデル」をもとに設計してきた社会政策の帰結でもある。

2　女性の就業率の高まりと男女間賃金格差

働き方にかかわる近年の変化として，女性の就業率の高まりがある。総務省「**労働力調査**[*]」（基本集計）より，15～64歳の就業率をみると，2010年から2021年にかけて，男性は80.0％から83.9％まで上昇したのに対して，女性は60.1％から71.3％まで上昇した。2010年時点では約20ポイントあった男女の就業率の格差は，2021年時点では約10ポイントまで縮まっている。

とはいえ，男女間の賃金格差は改善していない。厚生労働省「**賃金構造基本統計調査**[*]」で男性を100とした場合の女性の賃金（一般労働者の所定内給与）は，2010年の69.3から2021年の75.2まで近づいてきた[*7]。格差が縮小しつつあるとはいえ，ほかの先進国と比べて格差が大きいことは第❶節でみた通りである。しかも，厚生労働省「**毎月勤労統計調査**[*]」でみると，男性を100とした場合の女性の賃金は，2010年の53.9から，2022年でも54.3であり，ほとんど改善していない。女性の賃金は，男性の半分をやや超える程度であり，男女間格差はきわめて大きい[*8]。

このように，統計によって数値に違いが生じる理由は，誰

＊労働力調査
総務省統計局の政府統計。就業・不就業の状況を把握するため，統計上の抽出方法に基づき選定された約４万世帯およびその15歳以上の世帯員（約10万人）を調査対象として，毎月調査している。結果は「基本集計」として公表されるとともに，対象世帯のうち約１万世帯を対象に調査した「詳細集計」も公表されている。

＊賃金構造基本統計調査
➡第６章「仕事をめぐる社会政策」❷ 1

＊7　その年の６月分として支払われた一般労働者の所定内給与の平均額で比較したもの。2021年は，男性33万7200円，女性25万3600円。

＊毎月勤労統計調査
厚生労働省の政府統計。賃金・労働時間・雇用の変動を明らかにすることを目的に，毎月調査している。常用労働者５人以上の事業所を対象とする全国調査，都道府県別に実施する地方調

を対象とするかである。「賃金構造基本統計調査」では短時間労働者を除いた「一般労働者」と呼ばれるカテゴリーで比較した数字であるのに対して，「毎月勤労統計調査」では労働時間や雇用形態の違いにかかわりなく，期間を定めずに雇われている人と雇用契約が１か月以上の「常用労働者」で比較した数字である。短時間労働者を除いた同条件で比較してもよいが，そもそもなぜ短時間労働者に女性が多いのか，雇用機会にジェンダー格差があることも追究されてよい。だとするならば，すべての常用労働者でみた男女間賃金格差はまったく改善されておらず，女性の賃金は男性の賃金の半分にすぎない現実がみえてくる。すべての常用労働者でみた男女間賃金格差は，日本の雇用社会がいかにジェンダー不平等に成り立っているかを示す指標である。

3　「同一価値労働同一賃金」と「同一労働同一賃金」

男女間でみられる賃金の格差は妥当なのか。正規／非正規といった雇用形態間でみられる賃金の格差は妥当なのか。それを判断する原則の１つは，第❷節で紹介した「同一価値労働同一賃金」原則である。**ILO***（国際労働機関）は，1951年に同一価値労働同一報酬に関する条約を採択し，日本もその条約を1967年に批准している。また2015年の国連サミットで採択された**SDGs***でも，第８目標（働きがいも経済成長も）において，同一価値労働同一賃金（equal pay for work of equal value）を掲げている。

しかし日本は，この国際労働基準を独自に解釈しており，「同一価値労働同一賃金」は実現していない。国際労働基準は「同一価値の労働」であり，まったく同一の労働でなくても，**職務評価***を行い，仕事の価値に応じた賃金を支払うべきと考える。それに対して日本では，安倍晋三政権が推進した「**働き方改革***」で「同一労働同一賃金」が掲げられ，同一の労働かどうかに着目されることになった。結果的に，非正規は所定内労働時間が正規よりも15分短い，正規は転勤の可能性があるが非正規には可能性がないなど，同一労働ではないとみなされる要素があれば，同一賃金でなくてもよいと解釈される余地を残した。

公務職場では2020年４月から**会計年度任用職員制度***が始まり，これまで非常勤職員や臨時職員として自治体で働いていた非正規の公務員は，会計年度ごとに任用する職員となっ

査のほか，常用労働者１～４人の事業所を対象として年１回７月分に行う特別調査がある。

＊8　その年の年平均の常用労働者の現金給与総額で比較したもの。2022年は，男性41万6164円，女性22万6179円。

＊ILO
国際労働機関（International Labour Organization）。働く権利を促進し，ディーセントな雇用の機会を奨励し，社会的保護を高め，労働問題に関する対話を強化する国連の専門機関。2023年７月時点の加盟国数は187，制定した条約数190，勧告数206で，うち日本は50の条約を批准している。

＊SDGs
持続可能な開発目標（Sustainable Development Goals）。2030年を達成期限とする「17の目標」と「169のターゲット（具体目標）」で構成される。誰１人取り残さない持続可能で多様性と包摂性のある社会の実現を目指して，2015年「国連持続可能な開発サミット」で定められた。

＊職務評価
職務を分析して職務の価値を測ること。ILOは，その職種にかかわる①知識・技能，②負担，③責任，④労働環境という４大ファクターを基本に，下位のサブファクターや重みづけを労使で検討して算出する方法を推奨している。一方，厚生労働省がHPで公開している「職務評価を用いた基本給の点検・検討マニュアル」では，①人材代替性か

た。自治体の中には，これまで正規職員と同じように働かせていた非正規職員を「同一労働同一賃金」で処遇することを避けるために，あえて正規とは異なる仕事に変えたケースもあった。公務員の世界でも非正規雇用は増加しており，国や自治体などの公的機関がワーキングプア（働く貧困層）を生み出しているのではないか，その実態を問題化する「**官製ワーキングプア***」という言葉も生まれた。

国際労働基準である「同一価値労働同一賃金」原則では，同一の仕事でなくても，仕事の価値を比較して，賃金の格差の妥当性を判断する。それが「同一労働同一賃金」と読み替えられてしまうと，同一ではない処遇を正当化するために，男女の仕事を同一にしない，正規と非正規の仕事を同一にしない，という対処方法につながってしまう。男女間や雇用形態間でみられる賃金の格差は，はたして妥当なのかどうか。それを判断する国際基準は，同じ仕事かどうかではなく，仕事の価値である。

4　働き方や生き方の幅

これまでの社会政策は，雇用労働モデルを基本に設計されてきた歴史がある中で，今日では，**フリーランス***や**ギグワーカー***など，雇用関係によらない働き方も広がっている。2023年には新しい法律として「**フリーランス・事業者間取引適正化等法***」が成立した。誰にも雇われず，また誰かを雇うこともせず，自分自身の知識や技能を活用して収入を得る働き方は，デジタル時代の働き方としてこれからも広がっていくことが予想される。

注意したいのは，この法律では「フリーランス」を指す用語として，「特定受託事業者」という用語が採用されたことである。フリーランスは，「労働者」というよりも「事業者」であり，それゆえ，業務を発注する事業者と受注する事業者の間の「取引の適正化」を求めるという法律となった。だが同じ事業者とはいえ，「個人」である受注事業者が，「組織」である発注事業者から業務委託を受ける場合は，個人であるフリーランスは弱い立場に置かれやすい。それゆえ，この法律では，フリーランスに業務委託を行う発注事業者に対して，取引条件の明示やハラスメント対策などを義務づけた。市場における取引の適正化や弱い立場の保護は，第❶節でみたように，資本主義経済社会の維持を目的とする社会政策の

ら⑧経営への影響度まで８つの評価項目が例示され，各社でカスタマイズしてよいという，ILO の推奨方法とは異なる方法を示している。

＊働き方改革
働く人々がそれぞれの事情にあわせた多様な働き方が選択できる社会を実現するための取組み。時間外労働の上限規制，年次有給休暇の取得促進，正規と非正規の間の不合理な待遇差の禁止など，８本の法律を改正する「働き方改革を推進するための関係法律の整備に関する法律」が2018年に公布され，2019年４月から順次施行された。

＊会計年度任用職員制度
地方公務員法の改正で2020年４月から導入された非常勤の地方公務員の制度。フルタイムとパートタイムがあり，会計年度（４月から翌年３月まで）にあわせて任期は最長１年。

＊官製ワーキングプア
国や自治体で働く非正規公務員や，国や自治体が民間に委託した事業で働いている非正規労働者が，低賃金・不安定雇用のために，働いても貧困状態にあることを指す。

＊フリーランス
➡第６章「仕事をめぐる社会政策」❹ 3

＊ギグワーカー
➡第６章「仕事をめぐる社会政策」❶ 1

＊フリーランス・事業者間取引適正化等法
正式名称は「特定受託事業者に係る取引の適正化等に関する法律」。2023年４月

資料４－６　過去１年間に何らかの成人教育・訓練に参加した人の割合（読解力の習熟度が最も高い層，16～65歳，2011～2012年）

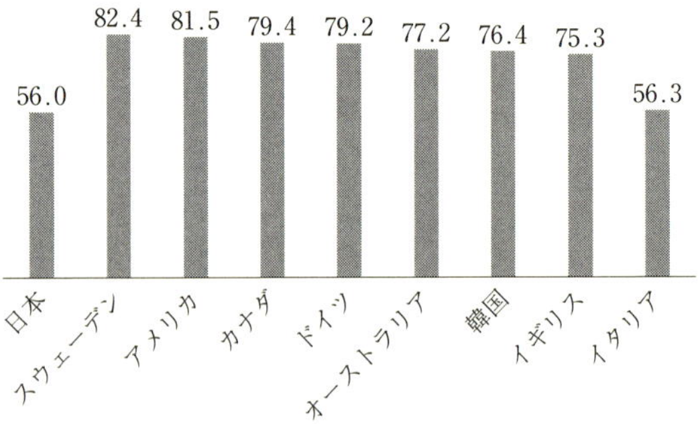

（注）読解力の習熟度（レベル１未満，レベル１，レベル２，レベル３，レベル４・５）のうち，最も習熟度が高い「レベル４・５」の成人の参加率。イギリスはイングランド。フランスのデータはない。

（出所）国立教育政策研究所編，2013,『成人スキルの国際比較：OECD 国際成人力調査（PIAAC）報告書』明石書店，216頁，表5.4.1より筆者作成。

に成立し，５月に公布された。施行日は未定で，公布の日から起算して１年６か月を超えない範囲内において政令で定められる。

＊労働基準法
労働条件の最低基準を定めた法律。1947年公布。
➡第６章「仕事をめぐる社会政策」❶ 4

＊最低賃金法
使用者が労働者に支払う賃金の最低額を定めた法律。1959年公布。

基本である。だがフリーランスは，これまで社会政策が保護してきた「労働者」ではなく，むしろ「事業者」であると位置づけられた。フリーランスは**労働基準法***や**最低賃金法***など労働保護のための各種の立法も適用されない。はたして「取引の適正化」で雇用関係によらない働き方をする労働者の権利が守られ，お金を稼いで暮らしていくことができるか，注目していこう。

本章では冒頭で，成年期・壮年期は１日の大半を「学ぶ」ことに費やしていた日々から「働く」ことに移行すると述べた。しかし，そのような見方は必ずしも正しくないことを本章の最後に記しておきたい。新規学卒で会社のメンバーになってから OJT を通して仕事の能力を高めることが期待されてきた日本では，新しい知識や技能を職業訓練機関で学んだり，大学や大学院の専門科に入学したり，成年期・壮年期に「学ぶ」機会は少ない。しかし，**資料４－６**からわかるように，過去１年間に何らかの成人教育・訓練に参加した人の割合は，イタリアを除いて各国で高く，成年期・壮年期でも学びを続けている。学校を卒業し，働き始めた後でも，新しい知識や技能を身につけるためには，学びを続ける必要がある。そのような学びは，たとえフリーランスでなくても仕事

▶▶ *Column* 5　睡眠時間の国際比較 ◀◀

「日本女性　世界的に短い睡眠」というタイトルが付された新聞のコラムがあった（『朝日新聞』2023年3月4日付）。特に寝ていないのは40〜60代のようで，成人期・壮年期に当たる。内閣府の2023年版『男女共同参画白書』でも生活時間の国際比較が示され，日本の男性の有償労働時間（仕事・通勤など）の長さ，無償労働時間（家事・育児など）の短さだけでなく，日本は男女ともに先進11か国の中で最も睡眠時間が短いことが示された。しかも，男性より女性のほうが睡眠時間が短いことから，日本の女性が世界で最も寝ていない可能性がある。

政府は5年に一度，生活時間調査（総務省「社会生活基本調査」）を行っており，成人期・壮年期（20〜64歳）の睡眠時間をみてみると，1991年は男性7時間42分，女性7時間20分であった。調査のたびに睡眠時間は短くなり，2016年は男性7時間27分，女性7時間13分となった。最新2021年調査では，男性7時間45分，女性7時間35分と一転して長くなったが，コロナ禍の影響を受けた可能性があり，このまま睡眠時間が伸びていくかどうかはわからない。女性のほうが男性より睡眠時間が短いことはどの調査年でも共通した現象で，日本は他国より睡眠時間が短いだけでなく，女性の睡眠時間がとりわけ短い（斎藤・藤原，2023）。

睡眠不足は心身の不調をもたらし本人の健康を損ねるほか，仕事や勉強の作業効率もさまたげて，ケガや事故の原因にもなりうる。睡眠不足がもたらす経済的損失としてアメリカのシンクタンクが2016年に発表した試算では，日本は15兆円とGDP比の2.92%に相当する規模で，対GDP比では調査対象5か国のワースト1であった（カナダ1.35%，ドイツ1.56%，イギリス1.86%，アメリカ2.28%）（『日本経済新聞』2021年9月22日付）。十分な睡眠時間を確保することは，保健医療の問題だけでなく，成人期・壮年期が主に支える経済の問題でもある。

冒頭のコラムでは「寝ずに働くのは美徳」という日本社会の風潮に疑問を呈している。また，女性のほうが男性よりも睡眠時間が短い国は一般的ではなく，OECD（経済協力開発機構）の調査では33か国のうち6か国にすぎないことにも触れて，日本では女性（妻・母）が朝早く起きて朝食の支度や家事をするのが当たり前とみなされていないか，睡眠不足の背景にありうる規範の問題も指摘している。

の選択肢を増やし，人間関係を豊かにし，私たちの生き方の幅を広げることにつながるだろう。

日本ではなぜ，成人教育・訓練に参加する人が少ないのか。お金の問題か，時間の問題か，受講機会の問題か，会社の外での学びが会社内で評価されない問題か，会社の外での学びが社会的に評価されない問題か。成年期・壮年期の学びは，日本の社会政策として考えていくべき課題である。

本章のテーマをさらに理解するために

- **本田由紀，2021，『「日本」ってどんな国？：国際比較データで社会が見えてくる』筑摩書房。**
  家族，ジェンダー，学校，友だち，経済・仕事，政治・社会運動について，日本の姿が他国と比べてわかる。私たちの「ふつう」は何かヘンかもしれない？
- **メアリー・C・ブリントン／池村千秋訳，2022，『縛られる日本人：人口減少をもたらす「規範」を打ち破れるか』中央公論新社。**
  日本で子どもの数が減り続けているのはなぜか。海外の日本研究者は，日本の職場や家庭がどうみえるのか，その警鐘を聞いてみよう。
- **牛久保秀樹・村上剛志，2014，『日本の労働を世界に問う：ILO 条約を活かす道』岩波書店。**
  日本の労働や働き方は国際労働基準に沿ったものだろうか。ILO（国際労働機関）の存在を学び，問題解決の方法と日本のよりよい労働社会のあり方を考えてみよう。

引用参考文献

大沢真理，2020，『企業中心社会を超えて：現代日本を〈ジェンダー〉で読む』岩波書店。
大森真紀，2021，『性別定年制の史的研究：1950年代～1980年代』法律文化社。
斎藤悦子・藤原千沙，2023，「生活時間：資源としての時間」長田華子・金井郁・古沢希代子編『フェミニスト経済学：経済社会をジェンダーでとらえる』有斐閣。
佐口和郎，2018，『雇用システム論』有斐閣。
筒井淳也，2015，『仕事と家族：日本はなぜ働きづらく，産みにくいのか』中央公論新社。
濱口桂一郎，2013，『若者と労働：「入社」の仕組みから解きほぐす』中央公論新社。

（藤原千沙）

第5章

高齢期の社会政策

――高齢者の生活リスクとその支援の課題――

本章では，「稼働年齢層」といわれる20～60代を経て，平均寿命が伸長しその期間が長くなった「高齢期」について取り上げる。わが国では，少子高齢化の進展のもと，高齢者数の増加が常に注目されるが，人生100年時代を迎え，人数の増加だけではなく多様な「高齢期」の存在にも気づくことが必要である。そして，自分自身の高齢期をどのように生きるかについて常に考えることが，自らの高齢期を充実させる１つの方法であるといえる。そこで，本章では，高齢期の重要な３つのポイントから高齢期の生き方を考えてみよう。その内容は，①高齢者の生活基盤を支える年金，医療，介護制度の役割，②高齢者が地域や社会との接点をもち「社会とのつながり」を維持できる就業・社会参加，③自らが望む最期をどのように迎えるか，という点である。

1 高齢期の生活を支える年金・生活保護

1 高齢期の生活費

現代では産業構造の変化によって第一次産業従事者は少なくなった。多くの人々は被用者として働き，高齢期になれば退職する。働いているときは給料を得て生活するが，退職後は，退職金・貯金，年金，家族の支援等によって生活費を賄うことになる。では，現在の高齢者の平均的な生活費はどのくらいなのかをイメージしてみよう。「家計調査報告（家計収支編）2022年」から現在の高齢者世帯の家計収支の状況をみてみると，「65歳以上の夫婦のみの無職世帯（夫婦高齢者無職世帯）」の実収入は24万6237円である。実収入の89.5％が社会保障給付費で賄われており，家計収支でみると２万2270円不足している。支出をみてみると，食料（28.6％），光熱・水道（9.6％），住居（6.6％）であり，あわせると生活費全体の４割強となっている（**資料５-１**）。

2 高齢期の生活費の中心となる公的年金

高齢期を支える生活費の中心となるのは公的**年金**[*]である。

＊年金
年金とは，老齢，障害，遺族などのリスクに対応し生活保障のために一定期間または終身にわたって支給される金銭のことである。

資料5－1　65歳以上の夫婦のみの無職世帯（夫婦高齢者無職世帯）の家計収支―2022年―

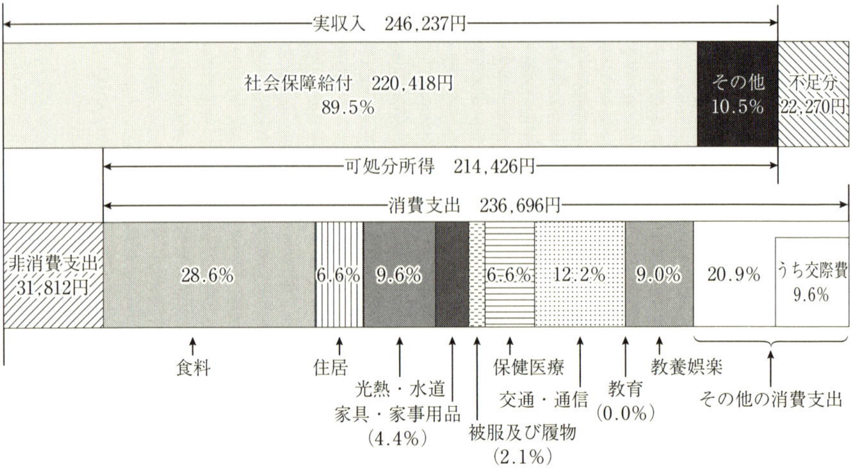

（注）1　図中の「社会保障給付」及び「その他」の割合（%）は，実収入に占める割合である。
2　図中の「食料」から「その他の消費支出」までの割合（%）は，消費支出に占める割合である。
3　図中の「消費支出」のうち，ほかの世帯への贈答品やサービスの支出は，「その他の消費支出」の「うち交際費」に含まれている。
4　図中の「不足分」とは，「実収入」と，「消費支出」及び「非消費支出」の計との差額である。
（出所）総務省統計局「家計調査報告（家計収支編）2022年平均結果の概要」2023年。

先にも述べたように，高齢期は年金によって生活費を賄う人々が多い。高齢期に受け取る年金額はどのように決まるのだろうか。

わが国の公的年金制度は社会保険方式で運営され，1階部分に20歳以上60歳未満の国民すべてが加入する国民年金を基礎年金制度として位置づけ，2階部分にサラリーマンや公務員が加入する厚生年金保険を上乗せした2階建ての仕組みとなっている（**資料5－2**）。国民年金の加入者は，第1号被保険者（20歳以上60歳未満の農業者，自営業者，学生，無職の人等），第2号被保険者（会社員・公務員などの厚生年金保険や共済年金等の加入者），第3号被保険者（第2号被保険者に扶養されている配偶者で，原則として年収が130万円未満の20歳以上60歳未満の者）に分かれる。

まず，国民年金（基礎年金）は，20歳から60歳未満まで保険料を40年間（480月）すべて納付することで，年額79万5000円，月額にすると6万6250円（2023年4月分から）が亡くなるまで支給される。国民年金の老齢基礎年金は，**受給資格期間***が10年以上ある場合に年金を受け取ることができる。保険料が定額制であるため，基本的には保険料支払納付済期間が長

＊受給資格期間
保険料納付した期間と保険料の免除を受けた期間などを合算した期間。

資料5－2　年金制度の仕組み

・**年金制度は，「3階建て」の構造。**
・**1・2階部分の公的年金が国民の老後生活の基本を支え，3階部分の企業年金・個人年金と合わせて老後生活の多様なニーズに対応。**

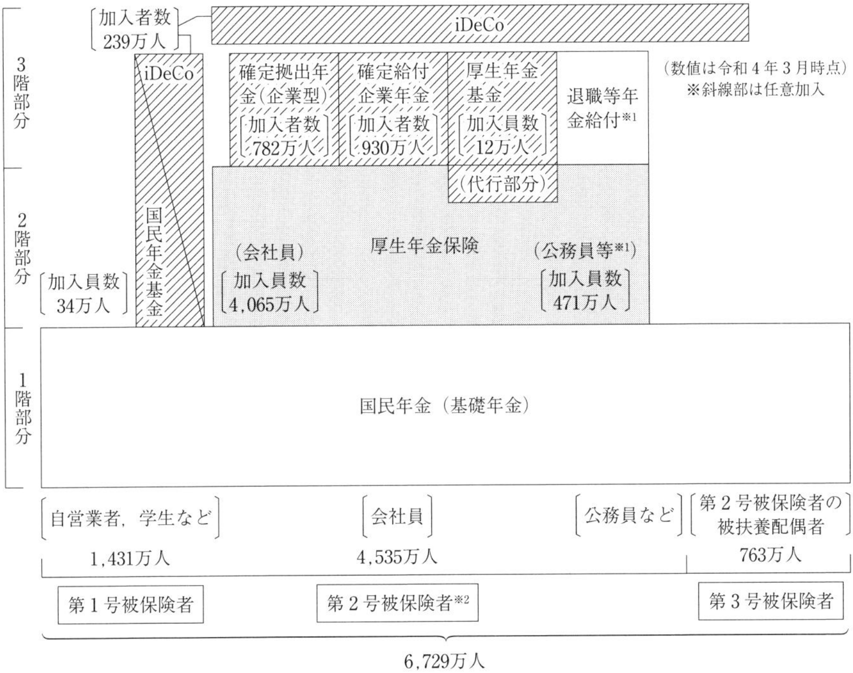

※1　2015年10月から，公務員や私立学校の教職員も厚生年金に加入。また，共済年金の職域加算部分は廃止され，新たに年金払い退職給付が創設。ただし，それまでの共済年金に加入していた期間分は，2015年10月以後においても，加入期間に応じた職域加算部分を支給。
※2　国民年金の第2号被保険者等とは，厚生年金被保険者をいう（国民年金の第2号被保険者のほか，65歳以上で老齢，または，退職を支給事由とする年金給付の受給権を有する者を含む）。
（出所）　厚生労働省「2023年度版年金制度のポイント：くらしの中に，年金がある安心。」2023年。

ければ長いほど高齢期に支給される年金額は増え，国民年金の年金受給額は，以下の式（**資料5－3**）で計算することができる。2022年度末の平均年金月額は5万6000円で，この受給額をみても国民年金だけで生活することは厳しいことがわかる。また，公的年金における保険給付の多くは老齢によるものであるが，障害を負ったり遺族になったりした場合にも年金が支給される。しかし，その場合は，保険料納付条件等がある。

次に，**厚生年金保険***をみてみよう。厚生年金受給額は，保険料納付済期間と給与や賞与によって決まる。つまり，保険

＊厚生年金保険
毎月の給与（標準報酬月額）と賞与（標準賞与額）に共通の保険料率をかけて計算され，その保険料を事業主と被保険者とが半分ずつ負担する。厚生年金保険の保険料率は，年金制度改正に基づき2004年から段階的に引き上げられたが，2017年9月を最後に引上げが終了し，厚生年金保険料

資料５－３　国民年金受給額（2023年４月分から）

$$795{,}000\text{円}^{※}\times\frac{\text{保険料納付済月数}+\text{全額免除月数}\times 4/8+\text{4分の1納付月数}\times 5/8+\text{半額納付月数}\times 6/8+\text{4分の3納付月数}\times 7/8}{\text{40年（加入可能年数）}\times 12\text{月}}$$

※68歳以上の方（昭和31年４月１日以前生まれ）は，792,600円となります。

（出所）　日本年金機構「老齢基礎年金の受給要件・支給開始時期・年金額」2023年。

料納付済期間が長いだけでなく，給与や賞与が高いほど支払う保険料も高くなることから，高齢期に受給する金額は多くなる。なお，保険料については，被保険者と事業主との間で折半となる。2023年度の年金額の例（67歳以下の場合）をみてみると，厚生年金（夫婦２人分の老齢基礎年金を含む標準的な年金額）は22万4482円である[*1]。

3　年金保険料が支払えない場合

人生において，所得が少なくなる場合や失業によって所得がなくなる場合も起こりうる。この所得の減少や喪失に対応するため，**国民年金では保険料の免除制度・納付猶予制度**[*]を設けている。保険料の支払いが厳しい状況になったとしても，免除や納付猶予手続きを行い認められれば，年金を受給するのに必要な受給資格期間の一部分として加えることができる。しかし，手続きを行わず保険料を支払わなかった場合は未納となり，当然受給資格期間には加えられず年金受給額にも反映されない。

国民年金の保険料は月額１万6520円（2023年度）の定額制であるが，アルバイトなどの非正規雇用者にとっては年金保険料が高い場合もあり，高齢期の生活よりも現在の生活費を優先することによって未納者になる人もいる。また，将来は年金制度が破綻し，年金制度を受給できないのではないかという憶測から保険料を払わないなどのケースもある。こういった事情が重なることで，「国民年金の空洞化」も起こっている。

4　働き方・生き方が影響する公的年金制度

高齢期の生活費の中心となる公的年金は，自らの働き方や結婚等の生き方と関係している。例えば，加入する年金が基

率は18.3%で固定されている。

＊1　この金額は，平均的な収入（平均標準報酬〔賞与含む月額換算〕43万9000円）で40年間就業した場合に受け取り始める年金（老齢厚生年金と２人分の老齢基礎年金〔満額〕）の給付水準である（日本年金機構「2023年４月分からの年金額等について」より引用，2023年）。

＊国民年金における保険料の免除制度・納付猶予制度
1991年に国民年金の学生強制適用が実施された際には所得のない学生に対する学生納付特例制度が設けられ，2004（平成16）年改正では，国民年金保険料の徴収対策の強化措置として，多段階免除制度や若年者納付猶予制度が導入された。

礎年金である国民年金のみの場合と，サラリーマンや公務員のように国民年金と厚生年金の両方に加入している場合とでは，当然，年金受給額に違いが生じる。また，厚生年金保険は給与に応じて支払う保険料額が異なるため，働いているときの給与や期間によっても年金額が異なることになる。近年，働き方の多様化によって非正規労働者が増加しているが，正規労働者と比べると，厚生年金への加入状況やその給与額の差によって，厚生年金保険を受給する金額にも大きな差が出ている。そして，国民年金では，「第３号被保険者制度」が設けられている。この制度はパートナーの職業によって，同じ専業主婦（夫）でも保険料負担の有無が決まるという仕組みである[*2]。このように，家族形態や仕事の有無，働いているときの職種・給与・期間によっても，年金受給額は異なり，将来の年金受給額は自らの働き方・生き方に大きく影響を受ける。

そして，現在も多様な働き方や家族形態のあり方と連動し，かつ，何十年にもわたる記録に基づいて実施される年金制度には課題も多い。実際，2007年には「**年金記録問題**[*]」が明らかとなり，持ち主不明の年金が約5095万件存在することが判明した。現在，統合記録の3341万件は解明され，解明作業中またはなお解明を要する記録として1754万件残っている(2022年９月時点)。現在は自らの年金記録を**ねんきん定期便**[*]によって確認ができる。

５　高齢期に生活費で困った場合

では，もし，高齢期に生活費で困った場合はどうすればよいのだろうか。国民の健康で文化的な最低限度の生活を保障する制度として**生活保護制度**[*]が用意されている。高齢者の生活保護受給率をみてみると，2021年度における65歳以上の生活保護受給者は105万人であり，また，65歳以上人口に占める生活保護受給者の割合は2.91％である。高齢者に占める生活保護受給者数はそれほど多くないようにみえるが，「高齢者世帯」の増加は年々続いており，「2023年４月概数分」では，被保護人員のうち「高齢者世帯」が55.6％と半数を占めている[*3]。

NPO 法人ほっとプラス代表の藤田孝典は「生活保護基準相当で暮らす高齢者およびその恐れがある高齢者」を「下流老人」と定義し，その数は600～700万人であると推定してい

＊2　第３号被保険者制度　1985年の国民年金改正によって，それまで任意加入であった専業主婦にも年金権が確立され，サラリーマンなどの雇用者と結婚している専業主婦（夫）の国民年金保険料は，専業主婦（夫）が個別に保険料を負担することなく基礎年金を受給することができることになった。

＊年金記録問題
1997年１月から基礎年金番号の導入に伴い，1996年12月以前に１人が複数もっていた年金手帳記号番号を統合してきたが，基礎年金番号に統合されていない記録や紙台帳等で管理していた年金記録をコンピュータに転記する際に，正確に転記されていないケースなどが見つかった。

＊ねんきん定期便
毎年誕生月に本人の年金記録を記載したねんきん定期便が送付される。保険料納付額や年金加入期間等が記載されている。

＊生活保護制度
日本国憲法第25条「生存権」の理念に基づき，生活に困窮するすべての国民に対して，健康で文化的な最低限の生活を保障する仕組み。

＊3　厚生労働省 HP，2023，「被保護者調査（令和５年４月分概数）の結果」。

る（藤田，2005，23頁）。また，「下流老人」を示す具体的な3つの指標（3つの「ない」）として，①収入が著しく少「ない」，②十分な貯蓄が「ない」，③頼れる人間がい「ない」，を，生活相談を実施する中でみえてきた実像として挙げ，経済的な貧困問題だけでなく社会的孤立といった課題も含まれている点を指摘している。

2　高齢者の就業・社会参加

1　高年齢者雇用安定法と在職老齢年金

内閣府が5年ごとに実施している「高齢者の生活と意識に関する国際比較調査」をみると，「今後の就労意欲」について，アメリカ，ドイツ，スウェーデンは約3割であるが，日本は4割程度とほかの国々よりも高くなっている。その理由として，老後の生活費の確保，社会参加の意欲，健康維持・老化防止等が考えられる。労働力調査（2021年）によれば，高齢者の就業率（65歳以上人口に占める就業者の割合）は25.1%で，65～69歳は初めて50%を超えた。15歳以上の就業者総数に占める高齢就業者の割合は前年と同率の13.5%で1968年以降において過去最高となっている。政府は，働く意欲がある誰もが年齢にかかわりなくその能力を十分に発揮できるよう，高年齢者が活躍できる環境整備を図る目的として**高年齢者雇用安定法***を制定している。

高齢者の就業率の上昇は，高齢者の平均寿命の伸長や高齢者数の増加のほか，厚生年金保険の支給開始年齢や高年齢者雇用確保措置の制度化とも大きく関係している。厚生年金保険の支給開始年齢は制度発足当初は55歳であったが，改正により65歳まで引き上げられてきた。そして，厚生年金保険の支給開始年齢引き上げによって定年の引き上げにも影響し，2021年4月1日から施行された高年齢者雇用安定法では，労働力人口の減少に対応するため，個々の労働者の多様な特性やニーズを踏まえ，70歳までの定年の引き上げや70歳まで継続的に業務委託契約を締結する制度の導入等の多様な選択肢を設定し，事業主として措置を制度化する努力義務を設けた。

以上のように，高齢期の年金と雇用の関係は非常に重要であり，高齢者が働きながら年金を受給する仕組みとして「**在職老齢年金***」がある。長くなった高齢期の生活を支えるためにも高齢者が収入を得ることは非常に重要である。また，コロナ禍のもとで，感染拡大防止対策として人々のかかわりが

＊高年齢者雇用安定法
1971年に「中高年齢者等の雇用の促進に関する特別措置法」として制定。1986年改正で名称変更し60歳以上定年を努力義務とした。1990年改正では，希望者を対象に定年後の再雇用を努力義務とした後1998年改正では60歳以上定年を義務化，2000年改正では65歳までの雇用確保を努力義務とした。2006年改正では65歳までの雇用確保を義務化（対象者の限定が可能）とした。➡第6章「仕事をめぐる社会政策」❸ 7

＊在職老齢年金
60歳以降に就労（厚生年金保険に加入）しながら受け取る老齢厚生年金のことをいう。ただし，賃金と年金の合計が一定額を超えると，年金の一部または全部の支給が停止される。

制限されたことからもわかるように，われわれが社会生活を行ううえで，人々や地域社会とのかかわりは不可欠であり，労働職不足を解決する観点からも高齢者雇用の充実を行うべきである。

２　高齢者の社会参加

近年，高齢者の社会的孤立，孤独死などへの対応が求められているが，高齢期に就労することは，ただ生活費を稼ぐということだけでなく，高齢者が社会とのつながりを維持するための１つの方法でもある。

わが国でも，「つながり」作りが重視されている。2015年に共助社会づくり懇談会が報告した「共助社会づくりの推進について～新たな『つながり』の構築を目指して～」においても，「支援する・支援されるといった一方的な関係や他者への依存ではなく，互いに支え合い，多様な主体による有機的な結び付きを構築し，共に課題を解決していくという共助の精神が必要不可欠である」とし，共助社会の推進を提言している。そして，目指すべき共助社会の姿は「個人の多様な価値観や意思が尊重されながら，新たな『つながり』が構築され，全員で作り上げていく社会」であるとしている。

これまでも高齢者が自ら経験や能力を活かし，「生きがい就業」によって人々や地域社会とのつながりを維持し，社会に貢献する仕組みは存在する。その１つが「**シルバー人材センター**＊」である。1975年に東京都において設立された高齢者事業団を前身としているシルバー人材センターは，「自主・自立，共働・共助」を基本理念に，「生きがい就業」を通じて，高齢者がこれまで培ってきた能力や経験を活かし，地域社会に貢献するための自主的組織として1986年に高年齢者雇用安定法において法制化された。シルバー人材センターでは，健康であって「臨時的かつ短期的又はその軽易な業務」での就業を希望する，原則60歳以上の高齢者対象としており，2021年現在約69万人が加入している[＊4]。

また，近年，高齢者の社会参加という視点から，介護保険制度上でも高齢者の活躍が期待されている。2014年介護保険改正では要支援１・２に対する介護予防のうち訪問介護と通所介護については予防給付から切り離し，市町村が地域の実情に応じた取組みができる地域支援事業へ移行することとなった。そして，新しく創設された介護予防・日常生活支援

＊シルバー人材センター
原則として市（区）町村単位に置かれており，基本的に都道府県知事の指定を受けた公益法人として独立した運営を行っており，現在1339団体となっている。

＊4　公益財団法人全国シルバー人材センター事業協会 HP「シルバー人材センター事業年度統計」2023年10月31日閲覧。

総合事業における介護予防・生活支援サービスにおいては，高齢者の在宅生活を支えるため，ボランティア，NPO，民間企業，社会福祉法人，協同組合等の多様な事業主体による重層的なサービス提供体制の構築が述べられ，そのサービス提供者として期待されているのが高齢者である。つまり，高齢者はサービスを利用する高齢者だけではなく，サービスを提供する高齢者として介護保険制度内に位置づけられることとになった。団塊世代が後期高齢者へ移行する2025年問題を目の前にし，団塊ジュニア世代が高齢者となる2040年問題を考えると，介護人材不足対策は喫緊の課題であり，高齢者の力が必要とされている。

以上のように，高齢者が社会参加することは社会とのつながりの維持という点からも非常に重要である。その一方で，厳しい財政的課題を解決するための手段として高齢者の社会参加が利用され，強制されている側面もあり，高齢者の社会参加促進を手放しで歓迎することには注意が必要である。

3　高齢期の医療と介護

1　高齢期の健康維持をどう支えるか

高齢期になれば健康維持が非常に重要であるが，医療の高度化や人口の高齢化によって国民医療費も増加傾向にあり，2020年の国民医療費の内訳をみてみると，65歳以上の老人医療費は国民医療費の61.5%を占めている[*5]。

高齢者医療制度の変遷を振り返ると，まず1973年に老人福祉法において「**老人医療費支給制度**[*]」が創設された。いわゆる「老人医療費の無料化」が実施されたことで，高齢者の医療アクセスは大幅に改善された。しかし，高齢者数の増加や受診率の１件当たりの医療費等の上昇などによって老人医療費が増大し，高齢者の多い国民健康保険の財源は非常に厳しくなった。また，社会的入院や「病院のサロン化」の課題も指摘され始め，国保や健保からの拠出金と公費によって市町村を運営主体とする老人保健法が1982年に制定され，患者負担の導入も行われた。しかし，高齢化はさらに進展し，老人医療費の増大に伴って健保組合の拠出金は増大，患者の一部負担の変更，対象年齢の引き上げ（70歳から75歳へ），公費負担割の引き上げ（３割から５割へ）が行われた。さらに，2006年には75歳以上の高齢者が保険料を支払って**後期高齢者医療制度**[*]に加入することとなった。このように，高齢者医療では

＊5　厚生労働省 HP, 2022,「2020年度国民医療費の概況」2023年10月31日閲覧。

＊老人医療費支給制度
この制度は70歳以上の高齢者の医療保険の自己負担金額を無料化（所得制限あり）するというもので，その財源は公費（負担割合は国：都道府県：市町村＝4：1：1）で賄われた。

＊後期高齢者医療制度
75歳以上の高齢者を対象とし，全市町村が加入する広域連合が，公費（約５割），各医療保険者（現役世代）からの後期高齢者支援金（約４割），高齢者の保険料（役１割）を財源として構成されている。

制度の枠組みの変更に伴い，自己負担が無料であった時代から徐々に自己負担額が上昇，保険料の徴収も行われることとなり，経済問題として高齢者の生活に影響を及ぼしている。高齢化の進展により今後も老人医療費の上昇はやむを得ないが，**フレイル***などども含めた健康増進・維持への支援によって医療費抑制へとつながる支援がさらに必要である。

＊フレイル
加齢に伴って筋力や心身の活力が低下した虚弱である状態。

2　高齢期の「介護問題」

そして，医療問題とあわせて高齢期のもう１つの不安は「介護問題」である。医療技術の進歩により平均寿命が伸長し，介護が重度化・長期化している。また，かつてわが国では，高齢者の介護は主に家族，特に女性によって担われてきたが，核家族化の進行や共働き家庭の増加により，高齢者介護は社会全体で取り組むことが必要となった。そこで，2000年に「介護の社会化」の実現を目指した新しい介護保障システムである**介護保険制度***が導入された。これは，わが国の社会政策にとって重要な転換点であった。

介護保険制度の特徴の１つは，利用者が自らサービスを選択し，自らが望む生活を維持できる自立支援の仕組みとしたことである。これまではサービスの種類や量の不足で，サービス選択を行うことは難しい状況であったが，介護保険制度では，介護が必要となっても，自らの希望に沿った生活を実現できるよう，その時々のニーズに対応できる仕組みとなった。介護保険制度のサービスを利用するには，**要支援・要介護認定***によって要支援１・２，要介護１～５に認定された後，**介護支援専門員（ケアマネジャー*）**と相談し**ケアプラン***を作成する。そのケアプランに基づいてサービス利用を行うが，サービス利用には原則１～３割の自己負担を支払う。また，多種多様なサービスを提供するために，居宅介護サービスには営利企業が参入することが可能となり，サービス事業者は介護報酬をもとに事業を経営することとなった。

もう１つの特徴は，介護保険制度は，地方分権の考え方に基づいている点である。介護保険制度は，住民に身近な市町村が保険者となり，各市町村の特性を活かした制度設計を行う仕組みとなっている。例えば，介護保険制度は社会保険方式であるため，40歳以上65歳未満の被保険者は介護保険料を納める必要があるが，65歳以上の第１号被保険者の保険料は，市町村ごとに各市町村の介護サービスの必要量等を勘案

＊介護保険制度
平均寿命の伸長による介護の長期化・重度化，少子化・核家族化による家族の介護機能の縮小等を背景として，高齢者介護支援を行うため2000年に導入されたわが国第５の社会保険制度。➡第９章「保健医療・介護」④ 1

＊要支援・要介護認定
介護保険制度においてサービスを利用する際に，どの程度の介護を必要とするかについて客観的に判断するもの。➡第９章「保健医療・介護」④ 1

＊介護支援専門員（ケアマネジャー）
介護保険法に位置づけられた専門職で，要介護者や要支援者等の相談や心身の状況に応じて，サービス利用のためのケアプラン作成や市町村・サービス事業者等との連絡調整を行う者。

＊ケアプラン（介護サービス計画書）
介護保険制度のサービスを利用する際に，利用者の希望や家族の状況を踏まえて作成される具体的な支援方法やサービス利用の計画書である。

し設定されている。保険料の設定については，高齢者の能力に応じた支払いとするため2015年度から原則９段階と細分化されているが，この段階も市町村ごとに決定することができる。

しかし，高齢者数の増加によって第１号被保険者の介護保険料（全国加重平均・月額）も年々上昇し，第１期（2000～02年度）において2911円であった保険料は，第８期（2021～23年度）では6014円まで上昇した。市町村間での保険料額の差も大きく，高齢化率が高い地域や介護サービス事業者が不足している地域もある。地域の特性に応じた制度設計と地域間格差という両面をどのように埋めるかが非常に重要な課題である。

このように，家計生活でみると，高齢期は，医療保険料，介護保険料だけでなく，サービスを利用する際には所得に応じた自己負担を支払う必要がある。介護保険制度改正を重ねるごとに高齢者のサービスに対する自己負担部分も，一定所得以上の高齢者は２割または３割とその負担割合は拡大されていった。このような自己負担の引き上げによって，サービスを十分利用できない「介護難民」が生じるおそれがある。また，「老後破産」という言葉を耳にするが，高齢期の医療・介護費用の不安を払拭できる制度へと転換する必要があるといえよう。

3　地域包括ケアシステム

現在，高齢期の社会政策にとって重要な概念として地域包括ケアシステムがある。**地域包括ケアシステム**[*]とは，「高齢者の尊厳の保持と自立生活の支援の目的のもとで，可能な限り住み慣れた地域で，自分らしい暮らしを人生の最期まで続けることができるよう，地域の包括的な支援・サービス提供体制」を指す[*6]。

この地域包括ケアシステムの導入は，2005年介護保険改正とともに登場し，それ以降，地域包括ケアシステムの導入・深化が進められた。その中核的機関となる「地域包括支援センター[*7]」では，保健師・社会福祉士・主任介護支援専門員という３職種が配置され，公正・中立の立場から，介護予防マネジメントや総合相談支援・権利擁護，支援困難事例に対する介護支援専門員への助言などを行っている。この地域包括ケアシステムの導入によって，これまで介護保険制度が介護

＊地域包括ケアシステム
➡第９章「保健医療・介護」4 3 4

＊6　厚生労働省 HP「地域包括ケアシステムの実現に向けて」より引用（2023年10月31日閲覧）。

＊7　2022年４月現在，個別の担当圏域がある地域包括支援センターの総数は5404か所（ブランチ・サブセンターも含む）である（厚生労働省 HP「地域包括支援センターについて」2023年８月31日閲覧）。

やその関連サービスの提供を中心としていた制度から，高齢者の生活全体を視野に入れた制度への転換を明確に打ち出すこととなった。

高齢者の生活を支える支援は，単に介護サービスが提供され，食事や入浴などの支援があればよいという問題ではなく，高齢者の生活全体の中で利用者が望む生活が実現できるよう，利用者のニーズに沿った支援が必要である。近年，バスなどの公共交通機関の廃止や運転免許証の返納，商店街や地元商店の閉鎖・衰退化などで高齢者が「交通弱者」や「買物弱者」となる可能性が高くなっている。しかし，地域によっては通院や買い物に不便な状況となりタクシー代などで交通費が増すことも起こっている。地域や社会へ積極的に出かけ，社会参加を行うためには，オンデマンドバスの運行や安否確認等の役割も担った移動販売など，高齢者の交通・買い物等といった高齢者の生活支援を含めて検討する必要がある。

4　高齢者と家族

1　介護と仕事との両立

介護保険制度は「**介護の社会化***」を目指して導入されたが，現在も依然として家族が介護を担っている状況である。総務省「2021年社会生活基礎調査」によれば，15歳以上でふだん家族を介護している人は653万4000人となっており，50歳以上の介護者数が全体の約８割となっている*8。また，「2022年国民生活基礎調査」における「主な介護者の状況」の変化をみてみると，「同居」は45.9％となっており，2001年調査での71.1％と比べると，25.2ポイント減少している。その一方で，「別居の家族等」が7.5％から13.6％へと6.1ポイント上昇しており，家族の形態も変化している。性別で同居している主な介護者をみてみると，男性は31.1％となっており，2001年調査の23.6％から7.5ポイント上昇し，男性介護者も増加している。そして，「同居」の介護者において「40～49歳」は5.3％，「50～59歳」は17.2％となっており，仕事や子育てを行う時期に介護を担う家族も少なからずいる状況である。

現在，介護と仕事をどのように両立させるかなどの家族介護者の支援は十分であるとはいえない。育児・介護休業制度の制度は存在するが，育児休業のように，介護休業が十分に

＊介護の社会化
高齢者介護において，1990年代の新しい介護保障システムの検討時期に，高齢者介護の問題を家族の問題だけでなく，超高齢社会における社会の共通課題として認識し，社会全体が担っていくという意味として説明された。

＊8　総務省統計局，2021，「2021年社会生活基礎調査」６頁より引用。

取得されているとは言い難い。また，介護を担う家族もシングル化が進行しており，介護を家族が担う状況はますます厳しくなっている。正規労働者であっても仕事と介護の両立が厳しい中で，労働条件等が悪い非正規労働者は仕事を休むことで収入が減少することも考えられる。さらに非正規労働者でシングルの場合は，介護を担うことで自らの所得も減少・中断・喪失することから，自らの高齢期の生活費や年金受給額にも大きな影響が出ることが考えられる。

また，出産や育児休業のように，介護休業期間中は厚生年金保険料の免除はなく，介護休業期間中も年金保険料は支払う必要がある。なお，介護休業では法的に賃金の支払いは決められていないが，企業によっては一定の条件を満たせば雇用保険の「介護休業給付」から賃金の67％の給付金を受けとることができる。近年，**ヤングケアラー***の問題も取り上げられ，どの世代においても介護者となる可能性があること，また**ダブルケアや複合ケア***といったように，育児と介護，複数の介護を同時に行うといった状況も見受けられ，その支援の重要性を再認識し支援を行う必要がある。そして，新型コロナウイルス感染症の拡大によって働き方も変化したが，情報通信機器を利用したテレワークやリモートワーク，ローテーション勤務等は，労働者が働き場所や時間を柔軟に選択できる状況を生み出しつつある。これはこれまで課題であった介護と仕事の両立，ワーク・ライフ・バランスの実現に大きな影響を与えるだろう。少子化による人材不足は非常に大きな問題であり，「**介護離職***」を生み出さない働き方の取組みを企業も積極的に行う必要がある。

＊ヤングケアラー
➡第２章「子ども期の社会政策」④ 1

＊ダブルケア・複合ケア
育児と介護が同時期に発生する状態のことや家族・親戚等において複数のケアを同時に行う状態を指す。

＊介護離職
介護が必要な家族のために，介護者が仕事を辞めてしまうこと。

2　家族を支える高齢者：8050問題・9060問題

全世代型社会保障構築会議「全世代型社会保障構築会議報告書～全世代で支え合い，人口減少・超高齢社会の課題を克服する～」（2022年12月16日）において，今後の「地域共生社会」の実現に取り組むべき課題として，いわゆる「**8050問題***」を挙げている。地域における複雑化・複合化する地域住民の支援ニーズに対応するため，地域での活動の担い手が，制度・分野の縦割りを超えて，支援ニーズを有する地域住民を中心に置き，地域全体に開かれたかたちで連携する体制の整備が重要である。

＊8050問題・9060問題
80歳代の親が50代の子どもの生活を支えているという問題。親の介護や子どもの社会的孤立が問題となっている。また，8050問題が長期化することで，9060問題へと移行していることも課題となっている。

地域包括支援センターや生活困窮者の支援窓口において

も，高齢の親とひきこもりの子どもの生活困窮課題への対応が行われている。介護支援専門員や地域包括支援センターが，介護が必要な親と長期化・高年齢化するひきこもりの子どもといった，高齢者の介護支援とその家族の支援ニーズをあわせて見つけることも多い。ひきこもりの子どもを抱える親は，元気なうちは親が食事などの日常の生活支援を行い，生活費は親の年金で賄うことでなんとか乗り切れるが，親に介護が必要となった場合は，その生活基盤は崩れる。親の介護費用やサービス利用の手続きなどをはじめ，ひきこもりの子どもがどのように生活を維持するかも大きな課題となる。ニーズを抱える人々が社会とのつながりを維持できていない状態では，孤立した状態も見えにくくなり，支援が遅れることも考えられる。近年，「8050問題」が「9060問題」へと移行しつつあり，ますます問題は深刻化しているため，地域包括支援センターが家族に対する支援を十分に発揮し，かつ多機関・多職種による連携が今後さらに必要である。

また，子どもがひきこもりでなくとも，シングルの非正規労働者は親と同居することで生活を維持している場合も多い。大阪市における「非正規雇用で働くシングル女性の実態調査」（2019年５月公表）によれば，親との同居率する理由の１つは「自分自身が一人暮らしするには経済的に困難だから」であった。このように，無業のひきこもりの子どもや仕事には就いているがシングルの非正規労働者の子どもは，親の年金や貯蓄によって生活を維持し，住宅を確保している場合が多く，親亡き後，残された子どもの生活とその高齢期は非常に厳しい状況が予測される。家族の中だけで解決できる問題ではなく，地域社会での課題として地域住民と社会とのつながりを意識した支援を行う必要がある。

5　最期をどのように迎えるか

1　認知症とその取組み

高齢期の不安の１つに「認知症」の問題がある。認知症とは脳の細胞が死滅したり，その働きが悪くなったりしたために障害が起こり，生活上に支障をきたす状態である。認知症を引き起こす病気として，**アルツハイマー型認知症***，**レビー小体型認知症***，脳梗塞や脳出血による血管性疾患がある。認知症は古くから存在し，以前は「痴呆」という言葉が使用されていたが，高齢者の尊厳に配慮を欠く表現であるとし，

＊アルツハイマー型認知症
脳の一部が委縮していくことで，記憶，思考，判断などの機能がゆっくりと低下していく病気。

＊レビー小体型認知症
脳の神経細胞が原因不明に徐々に減っていく進行性の病気で，アルツハイマー型認知症に次いで多い。

2005年介護保険法改正によって，法令上も「認知症」という用語となった。

＊長谷川式簡易知能評価スケール
日本の医療・介護現場で幅広く活用されている９つの評価項目から構成された簡易的な認知機能テスト。信頼性が高く，短時間でできることが特徴。

認知症診断は長谷川和夫が1974年に公表した「**長谷川式簡易知能評価スケール***」の検査が有名である。長谷川は晩年期に自らも認知症であると自覚して2017年に公表，2019年には猪熊とともに『ボクはやっと，認知症のことがわかった』を出版している。この著書では，「そのときどきの身体や心の具合によって，認知症は良くも悪くもなる。だから，『一度なってしまったらおしまい』とか，『何もわからない人になった』などと思わないでほしい」と述べ，「認知症は恐ろしい病気だと思われがちですが，その本質は『暮らしの障害』」であること，「周囲の接し方次第で，この障害の程度はずいぶん軽減で」きることを伝えている。

＊認知症施策推進総合戦略（通称「新オレンジプラン」）
７つの柱，①認知症への理解を深めるための普及・啓発の推進，②認知症の容態に応じた適時・適切な医療・介護等の提供，③若年性認知症施策の強化，④認知症の人の介護者への支援，⑤認知症の人を含む高齢者にやさしい地域づくりの推進，⑥認知症の予防法，診断法，治療法，リハビリテーションモデル，介護モデル等の研究開発及びその成果の普及の推進，⑦認知症の人やその家族の視点の重視，をもとに施策が展開されている。

わが国においても，認知症施策は厚生労働省を中心に取り組まれてきた，2013年から「認知症施策推進５か年計画」（通称「オレンジプラン」）が策定され，2015年１月から「**認知症施策推進総合戦略**」**（通称「新オレンジプラン*」）**が取りまとめられた。また，2017年介護保険改正では，新オレンジプランの基本的な考え方を踏まえ，「認知症に関する知識の普及・啓発」，「心身の特性に応じたリハビリテーション，介護者支援等の施策の総合的な推進」，「認知症の人及びその家族の意向の尊重」等が盛り込まれた。その後，2019年６月には，「認知症施策推進大綱」が関係閣僚会議にて決定され，普及啓発・本人発信支援，予防，医療・ケア・介護サービス・介護者への支援等の具体的施策が打ち出され，さらに認知症の人やその家族の意見を踏まえて立案及び推進することが明示された点が重要であるといえよう。

そして，認知症の人が尊厳を保持しつつ希望をもって暮らすことができるよう，認知症施策を総合的かつ計画的に推進することを目的として，2023年６月には「共生社会の実現を推進するための認知症基本法」が制定された。

2　成年後見制度と日常生活自立支援事業

高齢期になると判断力が低下することで，商品を買ったり，契約を結んだりする場合に勘違いや騙されて消費者トラブルや詐欺にあう可能性がある。このようなトラブルや犯罪に巻き込まれないように支援が必要である。福祉サービス利用者の権利を守る支援の具体的な取組みとして，成年後見人制度や地域福祉権利擁護事業（現在の日常生活自立支援事業）が実施されることとなった。判断能力が低下した際の支援としての**成年後見制度**＊は，認知症だけでなく，知的障害，精神障害も利用でき，悪徳商法や詐欺から守っている。現在は，成年後見制度の情報提供は地域包括支援センターにおいて行われており，一定の研修を受けた市民が後見人となる市民後見人制度の育成も行われつつある。

また，本人の資力に関係なく福祉サービスの適切な利用につなげる仕組みとして，日常生活自立支援事業がある。この制度は，1999年に地域福祉権利擁護事業として創設され，2007年に名称変更，2015年からは**生活困窮者自立支援制度**＊の任意事業として位置づけられている。この制度の対象者は，①判断能力が不十分なため，日常生活を営むのに必要なサービスを利用するための情報の入手，理解，判断，意思表示を本人のみでは適切に行うことが困難であること，②本事業の契約の内容について判断しうる能力を有していること，の２つの要件を満たす認知症高齢者，知的障害者，精神障害者等である。実施主体は，各都道府県及び市町村の社会福祉協議会で，利用者の福祉サービス利用援助，日常的な金銭管理，年金証書や預金通帳の書類預かりを行う。高齢者虐待の１つには「経済的虐待」も位置づけられており，単身高齢者や高齢者夫婦世帯の増加によって，詐欺事件などへ巻き込まれないためにも，高齢者の財産を守り生活の維持や福祉サービス利用を支援する取組みは非常に重要である。

3　アドバンス・ケア・プランニング

最期をどのように迎えるか。これまで「死」を語ることは縁起が悪いことだとタブー視されることも多かったが，近年は「終活」，「エンディングノート」という言葉も聞かれ，自らの最期についての意識や議論は活発化している。政府は，11月30日（「いい看取り・看取られ」）を「人生会議の日」とし，**アドバンス・ケア・プランニング（愛称「人生会議」）**＊の取組みを推進している。これまでも**「リビング・ウィル」（生前の意思表明）**＊の取組みは進められてきた。今後は，人生の最終段階において，どのような医療・療養を受けたいかを話し合い，意思表示を行って共有しておくことにより，本人の意思に沿った終末期支援を行うことが可能となる。

また，2021年人口動態統計において「死亡場所」をみてみ

＊成年後見制度
財産管理（不動産や預貯金などの管理，遺産分割協議などの相続手続など）や身上保護（介護・福祉サービスの利用契約や施設入所・入院の契約締結，履行状況の確認など）などの法律行為を１人で行うのが難しい場合に，法的に保護し，本人の意思を尊重した支援（意思決定支援）を行う制度。

＊生活困窮者自立支援制度
➡第10章「生活困窮と社会政策」❸ 3

＊アドバンス・ケア・プランニング（愛称「人生会議」）
もしものときのために，本人が望む医療やケアについて，前もって考え，繰り返し話し合い，共有する取組み。

＊リビング・ウィル（生前の意思表明）
大きな病気やケガなどにより，命の危険が迫った状態になったときの治療や処置・ケアに関する意思を示したもの。

▶▸ Column 6　介護難民を生み出す危機的状況：人手不足と事業所の倒産 ◂◀

現在，介護事業者は危機的状況にある。その１つは深刻な介護人材不足の問題である。これまでも介護労働者の賃金は低く抑えられ，非正規雇用化が進むことで人材不足が慢性化していた。公益財団法人介護労働安定センターが行った「令和４年度介護労働実態調査」(2023年）によれば，事業所調査では介護事業所全体における人材の「不足感」は66.3％で，特に訪問介護員の「不足感」は83.5％と最も高い。また労働者調査においても，「労働者の労働条件・仕事の負担に関する悩み等」で最も多いのは「人手が足りない」が52.1％（前年度 52.3％）で，「仕事内容のわりに賃金が低い」(41.4％，前年度38.3％）よりも10ポイント程度高くなっている。２つめは経営問題である。東京商工リサーチが公表した2022年の「老人福祉・介護事業」倒産状況をみてみると，コロナ禍や物価上昇の影響等もあり，制度導入時以降において最多の143件（前年比76.5％増）であった。従業員数別をみてみると，「５人未満」(85件，前年57件)，次いで「５人以上10人未満」(32件，前年16件）となっており，「10人未満」の小規模事業者が８割超であった。

このように，介護人材不足や事業者の倒産は介護を受けられない人々（介護難民）を生み出す可能性が高い。また，地域格差も大きな課題である。地域によっては利用できないサービスや事業者を選択できないことも起こっている。政府は，これまでも介護報酬の改定等による人材確保に向けた処遇改善に取り組んでいるが，高齢者が地域で生活を維持するためには，さらなる安定的なサービス提供体制に向けた支援が必要である。

ると，最も多いのは「病院」(65.9％）で，次いで「自宅」が17.2％，「老人ホーム」の10.0％である。一方，『令和元年高齢社会白書』の「高齢期の生活に関する意識」では，60歳以上の人に，万一治る見込みがない病気になった場合，最期を迎えたい場所については，最も多いのは「自宅」(51.0％）で半数を占め，次いで「病院・介護療養型医療施設」が31.4％となっている。近年，施設での看取りの課題に対応するため，介護保険制度では新たに施設サービスとして「**介護医療院**＊」も創設された。また，60歳以上の人の約３分の１（34.1％）が孤立死を身近に感じている（「とても感じる」9.1％，「まあ感じる」24.9％の合計)。高齢者がどの場所で，どのような支援を受けて最期を迎えたいか話し合うことは，穏やかな終末を迎えるために非常に重要なことであるといえる。

＊**介護医療院**
2017年介護保険改正において新しい介護保険施設の１つとして創設された要介護高齢者の長期療養・生活のための施設。利用者の「看取り・ターミナルケア」を支えることも重要な役割とされる。

このように，高齢者の生活を支援する社会政策は，老後の生活費や疾病・介護への支援はもとより，高齢者が社会から切り離されることなく，社会の一員として社会とのつながりを維持できるような支援まで視野に含めた支援政策が必要である。そして，自らの高齢期，自らの最期をどのように迎えるのかについても，若いときから常に考え，多様な選択が可能となる取組みが必要であるといえる。

本章のテーマをさらに理解するために

- **平松類，2023，『老人はAI社会をどう生きるか』祥伝社新書。**
  高齢者の生活や支援にAIをどう活用するか。高齢期の不安解決に対してAIの可能性を考える。
- **長谷川和夫・猪熊律子，2019，『ボクはやっと，認知症のことがわかった』KADOKAWA。**
  認知症専門医の第一人者である長谷川和夫が，認知症を公表した背景，そして当事者として伝えたい認知症について学ぶことができます。
- **宮本太郎，2017，『共生保障〈支え合い〉の戦略』岩波新書。**
  自治体やNPOの実践を紹介しながら，「共生保障」という新しい生活保障のビジョンを提示し，〈支え合い〉を支え直す制度構想について学ぶ。

引用参考文献

総務省統計局HP，2022，「2021年社会生活基本調査：生活時間及び生活行動に関する結果（結果の概要）」。

藤田孝典，2015，『下流老人：一億総老後崩壊の衝撃』朝日新書。

みずほリサーチ&テクノロジーズ株式会社HP，2023，「家族介護者支援に係る人材育成等に関する調査研究報告書」。

宮地克典，2020，「日本における高齢者雇用と公的年金の接続をめぐる一考察：在職老齢年金の史的展開を中心に」『経済学雑誌』第120巻第2号。

（森　詩恵）

II

ライフイベントと社会政策

第6章

仕事をめぐる社会政策

仕事は人生そのものでもある。でも仕事は自分で選べるようでそうではない。当たり前であるが，どういう時代や地域に生まれ育つのかで，仕事は左右される。会社勤めであれば，どこで働き，上司・同僚はどういう人か，結婚し家族をもてば子育て，結婚しなくても親の介護はどうするのか，そのためには，どこで働き，どこに住むのがよいのか，仕事選びは悩みの積み重ねのうえにある。個人で悩みを抱えると，個人の問題ととらえられがちであるが，そうではない。本章では，仕事の問題を解決する社会政策を紹介しつつ，仕事をめぐる社会政策とは私たち自身が作り出すものであることをみていきたい。

1 仕事を探す・始める・変える

1 仕事は自分で選べるのか？

私たちはひとまず義務教育を終えると，仕事の世界に入っていく。なぜ働くのかと聞かれれば，迷わず，生活するためと答えが返ってくる。ある人は，この国の憲法にも国民の義務として「勤労」が掲げられていると答えるかもしれない。さらに，家族をもって生活するには，子育ての費用を稼がなければならないからと答えるかもしれない。

この仕事の世界へは，求人があり，15歳以上であれば誰でもいつでも入ることができる。その中で，日本では学校卒業と同時に就職する**新規学卒一括採用***（以下，新卒一括採用）という入り方が一般的である。この学卒就職をもって，社会人になったと自他ともに認識される。いまでも新卒一括採用が多数を占めているが，学校を途中でドロップアウトする人，卒業時に就職先を決めていない人，非正規から働き始める人が増えている。

＊新規学卒一括採用
日本独特の採用形態で，入社式も他国にはない制度である。1920年代の戦間期に広がり，日本的雇用システムの導入として機能し，今日まで続く。➡第3章「進路選択期の社会政策」❷ 1

いまでは，ほとんどの大学には就職支援室ないしはキャリアセンターという部署がある。東京大学に全学的に就職支援組織ができたのは2005年（東京大学キャリアサポート室の設置年）と遅かったが，これでほとんどの大学に就職のアドバイスを行う支援組織ができた。にもかかわらず，学卒就職の選抜は熾烈化している。第４章でみたように，学卒就職は**日本的雇用システム***への入口であり，正社員になることで，年齢や経験とともに賃金があがる**年功賃金***制度や定年を前提とする長期雇用がセットされていると信じられている。よって，高校や大学の卒業は，こうした安定的に稼げる労働にアクセスできる近道であり，この中でもよい労働条件の会社や公務員に就職することと，偏差値の高い高校や大学が相関関係をもつようになり，よい仕事を得るために進学競争も加熱する。

しかし，こうした新規学卒→正社員→退職→年金生活という働き方をしている人たちは多くはない。総務省「労働力調査」によれば，2022年平均で**労働力人口***が6902万人（非労働力人口4128万人）と15歳以上人口の約６割の人が就業または就業を希望している。このうち**完全失業者***179万人を除いた6723万人が就業者であり，この就業者は自営業（農家などの家族従業者含む）と雇用者（役員を含む）に分けられる。その比は1950年代の高度経済成長期前は半数以上が自営業であったが現在では約９割が雇用者である。圧倒的に働くことは雇われることになっている。

一方，自営業は変化している。今日，旧来の自分のお店をもつような自営ではなく，Web 編集やアニメーターやコンサルタントあるいは YouTuber など一定の技能によって雇われないで仕事を請け負うフリーランスの人がいる。また，スマホなどを使った不定期の仕事を得る**ギグワーカー***と呼ばれる就労形態も増えている。このほかにも，非雇用的な障害者の**福祉的就労***などもある。

実はどの仕事に就くのかは，自分で選択しているようで，そうではない。生まれ育つ地域がどのような労働者を求めているのかに左右されるといっても過言ではない。また，あなたが学卒時に，地域の産業が成長しているのか，斜陽になっているのかで，あなたの仕事の選択肢は変わっていく。

2　住んでいるところで仕事は変わる

どのような人が親か，どこに生まれるかは選ぶことはできない。育ったところに多くの仕事があれば，就職は困らない。近くに高校や大学があれば教育は身近なものとなる。ところが，日本の半数近い人は非都市圏で生活をしている。産業や多様な仕事が集積している都市圏に近い人とそこから離

＊日本的雇用システム
日本の社会保障とセットになっているため，この縁辺部分に位置づけられると生活困難になりやすい。一方，内部に入れば，社会保障と引き換えに長時間労働など過剰な負担から逃れにくくなる。➡第４章「成人期・壮年期の社会政策」❷ 1

＊年功賃金
年齢と功績によって上昇する賃金形態である。適用範囲は正社員で昇進・昇格しやすい男性に多くみられる。

＊労働力人口
15歳以上の人口のうち，就業者（休業者含む）と完全失業者を指す。専業主婦，学生，高齢・病気で働けない人は除く。

＊完全失業者
総務省「労働力調査」で使われる。仕事に就いておらず，仕事があればすぐに就くことができる者で，仕事を探す活動をしていた者。

＊ギグワーカー
情報技術を介して何らかの場を提供するプラットフォーマーと契約を結び，ギグ（単発）の仕事を行う労働者であり，ウーバーイーツの配達員はその典型である。

＊福祉的就労
障害をもつ人が労働をしながら福祉サービスを受ける働き方。雇用契約による就労継続支援事業Ａ型事業所や，より就労困難な障害者を受け入れるＢ型事業所で働くこと。

れている人では，学卒後に就く仕事は大きく変わっていく。

若者の移動研究によれば，移動は進学か就職で生じる。しかし，誰もが都市圏に就職や進学をしているかといえばそうではない。地方圏から都市圏への進学には莫大な教育費用が必要である。一方で，地方圏には高い賃金を稼ぐ就職先が少なく，親の賃金も都市圏よりも低くなる。よって，地方圏から都市圏への進学は，経済的なハードルがあり，地方圏に住む若者の進学選択は都市圏よりも選択が狭まる。事実，平均賃金の低い都道府県ほど4年生大学への進学率が低い（石井，2020，56頁）。

最低生計費*調査によれば，筆者の住んでいる大分県で夫婦，高校生（公立），大学生（県外私立）の4人家族であれば年930万円（月税込78万円！）ないと，普通の暮らしはできない。子どもの選択を実現するには，かなりの節約が要求される。

＊最低生計費
都道府県単位で行われ，その地域で普通の暮らしをするにはいくら必要かを，そこに住む人の生活実態や財の所有状況を調査し算出する。最低賃金は地方圏ほど安いが，最低生計費は同じであることを導き出した貴重な実践。全労連に中澤秀一（静岡県立大学）が協力し，全国の最低生計費を計算している。大分県労働組合総連合 HP「大分県における地方最低生計費試算調査（2023年7月）」。

3　なぜ，都市圏へ向かうのか

では，なぜ都市圏に向かうのか。学卒後の就職を見据えると，多くの人がとりあえず目指している日本的雇用システムへのアクセスのしやすさがみえてくる。では，そのシステムの中に入れば安泰かというとそうではない。経済的には新卒で60歳まで働くと同じ大卒でも，正社員だと**生涯年収***2億6190万円に対し，非正社員は1億5990万円と1億円以上の差が生じる。これに加えて，住宅手当や扶養手当，退職時の退職金などは正社員のみに適用される場合が多い。また，高齢期の収入源である年金は賃金比例であり，現役就労時の雇用形態が一生にわたり格差を生み出す。よって，多くの人がこの日本的雇用システムを選択しようとするし，親も周りも期待する。しかし，その中では心身を蝕みかねない長時間労働をもたらす激務，生活の場所を選べない転勤，成果を出すための自発的な残業，これらをやるのは当たり前の世界になっている。経済的見返りのために，仕事以外の時間は必然的に減っていく。

＊生涯年収
労働政策研究・研修機構『ユースフル労働統計2022』が算出している。正社員は退職金や60歳以上の継続雇用を入れると3億2780万円に達する。

4　労働条件をよくするには

就職すると，スーツに身を纏い，名刺をもち，組織労働者として，「○○会社の○○です。今日は弊社の○○についてご説明にあがりました。」と営業トークを繰り広げる。都市圏では，人混みの中を，ビル群の間をすり抜け目的地や目的の人を探し出し，時間に追われながら商談を進める。就職活動でみた会社案内には労働基準法に従った就業時間が記載されているが，その労働時間で収まる会社は少ない。よって超過勤務が発生し，法定労働時間を超えて働く場合は，会社はペナルティとして割増賃金を支給する。この国は**労働基準法***や**労働安全衛生法***により，正規・非正規問わず労働者の生活や健康は保護されている（はずである）。ところが，日本的雇用システムの中に入ってしまうと，これらの規制がきかなくなる傾向にある。その問題は過労死や過労自殺，また，仕事が原因でうつ病になる人の多さに現れる。この点は第❸節でみていく。

こうした不健康な労働環境を変えるにはどうすればよいのか。大きく分けて2つの選択肢がある。1つは，とどまって改善できるように会社に働きかける。もう1つは，別の仕事を探す。いわゆる，転職である。前者の選択肢は労働組合を作り改善できる。そのことは第❹節でみていくとして，後者の別の選択肢を探すことについて考えてみよう。

転職には男女で大きく異なる部分もある。2018年に20～33歳の転職をした正社員に転職理由を聞いた調査によれば，共通するのは，労働時間が長いこと，心身の健康を損ねたことが挙げられる。一方，男性は，賃金が少ないことやキャリアップが望めないこと，会社に将来性がないことなど，長く働くことを前提とした離職理由が多くなっている（労働政策研究・研修機構，2019，『若年者の離職状況と離職後のキャリア形成Ⅱ』105頁）。女性はこうした項目は男性より低く，代わりにノルマや責任が重いことに加えて，男性ではほとんどない，結婚・出産のためという理由が高い。また，その転職先として出身地へのＵターンや田園回帰の傾向から都市から地方へのＩターンもみられるが，地方出身者の場合は，親の健康状態や家業との関係という理由で転職することもあり，転職は必ずしも労働条件だけでは決まらない。

＊労働基準法
労働基準法（1947年施行）の第1条は「労働条件は，労働者が人たるに値する生活を営むための必要を充たすべきものでなければならない」とある。➡第4章「成人期・壮年期の社会政策」❹ 4

＊労働安全衛生法
労働安全衛生法（1972年施行）の第3条には事業主の責務として「事業者は，単にこの法律で定める労働災害の防止のための最低基準を守るだけでなく，快適な職場環境の実現と労働条件の改善を通じて職場における労働者の安全と健康を確保するようにしなければならない」とある。➡第9章「保健医療・介護」❷ 2

5　中高年期や高齢期の転職

転職＝若者と考えられるが，中高年期にも高齢期にも転職は発生する。中高年期の場合は，親族の介護・健康問題での離職が多くなる。経済社会の変化にあわせて会社都合による雇用削減，いわゆるリストラによって転職を余儀なくされる場合もある。労働条件がよいとされる企業も業績が悪化すれば，人件費の見直しに傾く。非正社員が1990年後半から急増しているのも，このことと関係している。

中高年期の転職だけでなく，高齢期にも転職はある。日本の高齢者は世界で最も働いている高齢者である。その理由は，生きがい就労の側面もあるが，十分な年金が確保できず，働かざるを得ない側面が大きい。急速に増加する非正社員の増加を後押ししているのが，高齢者の非正規就労化である。また，65歳以上でも働いている人は総務省「労働力調査」によれば2022年で4人に1人（25.2%）で，その数値も年々上昇している。同じ会社で正社員から非正社員へ雇用形態を変えて働き続ける人もいるが，建設，警備，タクシー運転，清掃，接客など新たな仕事により，足りない生活費の補塡のため，転職して生計を立てることになる。

6　病気になったら

また年齢を重ねると病気になるリスクは高まる。病気による転職・離職もある。仕事が原因で病気になれば，職業病として第3節で説明する**労働者災害補償保険（労災保険***）を受給できる。しかし，病気の原因は複合的な要素をもち，仕事上の人間関係で心身に悪影響を及ぼしていると訴えても，簡単に労災とは認定されない。病気での休みを病休として，一定額の賃金を保障する制度をもつ企業もあるし，公務員の場合，最大3年間は賃金をもらいながら休職が可能である。こうした休職制度をもつ職場がすべてではないが，病休制度がなくても，社会保険である**健康保険***によって，1年半までは基本賃金の3分の2は保障される。ただし，この期間に病気が治らないときは，会社を辞めて，療養しながらできる仕事に就くか，何らかの社会的支援を受けることになる。手厚いようにもみえる休職制度であるが，期間は限られている。子どもの教育費，住宅ローンの返済などは1年半では済まない。

7　仕事を変えるときの所得保障や転職支援

転職する場合，次の仕事に就くまでの間はどうするか。**雇用保険***に入っていれば，65歳未満まで基本給の4.5～8割が90～360日間支給される基本手当を受給できる。労働者と事業主で保険料を支払い，基本手当（基本分）だけで2022年度平均で49万5306人に対し6231億円が支給された（厚生労働省

＊労働者災害補償保険（労災保険）
1947年制定の社会保険制度であり，パート・アルバイトも含めて全ての労働者が主として事業主の保険料負担で運営されている。後述するように，毎年1兆円程度の保険料収入があり，それをもって仕事上の傷病や休業の補償を行っている。なお，一部自営業は特別加入できたが，IT フリーランス，フードデリバリー，芸能従事者など，それまで加入できなかった仕事も社会運動の結果，加入できるようになった。

＊健康保険
1922年制定で日本最初の社会保険制度。被用者健康保険ともいい，会社と労働者が保険料を負担。1918～20年に流行し国民の4割が罹患したスペイン風邪（インフルエンザ）を踏まえて労働者の健康維持の仕組みができたとされる（榎一江，2022，「感染症と社会政策」『社会政策』第13巻第3号）。1923年関東大震災より施行は1926年に延期。

＊雇用保険
前身の失業保険法（1947年制定）を改正して1974年に制定され，主として失業時の所得保障を行う社会保険を支える法制度の1つ。対象者は週20時間以上働き1か月以上雇用されている雇用者（学生を除く）であり，2022年度末で4457万人が加入している。基本手当と呼ばれる失業給付以外に，育児・介護休業給付金，賃金補助をする雇用調整助成金，能力開発への支

援など様々な給付金がある。

「雇用保険事業年報〔令和4年度〕」)。しかし，1年を超えても仕事に就けない「長期失業者」は，「労働力調査」によると2022年では66万人もおり，同年平均の完全失業者数179万人の約3分の1は収入なしの生活を余儀なくされている。

失業しないように継続雇用する企業への賃金補助である雇用調整助成金や，育児・介護休業時の所得保障なども，この雇用保険加入者向けに行われる。こうした労働市場で起きるミスマッチを解消する政策に対して，諸外国も多くの支出をしている。その中で，日本の特徴といえば，職探しへの支援の手薄さである。さらに，日英米では**ILO 1号条約***を批准しておらず，労働働時間の規制が弱い。こうした規制が弱い国では，失業給付や教育訓練等への労働市場政策費用は少なく，独仏のような規制緩和への抵抗の強い国では，その支出は多い。どちらの政策が安心して生活ができるだろうか。

＊ILO 1号条約
ILOで最初に作られた1号条約は労働時間規制である。原則として1日8時間および1週48時間を超えてはならないと規定しているが，日英米は未批准，独仏は批准。

日本は社会保障費が「比較的若い世代」に回っていない国といわれる。厚生労働省『令和2年版厚生労働白書』(2020年) 124頁の政策分野別社会支出の国際比較 (Webで閲覧可) をみれば，一目瞭然である。特に住宅支援の少なさは対GDP比でアメリカよりも低い。若者や非正規の賃金は低く，住宅支援も薄い国であり，日本は貧困になりやすい国でもある。

2　仕事とライフイベント

1　年齢上昇と生計費

日本最大規模の賃金調査である厚生労働省**「賃金構造基本統計調査」(賃金センサス*)** では，学卒から同じ会社に働き続けている人を「標準労働者」と呼んでいる。この「標準労働者」は，企業規模が大きいほど賃金カーブの角度が大きく，女性はカーブ角度が小さいという特徴をもつ。

＊賃金構造基本統計調査(賃金センサス)
1948年「個人別賃金調査」から始まり，5人以上雇用企業からの抽出調査。現在の名称は1964年からであり，最低賃金や労災保険などの算定資料として活用される。

最初の年齢上昇と賃金上昇は，国際的にも同じ傾向がみられる。ただし，日本は賃金カーブの傾斜角度が他国に比べて大きい。男性の転職理由に将来性の低さが転職理由の上位であったのも，カーブ角度の小さいところから大きいところへ移動を希望する行動とも理解される。

日本の働き方の「標準」は，同じ会社で働き続けることが想定されている。しかし，長い就労期間を考えれば何度かの転職や休職があるのが普通であり，同じ会社で働き続けるのを「標準」というのは誤解を招く。2017年総務省「就業構造基本調査」で55～64歳の転職経験なしの人は3～4割程度にすぎない。ここで大切なのは，年齢とともに上がる賃金は同じ会社で働き続ける場合に保障されているが，そうでない場合も多いことである。賃金カーブ角度が上がりにくい女性の問題は第5節でみていく。

2　就職してからの結婚・出産・子育て

結婚は異性が同一世帯の戸籍に入る戸籍制度で，どちらか1つの姓に統一される。2017年に国家公務員でも旧姓使用可となり，多くの会社で旧姓使用は可能になっている。姓を変えると，変えた方，多くの場合は女性であるが，社内名簿の変更，顧客への説明，既婚の特定などの諸手続きの対応に追われる。それを避ける夫婦別姓はまだ道のりが遠い。

結婚以上に就業継続のことで悩んでしまうのは，出産・子育てである。日本では1991年に「育児休業等に関する法律」（現，**育児・介護休業法***）が成立し，翌年1992年からは，1歳になるまでの期間の休業補償をすべての雇用者に保障した。この制度は期間や補償額は改善されており，育児休業取得率は女性では2007年度から8割台で推移し，男性は2020年度から1割台となっている（厚生労働省『令和5年版厚生労働白書』2023年，165頁）。制度設立時に比べると男女とも利用率は飛躍的に向上しているとされる。しかし，これらは就業継続をしている人たちでの割合であり，結婚や出産を機に仕事を辞めた人たちは制度を使わないので，数字には入っていない。特に子育てしながらでは就業継続ができないと考えた人は退職行動に出ており，2015～19年に第1子を産んだ女性の約3割が仕事を辞めている（同上，165-166頁）。

＊育児・介護休業法
1995年に「育児・介護休業法」へ改正された際に，雇用保険から育児休業取得時に給付金が出されることになった。「休業開始時賃金日額（育児休業開始前6か月の賃金÷180）×支給日数」の25％から，2014年には50％，最初6か月は67％となっている。

3　「保育園落ちた日本死ね!!!」と共働き問題

共働きが一般化する中で，子育て期には2つの問題が立ちはだかる。1つは保育園の問題，もう1つは長時間労働の問題である。

2016年2月に「保育園落ちた日本死ね!!!」のブログが注目を集めた。都市部を中心に起きている認可保育所への入園待ち問題である待機児童問題の解決を求める社会運動への契機となった。ともに就業するには誰かに保育を頼まないといけない。にもかかわらず，公的制度である認可保育園が受け入れてくれず，多くの場合，女性が就業を諦めさせられる。

もう１つの問題，長時間労働は，子育てにおいては致命的である。待機児童問題が解消しても，夜遅い仕事，宿泊を伴う出張，休日労働では子育てに支障がでる。そこで「男性稼ぎ主モデル」が社会通念として広がっている日本は，女性が家事育児との両立を模索する。よって，共働きの女性は短時間労働（パート）が多くなる。いわゆる「主婦パート」による**仕事と家庭の調和**（**ワーク・ライフ・バランス***）で問題を家庭内で解決している。主婦パートには低賃金問題も生じる。国も「男性稼ぎ主モデル」を追認し，「主婦パート」は税制上も優遇される。さらに，女性が低賃金を引き受ける「**主婦協定***」が存在し，女性の低賃金を促進する。この結果，共働きでないシングルマザーの賃金にも影響する。

＊仕事と家庭の調和（ワーク・ライフ・バランス）
1980年代には欧米でファミリー・フレンドリーとして家族的責務をもつ従業員への配慮が広がった。家族的責務の範囲は狭いために個人の生活に配慮を含めて作られており，主として労働時間に関するものである。日本では2007年に政労使のワーク・ライフ・バランス憲章が出されている。

＊主婦協定
主婦であるパートタイマーが家庭優先の労働時間と引き換えに低賃金を受け入れる暗黙の協定（金英，2017，『主婦パートタイマーの処遇格差はなぜ再生産されるのか』ミネルヴァ書房）。

４　必需品だが手に入れにくい住宅

人生の中で１番高い買い物は何か。それは必需品でもある住宅である。日本は持ち家政策をとっており，住宅ローンを低利で融資する制度や，ローンの一定期間の減税などで，住宅の取得が促進されてきた。ここで問題になるのは，このローンの返済期間は20年や35年というように長い期間払い続けないといけないことである。途中で病気して仕事を辞めたり，会社の経営悪化，あるいは合併・買収・会社分割で，賃金が大きく下げられたりすることはいつ起きてもおかしくない。公務員でも，財政破綻をするおそれのある自治体は賃金カットや退職募集だってありうる。雇われ続けることは難しくなっているにもかかわらず，高額な住宅取得のためには長期ローンを組まないといけない。このローンが長期の場合は，最初は安価でも，賃金上昇を見越したかたちで返済額が上がるものが多い。若いうちは，交通や買い物にも便利な物件を安価に，それも賃貸物件程度の価格で手にすることができても，就業継続に支障が起き，半年も滞納すれば，物件を手放さざるを得ない。物件を手放しても安心して生活できる賃貸物件は必要である。地方自治体が安価に供給する公営住宅は入居倍率が高く，いつでも入れるというわけでない。また，老朽化や近隣のコミュニティとの関係作りにも苦労する場合がある。住居が決まっても，仕事場へ公共交通機関は使えるのか，車が必要な場所なのか，様々な条件を調整する必要があり，住まいを変えるのは大変な作業である。

5　単身赴任

日本には単身赴任という家族がありながら１人だけ住居を変えなければならない労働慣行がある。雇用者に占める単身赴任者割合は2017年総務省「就業構造基本調査」で男性3.0%，女性1.2%で，男性は50代が多く，女性は30代で多い。これら数値は上昇傾向にある。ワーク・ライフ・バランスが推奨されながら家族は別々の働き方が広がっている。もし単身赴任を拒否すれば，業務命令違反として懲戒を命じられる可能性もある。会社の転勤命令は，それが業務の必要性と労働者にとって甘受できる程度のものならば業務命令権の濫用には当たらないことになっている。就職の際，地域限定職でもない限り，転勤を視野に入れて応募はするだろう。しかし，子育てをするようになれば，住宅・学校のこともあり，子どもや配偶者を一緒に異動させるのは難しい。よって単身赴任となるのであるが，家族の人生設計を必ずしも約束するといえない長期雇用と引き換えに，家族が分かれて生活しないといけない。

6　中高年ロスジェネ問題

中高年者の生活困難である**中高年ロスジェネ問題***がいま進行している。これは中高年世代だけの問題と考えてはいけない。この問題は日本の社会政策を考えるうえで，次の２つの重要な示唆を与える。

１つは，新規学卒一括採用制度の功罪である。卒業時に就職が決まる仕組みは若年失業者を生み出さない仕組みである一方で，その制度に乗れなかった者は大きなリスクを受ける。家族形成は見込めず，生活は不安定化し，老後の保障も期待できない。この問題は，2008年リーマンショック後から議論はされてきたが，中高年世代向けの社会政策はできなかった。政府はようやく2019年に「就職氷河期世代支援プロジェクト」として正社員を30万人増やす計画を出したが，非正規化している中高年ロスジェネ層は400万人ともいわれ，問題は続く。また，2019年に宝塚市で36歳から45歳までの中途採用公務員３名募集（４名採用）に対し1816名もの応募があったのは有名である。

もう１つは，中高年ロスジェネ層がこのまま高齢期を迎えることで起きる問題である。多くの単身非正規層では，生涯賃金が低いだけでなく，老後の年金も賃金に比例し低くな

＊中高年ロスジェネ問題
ロスジェネとはバブル崩壊による不況のため低い求人倍率下で就職活動をした1993～2004年頃に学校卒業期を迎えた人たち。団塊ジュニアと呼ばれる第二次ベビーブーム世代でもあり，新卒採用では不利な立場に立っていた。たまたまその年に卒業したにすぎないのに，社会での活躍や能力を伸ばせないまま中高年になった人たちの生活問題。

る。特に中高年女性が非正規で働き続けた後の老後は，貯金もなく，年金だけでは生活できず死ぬ直前まで働かないと家賃・食費などの生活費は払えない。老後には年金があっても2000万円もの貯蓄が必要とされる金融庁報告書（2019年）が出される中で，中高年ロスジェネ層の救いは公的扶助である。しかし，公的扶助には限界があり，中高年層が高齢期になっても貧困に陥らない社会政策が求められている。

3　働けなくなったら

1　病気で会社を休むとき：有給休暇はとれるはずであるが

病気のとき休むには，小中高ならば学校に連絡すれば，通知表に病休と記録される。労働者ならば，病気で休む場合，**有給休暇***を取得することになる。会社によっては，特別休暇として通常の有給とは別にしている会社もある。

この有給休暇とは，労働者の権利であり，アルバイトであろうがパートであろうが，労働基準法によって半年以上たとえ週１日労働でも８割を超える勤務であれば付与しなければならない。しかし，有給休暇の存在を知らない労働者は多く，知っていても病気に備えて取得を控える人は多い。また，有給休暇を日本では単発でとる傾向にある。連続休日の少ないヨーロッパでは有給休暇は長期休暇となる。学生には春夏冬の休みがあるが，労働者にも平均17.6日の有給休暇が与えられているので，連続休暇はかなりとれそうであるが，実はそのうち10.3日しか使っていない。付与はされてはいるが，**有給休暇の取得率・取得日数***は低い。

有給休暇が，労働者に広まっていくのは1936年の**ILO 52号条約***の制定からである。１年以上働く労働者に６労働日以上の連続した有給休暇を与えることが国際ルールになった。同じ年にフランスにおいて15日の連続した休日（有給12日を含む）が与えられる**バカンス法***も制定された。長期でバカンスをとっていた産業界の幹部や商店主たち富裕層の慣行を労働者にも拡張することに成功した。

日本はといえば，有給は２週間以上あるが，大部分は使えていないし，バカンスのような連続休暇を取得している労働者はほとんどいない。日本では，有給取得は誰もがとれる権利にもかかわらず，同僚や上司との人間関係を考え，取りづらいといわれる。そこで，一斉休業や計画年休などで有給をとらせる会社もある。

＊有給休暇
雇用形態にかかわらず，すべての雇用者に心身の疲労を回復し，ゆとりある生活を保障するために付与される休暇。労働基準法39条で規定。取得する日は労働者の指定により決定することが原則。

＊有給休暇の取得率・取得日数
厚生労働省『令和４年就労条件総合調査』の数値。取得率58.3％と調査が始まった1984年以降，過去最高となっているが，政府目標（過労死等防止対策大綱）の70％にはまだ遠い。

＊ILO 52号条約
ILO（国際労働機関）の国際条約は各国の政労使の委員が参加した会議で決定される。現在190あるが，日本の批准は50（2022年７月現在）にすぎず，52号はじめ労働時間関連の条約はほとんど批准できていない。日本の労働時間規制が国際的にみてとても弱い結果であり，英米も同じ傾向にある。

＊バカンス法
フランス語の連続した休暇という vacans から名づけられており，1982年からは５週間の有給休暇を義務づけている。

日本は祝日が他国に比べ多く，週休2日制も広がってきた。しかし，非正社員の場合は労働日数が減ると，賃金がさらに下がってしまって，休日増は正社員には喜べても，非正社員は休日増が有給でない限り喜べない。また，有給休暇制度が存在しない働き方もある。自営で働く人たちである。命令される労働者ではなく，自分で休みたいときに休めるからであるが，そうではない自営業が増えている。例えば，コンビニの店長は自営業であるが，自由に店を閉められるかといえばそうではない。正社員は有給があってもとれない，非正社員は有給が足りない，自営業は休めない。どの働き方も安心して休むことができないという点では共通している。明日の心配をせずに休暇をとることは大事である。休暇をとる権利の遂行において，日本の社会政策は改善が必要である。

2　隠されてしまう労災

仕事や通勤が原因で病気になったりケガをしたりすると，社会保険の1つである**労災***保険のお世話になる。ケガや病気の治療費に加えて，仕事ができなくなったことによる逸失賃金が補償される。また，仕事によって要介護や障害状態になった場合は年金が，死亡した場合には遺族にも年金が支給される。

この労働者災害補償制度は帝政ドイツで1884年労災保険法として登場した。帝政ドイツの宰相ビスマルクは，医療保険である疾病保険，年金保険である老齢・廃疾保険といった社会保険制度を世界で初めて生み出している。背景には，労働者による社会主義運動への弾圧があり，労働者主権の社会を作ろうとする社会主義運動を弾圧し，労働者に社会保険という保護を与える「飴（弾圧）と鞭（保護）」による政治が行われた。

さて，仕事で病気やケガをして労災保険の適用になる人はどれくらいいるだろうか。2021年度で支出額は8138億円が支出され，事業主が全額保険料を非正社員分も含めて支払っている。保険料は業種の危険度によって変わる**メリット制***を採用し，2021年度で徴収された額は8503億円である。この経費だけで毎年新規約60万人以上が労災認定を受けており，労災の適用労働者数は全雇用者の約6000万人で，毎年，雇用者の約1％が労災保険の適用になっている計算である。しかし，これは氷山の一角である。

＊労災（労働災害）
労働者が仕事や通勤が原因で負傷，疾病，傷害または死亡すること。

＊メリット制
事業場（職場）の労災発生リスクに応じて，保険料率を変える制度。これにより労災予防意識を高めるとしている。

約８兆円もの積立金をもっている労災保険制度であるが，明らかに労災でも，労災扱いにしない「労災かくし」が起きている。事業主がペナルティを嫌がり，労災申請しない，させないケースである。さらに，労働者は事故を起こすと辞めさせられるのではないかと心配して申告しないケースや，そもそも事故で仕事ができなくなると辞めさせられて，労災を訴えることすらできない場合もある。

3　表に出てこない女性の労災：公表されていない性別統計

もう１つ盲点がある。女性の労災である。ヨーロッパで公表されている労災統計では性別分析ができる。しかし，日本では男女で労災発生にどのように違いがあるかわからない。産業化の初期段階から女性は工場労働者として駆り出された。女性の深夜業や児童労働を規制するために**工場法***が制定されたのは，イギリスよりも約１世紀も遅れた1911年であった。女性や児童は安価で従順な労働者として工場で働いていく。しかし，初期紡績業は高温多湿で長時間労働，休憩もとれない。こうした中，1921年に設立された**労働科学研究所***の研究員たちは女性の生理痛がもたらす仕事の影響などを研究していた。このほかにも出産に伴う身心の不安定な状態や更年期障害（男性も）など，女性という性には男性以上に健康不安がみられることはあまり関心がもたれていない。男女共同参画ということは，こうした男女ともに心身の健康に配慮した仕事にしていくことである。日本には労働基準法68条に**生理休暇***の取得権利がある。しかし，ほとんど使われておらず，痛みをこらえて仕事をする人が大半である。生理痛は月経困難症という病気の可能性が高く，放っておくと子宮内膜症のリスクが上がる。仕事で悪化したとなると立派な労災であるが，職場では我慢することが当たり前のようになっていると仕事が続けられなくなるため自ら辞めていく。こうした労災問題は表に出てこない。

このように女性は特有の健康問題も抱えており長時間労働が常態化している職場への参加は健康を害する。では，女性の労災状況はどのようになっているのか。2019年，高齢女性の転倒労災の増加を踏まえ，**資料６−１**が示された。また，2020年からは年齢別性別の労災発生率が示されるようになった。それまでは過労死・過労自殺の申請・認定が過労死等防止対策推進法が成立した2014年（後に2011年分から公表）から

＊工場法
現在の労働基準法のもとになっている労働者保護立法で，1916年まで施行は遅れた。イギリスでは1833年に児童労働の禁止や労働時間制限と監督官制度ができている。

＊労働科学研究所
倉敷紡績の経営者である大原孫三郎は，工場内に女工の労働安全衛生を改善するためこの研究所を作った。東京帝大の暉峻義等が研究者を集め，労働負担の科学的データをとり続けてきた労働安全衛生の先駆的研究所である。現在も大原記念労働科学研究所として活動している。

＊生理休暇
生理休暇が労働基準法に記載される経緯は以下の書籍を参照。堀川祐里，2022，『戦時期日本の働く女たち』晃洋書房。

資料６－１　転倒災害被災者の性別・年齢別比較

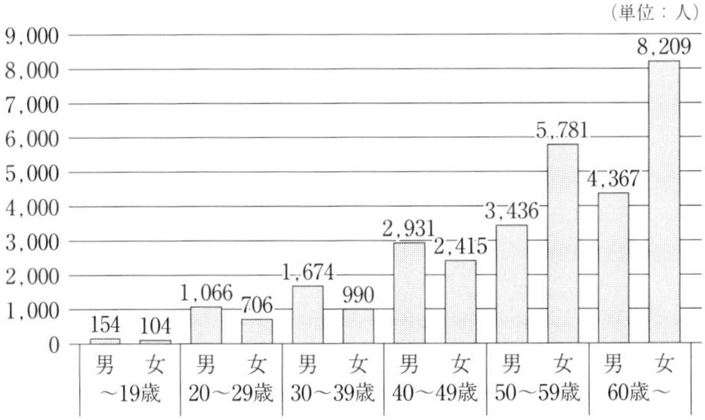

(出所)　厚生労働省「平成30年労働災害発生状況の分析等」(2019年)，４頁。

資料６－２　女性の労災が発見されない理由（悪循環）

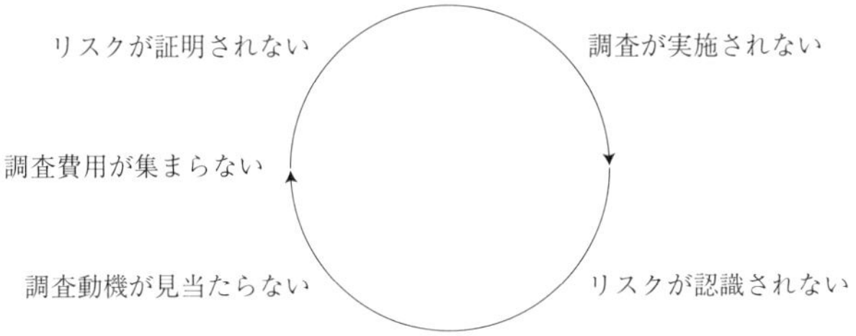

(出所)　Messing, K., 1998, *One-Eyed Science*, Temple Univ Press, p. 79 より筆者訳。

公表されている以外の性別統計はなかった[*1]。EU では欧州労働安全衛生機構（EU-OSHA）が Eurostat（EU 統計局）の公表データを使い労災の性別比を公表しており，日本は**ジェンダー**[*]視点の労災研究で遅れをとっている。

性別に加えて年齢別に分析すると新たなことがわかる。資料６－１のように，転倒災害被災者についてみると，女性50代から男性の事故数を大きく上回っている。女性の転倒労災が多くなる背景の１つとして，高齢期に女性の就労が活発になっていることがある。稼得が少なく危険でも働かないといけない女性の増加の現れかもしれない。これに対し，まだ有効な社会政策が展開されていない。女性の労災がみえにくい理由として考えられるのは，**資料６－２**のように，女性労働のリスクを発見する調査が実施されないことで，実態が明らかにされず，悪循環にはまっているからではないだろうか。

＊1　1972年までは公表されていたが，労働安全衛生法の施行後の1973年から公表されなくなった。

＊ジェンダー　「社会的性差」といわれ，社会が歴史的・文化的に作り出した性に対するイメージ。性差別がないようにすることを「ジェンダー平等」という。

4　過労死・過労自殺はなぜなくならない

過労死（KAROSHI）という不名誉な日本語がoxford辞書に2002年から掲載されている。労働時間の短縮が進む海外では死ぬまで働くことなど考えられない。この過労死問題が起きるまでは，日本では長時間労働は美徳であり，頑張り者として認められた。日本ではかつて時間外労働を拒否して帰り，解雇される事件が起きている。これに対し，1991年最高裁は，会社の解雇を有効とし，残業は断れないという社会通念の存在を明らかにした。**日立製作所武蔵工場事件***である。残業を労働者が自由に放棄したら会社の仕事は成り立たない，そのための時間外労働を受け入れるとする労使協定（36協定）を破った労働者は懲戒しても仕方ないとの考えである。時間外をするのは「当たり前」という暗黙のルールが職場を支配している。

時代を遡ること1世紀，先にみた女性の深夜労働時間規制は，1911年に工場法ができてもなかなか実施されなかった。このとき，東京帝大衛生学助手の石原修は国家医学会で「女工と結核」という講演を行う。石原は出稼ぎ労働で帰ってくる女性たちが重い病気を患っているのをみて「工場は見様に依っては白昼人を殺して居る」（鷲谷，2010，80頁）と述べた。100年経って，日本社会の過労死や過労自殺が後を絶たない。石原の言葉を借りれば「会社は白昼人を殺して居る」と言い換えられる。社会は進歩したのだろうか。しかし1世紀前，石原のこの発言から工場法は不完全ながら動き出す。

＊日立製作所武蔵工場事件
1967年9月に同工場のトランジスター生産ラインで働いていた田中秀幸さんが残業拒否を理由に解雇された事件。1991年に最高裁で会社側の措置を妥当とする判決が出るが，争議団の活動もあり2000年に会社側が責任を認め和解が成立。

5　過労死・過労自殺をなくすための前進と課題

日本の過労死・過労自殺問題も改善されていないわけではない。1980年代後半の経済大国と呼ばれたが，労働者の長時間労働も広がっていた。労働組合も労働時間を短縮するよりも賃金を上げることに重きを置き，家庭のことを顧みずに働くことが普通になっていた。1988年に過労死110番が開設され，その後マスコミでも取り上げられ，いたるところに過労が原因で亡くなっている人がいることが明らかになった。こうした中で，2011年に「過労死防止基本法」制定を求めた運動が関西大学名誉教授の森岡孝二を中心として起きる。その運動は2014年には国を動かし，今日の過労死等防止対策推進法の制定につながり，2015年には過労死防止学会が設立された。現在，**ストレスチェック***が義務化され，労働者に過重負

＊ストレスチェック
精神障害の労災増加を踏まえて導入された制度で，2015年から一定規模以上（当面常時50人以上雇用）の事業所で実施が義務化されている。

担させない取組みを雇用主に義務づけ，国が過労死防止に積極的に関与することを規定した。過労死や過労自殺後に残された遺族は，悲しみに暮れるのも束の間，死亡原因を立証する取組みに明け暮れる。過労死ラインと呼ばれる認定基準はあるものの，死亡原因となった会社が全面的に協力することは稀である。過労死認定申請件数は若干減少気味で，認定率は高くなっているものの３割程度である。死人に口なしであり，申請されていない隠された過労死案件もあるだろう。

過労死は心・脳疾患による中高年者に多かったが，若年層や女性にも広がっている。また，雇用形態も問わなくなっている。近年，増加傾向が顕著なのは精神障害による労災申請が増加しているからである。特に若年層で増えており，過労自殺にもつながってしまう。防止法ができてから，過労死は微減傾向にあるが，認定された過労死者は2022年度でまだ54名もいる。これに対し，過労自殺は67名と多い。労災申請をしていないが，**うつ病***治療を行う人も多く，いまや５大疾病の１つでもあり，そのため労災申請せずに，うつ病等の精神障害で仕事を休む人は多い。過労死だけでなく過労自殺への防止につながる社会政策がまだ十分ではない。

＊うつ病
がん，脳卒中，急性心筋梗塞，糖尿病の４大疾病に2013年度から国の医療計画に精神疾患が加わり５大疾病と呼ばれる。精神疾患は５大疾病内では患者数が最も多く，死亡者数は少ないが，自殺者の９割近くが何らかの精神疾患があるともいわれる。また，65歳未満の医療費は新生物，循環器系の疾患に次いでおり，年１兆円もの治療費が投じられている（厚生労働省「令和３（2021）年度国民医療費の状況」）。

6　女性に多い親の介護・看護による離転職

親の看病や介護が必要になった場合どうするか。育児・介護休業法では93日の有給の介護休暇が取得できる。介護休暇を取得する労働者がいる会社はわずか数％にすぎない。また，介護離職といって仕事を辞めて介護をする人が年間10万人程度いるが，うち８割は女性である。年齢層40代以上の中高年で多くなっている。

女性は若年期には結婚や出産で就業中断，そして中高年では親の看護・介護で仕事を辞める可能性が高くなっている。政府は2015年に介護離職ゼロ政策を打ち出し，特別養護老人ホームの増加と介護休業の促進で対応するとした。街並をみると立派な老人施設が新たに建設される光景に出くわすが，そこで働く介護職の労働条件は立派なものとはいえず，人が集まらず，海外に人材を求めている。こうした問題に加えて，中高年女性が離転職を余儀なくされている問題がある。家族の看護・介護に寄り添うと，なぜか男性よりも女性が引き受ける傾向にある。家族で介護を支える社会通念に加えて，介護保険制度があっても家族以外が支える仕組みが手薄なため女性が家族介護を引き受けやすい。もちろん，妻が認知症を患い，夫が支えることもあり，必ずしも女性だけの問題ではない。家族構成とも関係し，親と同居する未婚の子どもが介護する「**シングル介護***」が増えている。介護度が上がり，施設に入れない，入る経費もないとなれば，仕事を辞めざるを得なくなり介護に専念する。ここから，社会との関係が切れたりする**社会的孤立***に向かいやすい。

このように介護を引き受けた結果，貯金等を切り崩して生活することが問題になっている。親の看護・介護や自身のひきこもりで働けなくなった中高年層を**ミッシング・ワーカー（消えた労働者*）**と呼んでいる。100万人以上いると推計され，日本は国際的にみて低い完全失業者数であるが，この人たちは入っていない。生活を支える仕事がないのに，失業者として把握されない。先にみた中高年ロスジェネ層問題とも関係している。学卒就職がうまくできずに，正社員として働けなくなり，ひきこもってしまう場合もあれば，正社員になっても家族以外に介護を支える仕組みがなくて仕事を諦めている人が増えている。ここにも仕事や介護を支える社会政策が欠如している。

＊シングル介護
2009年母の介護に疲れた元タレント清水由貴子さんが自殺をした。このことで，単身介護の問題が関心を呼び，この言葉が生まれた。

＊社会的孤立
家庭・コミュニティとほとんど接触がなく，社会から何も支援を受けていない状態。

＊ミッシング・ワーカー（消えた労働者）
2018年6月2日放送 NHK スペシャル「ミッシングワーカー　働くことをあきらめて」では2017年の40代50代で103万人と推計し，同世代の求職中の失業者72万人を超えているとしている。

7 定年後のリスクへの備え：社会的孤立への予防や健康寿命の延伸

現在，年金の受給年齢は65歳からである。それまでは，2012年改正（2013年施行）の**高年齢者雇用安定法***により会社は労働者を雇い続ける義務があり，65歳を契機に賃金から年金へと移行する。無事に退職し，親の介護も心配ないとする。その後は安泰かというと，少なくとも2つの問題への対応がある。1つは孤独・孤立の問題，もう1つは健康問題である。

孤独・孤立は会社との関係がなくなる男性が新たな社会関係を作ることができずに，心身の健康が悪化していくことである。未婚であれば単身，結婚しても離死別で独居老人になる。孤独死は高齢者世帯数の増加とともに増加している。都市部で集中的に発生しているとされるが，いまでは地方でも増えている。仕事で活躍していても，仕事を辞めた途端に社会との関係がなくなり，仕事を中心にしすぎて家族との関係も疎遠であると孤独・孤立に襲われる。個人の問題のようでもあるが，長い労働時間の仕事によって，生活を犠牲にした

＊高年齢者雇用安定法
高齢者が働き続けることができる環境を整備するために作られた法律。2020年改正法（2021年施行）には，企業に対し，70歳までの就業機会確保の努力義務が加わった。➡第5章「高齢期の社会政策」❷ 1

中で起きている側面もある。いわゆる賃金労働だけでなく，いかに社会と多様に関係していけるようにするのかが問われている。労働時間の短縮や休日の確保もこうした意味で大切な取組みである。このように孤独・孤立は社会関係の中で生まれる。2021年，日本ではイギリスに次いで世界で２番目に孤独・孤立担当大臣を置いた。孤独・孤立が重要な社会問題として認識されている。

もう１つ，健康の維持，**健康寿命***の増進である。過労死や過労自殺が発生する長時間労働はこの観点からすぐに見直す必要がある。特に心の健康（メンタルヘルス）は重要である。身体の健康を維持する運動は「歩く」ことに効用があることが立証されている。さらに「歩く」ことで人が出会い，その会話や情報交換の蓄積がそこに文化や潤いや安心を生み出す効果をわれわれはもっと認識すべきである。「歩く」ことで医療費は下がり，人や自然との出会いや笑顔が生まれる。2017年に公表された国土交通省「歩いて暮らせるまちづくり」のデータでは１日1500歩増やすと医療費が１人当たり３万5000円削減できるとしている。1950年代，生活者目線で路地裏の様々な出会いの文化を守ろうとした１人の女性**ジェイン・ジェイコブス***の行動や考えによる示唆は大きい。自分たちの健康や文化を起点にして作り出す社会政策もある。

4　仕事仲間とコミュニティ

1　労働組合に参加するメリットとは

皆さんは，**労働組合***とは何をする組織か知っているだろうか。入っている人は少なくなったとはいえ，推計1000万人の加入者がいる。筆者も大学に雇用されており，賃金や労働時間について労働組合に入って大学の役員相手に交渉している。その結果，国立大学法人でも交渉次第で労働条件は異なっている。日本ではアメリカで労働組合運動を学んだ**高野房太郎***が，印刷工や鉄工などの職工たちに働きかけ，1897年に労働組合期成会を立ち上げた。

日本の場合は主として会社ごとに組織は別であるが，世界では産業や職種を単位として組織化されている。労働法で規定されていない仕事のルールを会社と交渉して労働者の生活が安定するよう労働条件を決める労働者自らが作る任意の組織である。日本では，雇い主である会社と対等に交渉できるよう，1945年に戦後最も早く作られた労働者保護法である労

＊健康寿命
➡第９章「保健医療・介護」❹［1］

＊ジェイン・ジェイコブス
(Jacebs, Jane, 1916-2006)
アメリカの都市活動家。ドキュメンタリー映画『ジェイン・ジェイコブス　ニューヨーク都市計画革命』（2016年）を見ると，ニューヨークがなぜ活気がある街であるかが理解できる。

＊労働組合
労働者が互いに助け合う組織として自然発生的に作られたが，当初は自由経済を侵害する組織として規制の対象となった。その後，規制をなくし，労働者が対等な立場で労働条件を決めることができる組織として合法化されてきた。

＊高野房太郎
長崎県出身。近代的労働運動の生みの親であり，生協運動の先駆者。1886年満18歳で渡米し，アメリカの労働運動を学び，日本で展開した（二村一夫，2008，『労働は神聖なり，結合は勢力なり』岩波書店）。

働組合法により様々な権利が与えられている。労働組合は２人いれば作れる。同じ会社のメンバーでなくてもよい。どんな労働組合にも団体交渉権と団体行動権が与えられる。それに団結権を加えて労働三権と呼ばれている。

団体交渉権は，労働組合が求めれば，会社の責任ある人と労働条件交渉ができる権利である。雇い主には誠実交渉応諾義務があり，回答拒否などはできない。回答拒否や適当な回答を行えば不当労働行為として罰せられる。また，団体行動権については，1970年代前半までは頻繁に起きていた団体行動＝仕事のボイコット（ストライキ）の権利であるが，権利を行使する組合は激減した。ストライキに対する世論の風当たりは長期化するほど強い。例えば，ヨーロッパ，特にフランスで電車がストライキで止まっても運転手たちを非難する者はいない。同じ労働者であり，ストライキ権を行使したことを理解する。ところが日本では鉄道・飛行機などでストライキをすれば，利用者から厳しい批判がなされる。

日本のストライキ史上，労働者が利用者の応援を受けながら要求を貫き，球団と２リーグ制の存続を実現させた2004年９月に起きた**プロ野球ストライキ***がある。プロ野球という国民的スポーツであったことや経営側の失言も影響した。しかし，何よりも野球というスポーツ文化を選手と観客が一緒にまとまっていたことが大きかった。

＊プロ野球ストライキ
プロ野球選手で作る労働組合「日本プロ野球選手会」が実施した2004年９月18・19日の２日間全試合中止のストライキ。大阪近鉄バッファローズの親会社の経営難を受け，球団合併と１リーグ制移行が，選手やファンの意向を聞かずに進められ，選手会はストライキを選択した。ストライキを踏まえて，経営者たちは現在の２リーグ制を維持することを決めた。

一方，交通労働者は競争が激しくコストダウンのため過密な業務をこなす。特に航空業界の勤務は激しい。飛行機の到着遅れは休憩時間の削減になるし，キャビンアテンダント（CA）の長時間の立作業は腰痛につながる。他国では労働組合との交渉で休憩時間が確保されているが，日本の労働組合の交渉力は弱く，少ない飛行機・人員で効率よくコストダウンを進める方向に進む。背景には安価で快適に飛行機に乗ることを望むわれわれの存在も大きい。CA の場合，腰痛だけでなく長時間労働による突然死の事例（2019年１月ロサンゼルスからのフライト中）も報告されている。また，ネット通販の送料無料をわれわれが支持することで，ドライバーたちの賃下げにつながり，ひいてはドライバーの成り手が減少し，物流が動かなくなるおそれがある（首藤，2018）。

2　労働組合運動は自分だけでなく社会を変える

労働組合に入る人は少なくなっている。組合費がかかり，無償で組合活動に時間を割いても，会社が労働条件決定で主導権を握っている状況では，メリットを感じることがなくなっているからである。しかしそれでも従業員1000人以上の民間大企業では組織率が４割程度と高い。これは民間大企業では，労働組合と**ユニオンショップ***が労使協定を結んで，入社したら必ず組合員にする企業が多いことの結果である。一方，中小企業では組合がないところが多い。組合を嫌う経営者もいるのも事実である。これに加えて，雇用形態の異なる非正社員が入れる組合が少なかった。現在ではスーパーのパート労働者を中心に組織化は進んでいる。

労働組合は組合員数や組織率で判断すると衰退化し続けている。世界的にみてもそうした傾向にある。労働組合は人々からはだんだんと遠い存在になっているようにみえる。日本では，企業ごとに労働組合を作る傾向があり，正社員の数が減り，**管理職***に昇進していく中で，労働組合に組織化される労働者も減っていることも原因である。

一方で，音楽家で作る日本音楽家ユニオン，建設業で働く人で作る**全建総連***，船員などで作る全日本海員組合といった同じ職業・産業の労働者で作る企業外の労働組合の活動は活発であり，適正な賃金維持に機能している。

労働組合は会社勤めであれば，交渉の窓口は人事部になる。日本の人事部は，日本の労働組合運動の成長にあわせて発展してきた。人事部は社員の個人データを管理して適材適所に配置しようとする日本的雇用システムの中心的役割を担ってきたが，戦後においては，労働者が会社に敵対的にならないようにするための組織としても発達してきた。

歴史的にみると，日本でも労働者の共済組織ができると，それと同様の機能をもつ会社による共済組織を立ち上げ，労働者が作った助け合いの組織と企業が作った組織との綱引きが続いてきた。高度経済成長期，会社に対抗的な労働組合から分裂し，新たな**第二組合***が生まれ，**労使協調***とする団体行動権の行使に慎重で労使協調を目的とする第二組合が主流化してきた。

この結果がいまの日本の労働組合の衰退ならば，変えていくことも視野に入れる必要がある。その変化の方向は，自分たちが困っていることを解決しつつ，社会にその解決策が広がっていくことである。その意味で現在，働き方として増えている非正社員の生活保障は重要なテーマである。

＊ユニオンショップ
雇用されたら労働組合に加入することを義務づけた会社と労働組合の約束。

＊管理職
部下をもち，指揮命令を行う者である。管理職も上司から指揮命令される者であり労働組合を作って交渉ができる。ただし，経営と同等の権限をもつ「管理監督者」という定義が労働基準法にある。「名ばかり管理職」問題として有名な2008年日本マクドナルド事件では，企業は店長を管理監督者扱いにしていたが，実態はただの管理職であり，２年分の未払い賃金750万円の支払いが東京地裁から命じられた。

＊全建総連
全国建設労働組合総連合。組合員57万8000人（厚生労働省「令和５年労働組合基礎調査」）に達する産業別労働組合で最大規模の労働組合である。独立自営でも保険料が割安になる建設国保に加入できることが強みになっている。

＊第二組合
労働組合が分裂して誕生する場合にできる新組合を第二組合と呼んでいる。高度経済成長期にストライキ戦術を多用する労使対立の組合の中から，企業の意向を踏まえた労使協調路線を目指す組合が誕生し，第二組合に多くが加入して第一組合は少数派組合になってきた。

＊労使協調
労使である労働組合と使用者が互いに協力することで会社の利益を増やし，それぞれの取り分を大きくし，

経済社会の安定をしようとする考え方。日本は1960年代半ばから，こうした考えが主流化している。

3　多様なコミュニティ・ユニオンの役割

パート・アルバイトなど非正社員として働く人に加えて，フリーランス・請負などの雇用ではない働き方の選択が広がっている。これらの仕事場では，労働組合があっても，昇進・昇格をしていく正社員中心で，多様な働き方の問題を解決に向けて企業・事業主と交渉する労働組合が存在しない場合が多い。

高度経済成長が終わり，片働きで生計維持が難しくなる中で，主婦パートが増えていく。このパート労働の労働問題を受け止めるため，1984年に東京において誰でも入れる労働組合である江戸川ユニオンが誕生する。これがコミュニティ・ユニオンの第１号といわれる。コミュニティ・ユニオンとは誰でも加入でき，企業の枠を超えて，同じ地域で働き，いつ雇い止めされるか不安で，労働時間や賃金の改善ができないような立場の弱い人たちが相談し，解決を目指す労働組合である。「コミュニティ・ユニオン全国ネットワーク」によれば，全国36都道府県に76のコミュニティ・ユニオンがあり，約２万人が加入している（コミュニティ・ユニオン全国ネットワーク HP　https://cunn.online/）。

コミュニティ・ユニオンが出てくる前は，企業別組合とは異なるものとして地域別に組織され企業ごとに分会をもって活動している合同労組があった。コミュニティ・ユニオンは，この合同労組とは一線を画し，パートなどの非正社員の待遇改善に力を入れている。現在では，先に紹介したギグワーカーや登録ドライバーなど**フリーランス***や業務請負で働く人々の労働問題を解決している。

＊フリーランス
企業や団体などに属せず，仕事に応じて自由に契約する働き方で，労働者ではなく事業者になり，「労働基準法」などの労働者保護の対象外になる。

フリーランスや業務請負の仕事は多岐にわたり，かつ労働条件を決める事業主側の存在が不明確であり，契約は対等といいながらも，労働者は生活を成り立たせるためには，低待遇でも仕事を受けざるを得ない。単身で生活を成り立たせるには仕事を２つ３つ掛け持ちすることは不思議でなく，それぞれの労働時間は短くても合算すれば過労死に至る。2022年６月に飲食店舗で朝に１人勤務（通称ワンオペ）していた高齢女性が死亡して３時間以上放置されていた痛ましい事故が起きた。この事故でようやくワンオペは廃止されたが，事故の背景には店舗での長時間労働，さらにダブルワークがあると指摘され，これらの問題は残ったままである。こうした危機的状況が起きるのは，労働基準を超えている仕事に追い込まれても，労働者保護が機能していないことにある。こうした痛ましい事故をなくすための仕組みが求められている。

当事者はわからなくても，過労を余儀なくする働き方があれば，周りが「おかしい」と声があげられれば，社会政策は動き出していく。人間らしく働ける基準が壊れた労働の世界が広がっており，時代は1世紀前の「**女工哀史***」の時代に戻っているようにもみえる。これを変えていくにはわれわれが社会の変化に「気づく」ことが，社会を進化させる。

＊女工哀史
細井和喜蔵が紡績工場で働く若い女性たちが非人間的な扱いで労働させられる様を描いた記録で1925年に刊行される。工場法施行（1916年）でも過酷な労働，寄宿舎での厳しい非人間的管理が続いていた。現在も岩波文庫で読むことができる。また，山本茂実の『あゝ野麦峠』も，女工の苦役を描いた小説でテレビドラマや映画にもなった。

5　「会社＝雇用」を前提とした社会政策を乗り越える

1　「企業別シティズンシップ」以外の生き方

仕事とは何か，最後にもう一度考えてみよう。会社に雇われて働くことだと考える人が多数であろう。65歳の年金受給年齢までは，仕事で稼いだ賃金が生活を支えることになるため，労働は自由に選んでいるようで，半ば強制である。この半ば強制な仕事の仕組みから自由な生き方ができるだろうか。かつて，1985年に「フリー（Free：英語）」と「アルバイター（Arbeiter：独語）」をあわせた造語「**フリーター***」が広がった。その結果，小売・飲食店・コンビニなどのチェーンが各地に現れ，フリーターは活用された。新卒で長期雇用の仕事を選ぶのではなく，この言葉が生まれた当初は自由な仕事を選ぶ人たちは肯定的に評価されていた。しかし，この国の社会保障は雇用と連動し，医療保険代は正社員ならば会社と折半，年金保険代も折半，さらに高齢期の収入源である年金は正社員時代の賃金に比例する。よっていまでは，フリーターを高く評価する人はほとんどいない。

＊フリーター
アルバイトやパート等の非正規雇用で生計を立てている人。主に若年非正規雇用者を指す。

雇用保障はこうした医療・年金だけでなく住宅・教育といった家族形成の保障もセットし，正社員にしか与えられない。正社員は，「個人の都合よりも企業の都合を優先する企業市民＝社会人」（今井，2021，66頁）であり，「大企業従業員を第一級市民」（今井，2021，75頁）とする不平等と排除の「**企業別シティズンシップ***」が今日まで再生産され続けており，その中で，フリーターは排除されていった。

＊企業別シティズンシップ
シティズンシップとは，社会に参加する権利や義務を指し，市民権と訳される。企業別シティズンシップとは，日本に広がる大企業正社員を規範とする市民権のことを指す。

しかし，正社員以外の仕事は不要でやりがいのない仕事だろうか。そうではない。農業や建設関係などの自営業，介護などの福祉サービス，メディアを支える芸能人や文化人，ウーバーやアマゾンの商品配達サービス，コンビニ店員などは生活を豊かにし，必要なものを提供している。それぞれの

▶▶ Column 7　労働者協同組合・社会的連帯経済が描く明るい未来 ◀◀

雇用労働でもない公務でもないフリーランスやギグワーカーでもない働き方，「協同労働」を知っているだろうか。「労働者協同組合」（ワーカーズコープ）に法人格を与える法律「労働者協同組合法」が2020年成立（2022年施行）した。第二次大戦後の仕事がなかった時代，国は道路整備や土木事業など失業対策事業を行っていた。この事業で働く人たちが「全日本自由労働組合」を作り，事業に関する労働条件を交渉していた。しかし1971年には事業は打ち切られ，この労働組合は事業団を作り行政などから仕事を得ていくことを行った。その中で，1987年に全国組織「センター事業団」を立上げたうえで，労働者自らが出資者＝所有者となる制度，労働者協同組合を作った。働く者が所有者であり，自らの生活維持はもちろん，社会的に有用な仕事を行っていく。3人以上の発起人で組織化でき，子育て支援や福祉事業や地域活性化などを手がける事業体が多い。こうした「労働者協同組合」が担う社会経済として注目されているのが「社会的連帯経済」である。フランスやスペインやイタリアなどで広まり，現在は国連やILOでも議論されている。この事例としてスペインの「時間銀行」の取組みはユニークである。相手のために何かサービスした時間が貯金され，それを誰かに別のサービスをしてもらう。パソコン修理を1時間してあげたら，別の人から1時間マッサージをしてもらえる。1日24時間は人類に対等に与えられている。こうした時間を交換することで近しい存在になり孤立・孤独予防にもつながる。実はこの仕組みは1973年「ボランティア労力銀行」として主婦・水島照子が発明した。詳しくは工藤（2016）などに詳しい。是非，学んでほしい。

仕事を観察しても，仕事の喜びや「やりがい」が見出せる。問題は，労働の対価が低いこと，社会保障が機能せず，社会から排除されてしまうことである。

2　人生は支えるときもあれば支えられるときもある

人生を考えると，まずはどんな人でも家族や社会サービスに支えられる。家族だけでなく，公的な支援として教育サービス，児童手当，授業料免除，奨学金や，友人・趣味を通じた信頼関係，多様な資源で支えられる。かつて湯浅（2008）はそれらを溜め池の「溜め」の寡多で，人生の豊かさが決まると表現した。こうした「溜め」は**社会関係資本***ともいえる。多ければ多いほど，人生の選択や能力の向上につながる。親の収入によって，習い事に行ける子どもとそうでない子どもに分かれており，能力の格差は幼少期から蓄積されてしまう。教育社会学では生育環境や家庭環境の違いによって，努

＊社会関係資本
人と人との関係を資本でとらえる考え方で，アメリカの政治学者ロバート＝パットナムの定義であり「信頼」，「規範」，「ネットワーク」などを指す。

力しても追いつけない「**初期的優位性**[*]」の存在が指摘される。

さて，今日，民間レベルで「子どもの貧困」対策が進んでいる。政府も少子化対策でようやく子育て支援を進めようとしている。しかし，支える大人たちも，実は支えてもらう必要がある就労・生活環境になっている。「企業別シティズンシップ」の社会では，大企業正社員は確かに安定しているかもしれないが，社会を構成している多数の人々の差別や排除によって成り立つとしたら，この社会はゆがんでいる。「大人の貧困」も実は深刻である。しかし，それが子どものように問題にならないのは，大人は自助が当たり前との考えが根付いているからである。いまわれわれは選択の時期にきている。こうした自助を当たり前として「企業別シティズンシップ」を維持するか，「大人の貧困」は誰もが陥る可能性があるものとして貧困を減らす協力をする社会か，どちらかを選択しないといけない。

正社員という働き方は人生の中で限られた期間になっている。会社という働く形態から，自ら「営み」を起こす人々が多様な人に支えられながら仕事を創り出している。仕事選びは時代や地域や人間関係に左右される偶然的（**エピソディク**[*]）なものである。その偶然をきっかけとして，必然＝天職に変え，生活を成り立たせていけるよう，社会政策を編み出す必要がある。これまで就労期とは，自立し「一人前」であることが所与と考えられていた。しかし，現代は生涯を通じて，支える時期と支えられる時期の区分が不明確な時代になった。個人や家族だけでなく，地域や社会といった広い範囲で備える仕組み＝「溜め」を増やす営みが求められている。

＊初期的優位性
同じ学習時間であれば親が高学歴層の小学児童のほうが学力は高くなった。また，非大卒の子どもは50分間余計に勉強することで，ようやく大卒の子どもに追いつくことが推定されている（耳塚寛明，2005，「揺れる学校の機能と職業社会への移行」社会政策学会編『若者――長期化する移行期と社会政策』法律文化社，26頁）。

＊エピソディク（episodic）
一時的，気まぐれなどの意味をもつが，エピソディック・ボランティアとして大妻女子大・高木寛之や東洋大・須田木綿子が紹介している。短期のボランティアが個人の中では連続してライフコースになっていくという見方である。一方，仕事の世界も地方に移住する自営業者たちを観察すると，こうした短期の偶然な出会いで成り立っていることがみえてくる。

本章のテーマをさらに理解するために

- **ジャコービー，S. M.／荒又重雄・木下順・平尾武久・森杲訳，1989，『雇用官僚制』北海道大学図書刊行会。**
  「比較研究と歴史分析は必携の道具」の日本語版序文から始まる本書は，アメリカでも日本のような長期の雇用慣行が形成されていることを史実で明らかにした。日本語訳も読みやすく労使関係を研究する人は必読の一書。
- **木本喜美子，2003，『女性労働とマネジメント』勁草書房。**
  経営者が旗をふっても女性管理職はなぜ育たないのか？ 現場インタビュー分析で明らかにした一書。組織内言説の変容を見事に論述するだけでなく，問題意識の鋭さとそれを表現し証明する書きぶりは，論文の書き方のお手本といってよい。

- **今井順，2021，『雇用関係と社会的不平等：産業的シティズンシップ形成・展開としての構造変動』有斐閣。**

  日本社会の企業依存による不平等問題を「企業別シティズンシップ」という用語で一貫して説明。企業社会で活躍する人材以外は排除されていく不平等構造を説得的に提示した良質な研究書である。社会政策学会奨励賞の受賞作でもある。

引用参考文献

石井まこと，2020，「地方労働市場と地方高卒・大卒出身者のライフコース：地方女性自営業の創業事例をふまえて」『日本労働研究雑誌』No. 71。
工藤律子，2016，『雇用なしで生きる：スペイン発「もうひとつの生き方」への挑戦』岩波書店。
首藤若菜，2018，『物流危機は終わらない：暮らしを支える労働のゆくえ』岩波書店。
湯浅誠，2008，『反貧困：「すべり台社会」からの脱出』岩波書店。
鷲谷徹，2010，「長時間労働と労働者生活」石井まこと・兵頭敦史・鬼丸朋子編『現代労働問題分析：労働社会の未来を拓くために』法律文化社。

（石井まこと）

第7章

結婚と子育て

――家族を守る政策とその限界――

現在の日本社会には，結婚している人や子どもを産み育てる人を守るための様々な政策がある。本章では，これらの政策の現状と課題を概観した後に，変化する家族の現実と子育てを支える政策との間にミスマッチが生じているという問題，そして，家族を政策による支援の対象として前提にすることの限界に目を向ける。そこから浮かび上がるのは，ケアする人とケアされる人の関係や互いにケアする人の関係を家族の境界を越えて守る政策の必要性である。

1 結婚する：カップル関係と社会政策

1 結婚している男女の関係は政策によって保護される

現在の日本社会では「結婚しない人が増えている」,「結婚しなくてもよい社会になりつつある」などといわれることがある。とはいえ，あなたの身の周りには，きっと多くの結婚している人がいるだろう。特に中年期や高齢期に当たる知人の大半は，おそらく結婚していたり過去に結婚を経験したりしているはずである。

しかし，考えてみれば，結婚というのは少し不思議なところのある制度ではないだろうか。結婚する理由はカップルによって様々であるが，少なくともただ愛情や信頼によって結ばれたパートナーと人生をともに歩もうとするだけであれば，必ずしも結婚する必要はない。婚姻届を提出しなくても，パートナーと共同生活をしながら愛情や信頼関係を育むことはできるからである。それでも多くの人はパートナーと人生をともに歩もうとする場合には，婚姻届を提出して，法律上の夫婦になる。ここで重要なのは，結婚して夫婦となった2人の関係には新しい権利や利益が生じるということである。つまり，結婚している男女には，結婚していないカップルには与えられない保護が与えられることになる。

例えば，配偶者の所得が一定の金額以下であれば，本人の所得の一部が課税の対象でなくなり，所得税や住民税の負担が軽くなる**配偶者控除や配偶者特別控除***という仕組みがあ

＊配偶者控除・配偶者特別控除
配偶者の年間合計所得が48万円以下であれば配偶者控除，133万円以下であれば配偶者特別控除を受けることができる。ただし，本人の年間合計所得が1000万円を超えないという条件がある。

る。このような税負担の軽減はカップルが結婚していなければ受けることができない。また，２人の間に子どもが生まれた場合には，結婚していなければ母親と父親のどちらかしか子どもの親権をもつことができないが，結婚していれば共同で親権をもつことになる[*1]。

もし配偶者が亡くなった場合には，残された妻や夫は相続人として財産を相続する権利を原則として認められる。しかし，もし亡くなったパートナーと結婚していなければ，そのパートナーが遺言を残していない限り，財産を受け継ぐことはできない。さらには，仕事や留学のために日本で生活している外国人に日本人の恋人がいたとしても，失業したり留学期間が終わったりすれば，その外国人は日本に住み続けることができなくなる。けれども，もし恋人と結婚して日本人の配偶者になっていれば，引き続き日本で生活することができる。

このように，夫婦には様々な点で制度上の特別な位置づけが与えられている。２人がカップル関係にあることは結婚の前後で変わらなくても，婚姻届が受理されることは，２人の関係が特別で正当な関係として認められることを意味する。そのため，この特別な関係としての承認という結婚の効果はフォーマルな制度を越えたところにも及んでいる。例えば，ある男性が交通事故にあって，意識不明のまま救急搬送されたという状況を考えてみよう。その男性に妻がいれば，妻は病院で医師から説明を受けたり，手術が必要な場合には，夫の代わりに手術に同意したりすることになるだろう。しかし，この男性がパートナーと結婚していなければ，２人がどんなに愛し合っていても，夫婦である場合のようには，恋人は医師から説明を受けることはできないかもしれないし，男性が手術を受けるためには，恋人ではなく彼の親やきょうだいの同意が求められるかもしれない。ほかにも，2022年の調査によると，日本の事業所の55.1％は配偶者のいる従業員に家族手当を支給しているので[*2]，結婚していると収入が増えることがあるのに対して，交際中の恋人がいる未婚者に「恋人手当」が支給されることはまずないだろう。

このような意味で，結婚している男女の関係は政策による保護の対象となっている。そして，法律上の夫婦がこのように保護されるということは，婚姻届を出すことが，パートナーや２人のカップルとしての生活を守るための手段として

＊1　ただし，父母の離婚後については，これまで日本では母親と父親のどちらかが親権をもつ単独親権が採用されていたが，2024年５月に，離婚後の子どもの親権を父母の双方に認める「共同親権」を導入する改正民法が成立している。

＊2　配偶者のいる従業員に支給される家族手当の平均額は月額１万3499円である。ただし，84.1％の事業所は配偶者の収入による制限を設けている（人事院 HP「民間給与の実態（令和４年度職種別民間給与実態調査の結果）」）。

の意味をもっているということでもある。

2　政策による保護が充分ではないカップル関係

結婚している男女の関係が政策による保護の対象となっている一方で，現在の日本社会には，結婚している男女と同様の関係を形成しているにもかかわらず，このような保護を受けられないカップル関係が存在する。ここでは事実婚カップルと同性カップルを例にとりながら，このことの問題について考えてみよう。

事実婚とは婚姻届を提出して法律上の夫婦になっているわけではないけれども，実態としては法律上の夫婦と同様の生活をしているカップル関係を指す言葉である。そして，この事実婚カップルはお互いのことを夫や妻であるとみなし，共同生活を送り生計をともにしていても，法律上の夫婦と同じようには保護を受けられない。例えば，事実婚の配偶者にも**遺族年金***の受給権は認められているし，**第3号被保険者***として国民年金に加入することもできる。しかし，所得税や住民税の配偶者控除を受けることはできないし，2人の間に生まれた子どもの親権を共同でもつこともできない。また，配偶者の相続人には該当せず，配偶者が日本人であることを理由に日本で生活するための在留資格を外国人が得ることもできない。

事実婚カップルが婚姻届を提出しないことには，日本の法制度における夫婦同姓の強制が密接にかかわっている。日本の民法では，夫婦は結婚する際に夫と妻のどちらかの姓を名乗らなくてはならないと規定されている。したがって，カップルのどちらも結婚前の姓を名乗り続けることを望む場合には，婚姻届を提出して，法律上の夫婦となることができない。そして，法律上は夫と妻のどちらの姓を名乗ってもよいことになっているが，実際には95%の夫婦が結婚後は夫の姓を名乗っており，改姓するのはほとんどが女性の側である（内閣府男女共同参画局 HP「夫婦の姓（名字・氏）に関するデータ」）。仕事上の不都合や生活上の不便があったり，姓がアイデンティティの一部になっていたりなどの理由で姓を変えることを望まない女性が結婚しようとすれば，男性が改姓をしない限りは，女性が不本意ながらも改姓するか，事実婚カップルとして生活することになる。このような現状を解消することのできる仕組みが**選択的夫婦別姓制度***であるが，法務省

＊遺族年金
国民年金の被保険者が亡くなった場合，亡くなった人によって生計を維持されていた配偶者に18歳以下の子どもがいれば，遺族基礎年金を受け取ることができる。厚生年金の被保険者が亡くなった場合には，亡くなった人によって生計を維持されていた配偶者などの家族は遺族厚生年金を受け取ることができる。遺族基礎年金の受給額は年額77万円に加えて，子ども2人までは22万8700円ずつ，3人目以降は7万6200円ずつが加算される（2024年1月現在）。遺族厚生年金は亡くなった配偶者の老齢厚生年金の報酬比例部分の4分の3が受給額となる。

＊第3号被保険者
会社員や公務員などの厚生年金の加入者（第2号被保険者）に扶養されている配偶者は第3号被保険者に該当し，自己負担なしで国民年金に加入することができる。

＊選択的夫婦別姓制度
夫婦が望む場合には結婚後に夫婦がそれぞれ結婚前の姓を名乗ることを可能にする制度。なお，2021年3月1日の衆議院予算委員会で，当時の丸川珠代内閣府特命担当大臣（男女共同参画担当）は「現在，婚姻後に夫婦のいずれかの氏を選択しなければならない夫婦同氏制を採用している国は，我が国以外には承知をしておりません」と答弁している。

に設置されている法制審議会が1996年にその導入を答申したものの，長年にわたって国会での議論が進まず法制化は実現しないままになっている。夫婦別姓を望む事実婚カップルが政策による充分な保護を得られないという状況が四半世紀以上も放置されているのである。

そして，法律上の夫婦と同じようには保護を受けられないという点では事実婚カップルと共通するところがあるのが同性カップルである[*3]。日本の民法では結婚は異性間にのみ成立すると明示的に規定されているわけではないものの，同性カップルによる婚姻届の提出は受理されていない。したがって，結婚して自分たちのカップル関係に特別で正当な関係としての承認を受けることは異性愛者の特権となっている。例えばゲイやレズビアンはパートナーとのカップルとしての生活を守るために結婚するという手段を選ぶことができないのである。

国外の動向に目を向けると，2001年にオランダで同性婚が法制化されたことを皮切りに，2024年１月時点ではヨーロッパや南北アメリカを中心に36の国や地域で同性婚が可能になっている。2019年にはアジアで初めて台湾で同性婚が法制化された。日本では2015年に東京都渋谷区と世田谷区が同性カップルのパートナー関係を公的に認定する制度を創設して以降，多くの自治体が後に続いている[*4]。しかし，これらの制度は同性カップルの社会的承認という点では大きな意義をもっているが，結婚と同様の位置づけを制度的に与えられているわけではないので，パートナー関係を認定されたとしても，所得税や住民税の控除を受けたり同性パートナーの相続人となったり，子どもの親権を共同でもったりする権利はない。法律上の結婚という選択肢を同性カップルにも開くことによって，多様なセクシュアリティをもつ人々が自分たちのカップルとしての生活を守ることを可能にする制度変更が必要だろう[*5]。

＊3　ただし，異性の事実婚カップルに認められている遺族年金の受給権や第３号被保険者としての国民年金への加入も同性カップルには認められていない。

＊4　2023年１月時点で255の自治体で同様の制度が導入されており，日本の人口の65.2%をカバーしているという（Marriage For All Japan HP「日本のパートナーシップ制度」）。

＊5　2021年には同性婚を認めていない現在の法制度は「法の下の平等」を定めた憲法14条に反するという初めての司法判断が札幌地裁で示されている。

2　子どもを産み育てる：子どもをもつことと社会政策

1　子どもを産むことを支える政策

結婚している男女の関係が政策による保護を受けているように，養育が必要な子どもとその親の生活も政策によって保護される対象となっている。日本社会では特に1990年代に少子化が社会問題となって以降，親や子どものライフコースの様々なポイントにおいて，子どもを産み育てることを支える仕組みが新たに作られたり，充実が図られたりしている。

そのスタート地点ともいえるのが，子どもをもとうと性交渉をしても妊娠しない状態が続く不妊の人々を支援する政策である。不妊に悩むことは決してめずらしいことではなく，2021年の「第16回出生動向基本調査」（国立社会保障・人口問題研究所）の結果によると，22.7％の夫婦が不妊の検査や治療を受けている。そして，2022年度からは，この不妊治療に対する保険適用の範囲が大きく広がっている。具体的には，排卵のタイミングにあわせて性交を行うように指導するタイミング法，精液を子宮に注入する人工授精のような一般不妊治療，さらには，精子と卵子を採取して体外で受精させてから子宮に戻す体外受精や顕微受精などの生殖補助医療が新たに保険適用の対象となることで，治療費の負担が軽減されている[*6]。

妊娠することを支える仕組みの次のタイミングで重要となるのが，妊娠から出産前後までの期間を支える仕組みである。まず，妊婦健診を定期的に受けることは母子の健康のために重要であるにもかかわらず，「妊娠は病気ではない」という理由で，妊婦健診は基本的に健康保険の適用外とされている。ただし，妊娠したことを市役所や区役所に届け出ていれば，その費用に補助を受けることができる[*7]。また，出産する際には分娩や入院のための費用が必要になるが，50万円の出産育児一時金が健康保険から支給されるので，その費用に充てることができる。さらに，雇用者として働いている女性が出産する場合には，**産前産後休業**[*]を取得することができるが，この期間には**出産手当金**[*]が健康保険から支給される。同時に，産前休業の開始から後述する育児休業が終了するまでの期間は，社会保険料が全額免除になる。

2　子どもを育てることを支える政策

妊娠・出産を経てこの社会に生まれてきた子どもは誰かによって養育されないと生きていくことができない。そして，この子どもを育てるという営みには費用や時間，代替的なケアなどが必要になる（下夷 2000）。以下では，この３つを政策的に提供する主な仕組みについて概観しよう。

まず，子どものために食べ物や生活用品を買ったり，保育や教育のためにお金を使ったりなど，子育てには経済的負担

＊6　2022年３月までは，不妊の原因を探るための検査とその原因となっている精管や子宮などの疾患の治療に保険適用の対象が限られていた。原因が不明の場合やこれらの治療がうまくいかなかった場合に行われるのが，一般不妊治療や生殖補助医療である。

＊7　自治体によって助成額は異なるが，2018年における妊婦１人当たりの公費負担額の全国平均は10万5734円である（厚生労働省HP「妊婦健康診査の公費負担の状況について」）。

＊産前産後休業・出産手当金

産前休業は出産予定日の42日前から，産後休業は出産の翌日から56日まで取得することができる。なお，産後休業は産後42日までの休業が義務になっている。また，出産手当金の１日当たりの受給額は，支給開始日以前の12か月間の標準報酬日額の３分の２である。

がついてまわる[*8]。この子育てにかかる費用を支援する主な仕組みとして挙げられるのが児童手当制度である。これは0歳から中学校卒業までの子どもを養育している人に現金を給付する仕組みであり，子どもが3歳未満までは月額1万5000円，3歳から小学校卒業までは第1子と第2子は1万円，第3子以降は1万5000円，中学生には1万円が支給される[*9]。また，3歳から5歳までの子どもの幼稚園・保育所・認定こども園などの利用を無料とするいわゆる「幼児教育・保育の無償化」が2019年に行われたことも，幼児のいる子育て世帯の経済的負担を軽減する効果をもっている。

次に，子育てをするためには，子どもと一緒に過ごす時間が不可欠である。特に働く親にとってはこの子育てのための時間を確保することがしばしば大きな課題になるが，**育児休業制度**[*]はこれを保障するための代表的な仕組みである。具体的には，休業開始から180日までは休業前の賃金の67%，181日以降は50%に当たる育児休業給付金を受給しながら，子どもが1歳になるまで子育てのために仕事を休むことができる[*10]。なお，2022年の調査によると，在職中に出産した女性の80.2%が育児休業を取得したのに対して，配偶者が出産した男性のうち育児休業を取得した人の割合は17.13%と（厚生労働省 HP「『令和4年度雇用均等基本調査』の結果概要），育児休業の取得率のジェンダー差はいまだに非常に大きいが，男性の取得を推進するために，母親と父親がともに育児休業を取得する場合には，子どもが1歳2か月になるまで取得可能になる「パパ・ママ育休プラス」という仕組みが2010年に設けられている。さらに，子どもが3歳になるまでは，1日の労働時間を原則6時間とする短時間勤務制度も子育ての時間を確保するために利用することができる。

最後に，育児休業期間が終わって復職する場合のように，子どもを育てるうえでは，ほかの誰かに子どものケアを部分的に委ねる必要がしばしば生じる。保育制度はこの代替的なケアを公的に保障する仕組みである。2015年からスタートした子ども・子育て支援新制度においては，保育にかかわる施設の利用を希望する人が保育の必要性や保育を必要とする時間について市町村から認定を受けたうえで，どの保育所や認定こども園，地域型保育を利用するかが決まる[*11]。これらの保育サービスを利用する家庭の割合は2013年には35.0%であったが，2023年には52.4%と増加しており（厚生労働省 HP「保

＊8　2009年の調査ではあるが，子ども1人当たりの年間子育て費用の平均値は未就学児で104万3535円，小学生で115万3541円，中学生で155万5567円である（内閣府 HP「平成21年度インターネットによる子育て費用に関する調査　全体版」）。

＊9　ただし，所得制限があり，子どもが1人の家庭の場合は，手当を受ける人の年間所得が660万円を超えると給付額が子ども1人当たり月額5000円になる。また，2020年10月からは896万円を超えると受給ができなくなった。なお，2024年2月時点においては，これらの所得制限の撤廃や支給期間の延長，支給額の増額が議論されているという報道がなされている。

＊育児休業制度
子どもを育てる労働者が雇用を保障されたうえで子どもを育てるために一定期間の休暇をとることができる仕組み。日本では1991年の育児休業法の成立とともにスタートした。

＊10　給付金には限度額がある。なお，子どもが保育所に入れなかったなどの事情がある場合には子どもが2歳になるまで休業期間を延長できる。

＊11　認定こども園は幼稚園と保育所の機能をあわせもっており，3歳から5歳の子どもは保護者が働いているなどの理由がなくても利用することができる。地域型保育はより少人数の単位で0歳から2歳の子どもを保育する事業である。

育所等関連状況取りまとめ（令和５年４月１日）」)，子育て家庭における保育サービスの利用は拡大傾向にある。

子どもを育てることを支えるこれらの仕組みは，長きにわたって続く少子化を背景としながら，その対策の一環として充実が図られてきた。育児休業中の所得補償は皆無であった制度発足当初から引き上げを重ねて現在に至っているし，保育所に入所できない待機児童は長らく２万人を超えて社会問題化したが，保育サービスの供給が増加する中で，2021年には5634人，2023年には2680人と近年は減少が続いている[*12]。このように，親になろうとする人が仕事と子育ての二者択一を迫られることなく，働いて自分や家族の生活を支えることと子どもを産み育てることとを両立できる社会を作ることが目指されてきた。

*12　厚生労働省 HP「保育所等関連状況取りまとめ（令和５年４月１日）」。ただし，やむなく認可外施設を利用している場合のように，待機児童の定義から除外されている潜在的待機児童が存在することにも注意が必要である。

３　家族主義が根強い日本社会

他方で，以上のような政策の展開が子どもを産み育てやすい社会をどれくらい実現できたかには疑問の余地がある。2020年に実施された国際比較調査によると，自分の国は「子供を生み育てやすい国だと思うか」という問いにスウェーデンでは97.1%，フランスでは82.0%，ドイツでは77.0%の人が「そう思う」と回答するのに対して，日本でそのように回答する人は38.3%と大きな差がある。また，過去の同じ調査の結果を日本について比較すると，「そう思う」と回答する人の割合は2005年の47.6%，2010年の52.6%からむしろ減少している[*13]。子育てしやすい日本社会を実現するプロセスはいまだ道半ばである。

*13　調査対象は各国の20歳から49歳の男女である（内閣府 HP「令和２年度少子化社会に関する国際意識調査報告書【全体版】」）。

このことの背景となっているのは，日本の子どもをもつことを支える仕組みのあちらこちらに子どもを産み育てる責任を家族に帰属する**家族主義**[*]が見え隠れしていることである。例えば，不妊治療は心身の負担が大きく，多くの時間を必要とするために，仕事との両立が容易ではないが，不妊治療のために休暇を取得したり勤務時間を短縮したりする権利を保障するなど，働きながら治療を継続することを可能にする仕組みが確立しているとはいえない。実際，不妊治療の経験者の16%は両立ができずに仕事を辞めており，11%は不妊治療をやめている（厚生労働省 HP「平成29年度　不妊治療と仕事の両立に係る諸問題についての総合的調査」)。また，出産にかかる費用を出産育児一時金で賄うことができた人は７%にすぎず，

＊家族主義
ここでは家族の成員をケアする責任をもっぱら家族に帰属する考え方を指す。

その多くは帝王切開などの医療行為があったために健康保険の適用がなされていた人である。これに対して，およそ4人に1人が約30万円以上を自己負担している（子どもと家族のための緊急提言プロジェクト HP「出産費用に関する WEB 調査の結果（速報値）」）。また，子育てを支援する仕組みについても，0歳から2歳児の保育の無償化は住民税非課税世帯に限られており，児童手当や**児童扶養手当***にはそれぞれ所得制限があって一定の収入がある子育て家庭は受給できないという制限が長きにわたって維持されてきた。つまり，どのような家族のもとに生まれてきたかにかかわらず，すべての子どもの成長を社会の責任で支えるという理念が一貫しているとは言い難い。

＊児童扶養手当
離婚によってひとり親となった家庭に現金を給付する仕組み。全額支給された場合の金額は子ども1人の家庭では月額4万4140円で，2人目は1万420円，3人目以降は6250円が加算される（2024年1月現在）。ただし，子どもを養育している親や生計を同じくする祖父母などの所得に応じて受給額が減額されたり受給できなくなったりする。例えば，母親と子ども1人の母子世帯の場合には，母親の年間所得が230万円以上であれば受給ができなくなり，多くの母子家庭は対象外となっている。

このように，子どもを産み育てることをあくまで私事ととらえる家族主義からいまだに脱却できていないのが日本の現状である。日本の子ども・子育て支援のための公的支出の対 GDP 比は1.79％と OECD 平均の2.34％を下回っており，3.60％と最も多いフランスの半分であることは（山口，2021），この社会における家族主義の根強さを端的に示している。多くの人にとって子育てしやすい社会は，この家族主義を乗り越えて，すべての子どもを産み育てることを社会の責任で支えるという理念に貫かれた仕組みを作りあげた結果として実現されるものだろう。

3　家族の変化と子育てを支える政策のミスマッチ

1　ひとり親家族の生活の厳しさは解消されていない

第1節と第2節では，現在の日本社会には，結婚している人や子育てをしている人の生活を守るための様々な仕組みがあることをその課題とともに概観してきた。次にこの第3節では，現実の家族が変化する中で，これまでの子育てを支える政策では人々の生活を首尾よく守れないことが特に顕在化している事態に目を向けることで，日本の家族をめぐる政策が抱えている課題について掘り下げていく。

戦後の日本社会では，多くの人が結婚した後は離婚することなく，夫が稼ぎ手役割を担う一方で妻は専業主婦となって家事と子育てを担うという家族のあり方が広がっていった。しかし，現在では，かつては当たり前だと考えられていたこのような家族のあり方は多くの人が経験するものではなくなりつつある。以下では，これらの家族の変化のうち，まずは離婚によって多くのひとり親世帯が形成されるようになったことに焦点を当てよう。

日本の離婚率は1960年代後半にそれまでの低下傾向から上昇傾向に転じた。今世紀に入ってからは年間の婚姻数の3割以上の離婚が発生するという状況が続いており，結婚した後に離婚することはめずらしくなくなっている。その結果として，2010年代には子どものいる世帯のうちおよそ10％が母子世帯となっており[*14]，2021年の調査では母子世帯の数は約120万世帯にのぼると推計されている（厚生労働省 HP「令和3年度　全国ひとり親世帯等調査結果の概要」）。そして，とりわけ妻が夫の収入に大きく依存していたという場合に，離婚した後に形成される母子世帯は安定した生活を送ることがしばしば困難になる。

離婚によってひとり親となった家族の生活の安定を守るための仕組みとして先述した児童扶養手当制度がある。厳しい所得制限はあるものの，ふたり親の子育て家庭にも支給される児童手当と組み合わせることで，しばしばひとり親家族の家計を支える土台となっている。また，ひとり親として子どもを育てる人の税負担を軽減する**ひとり親控除**[*]という仕組みもある。

しかし，このような仕組みはあるものの，日本社会ではひとり親世帯の多くが貧困に苦しんでいることはよく知られている通りである。子どもがいる現役世帯（世帯主が18歳以上65歳未満の世帯）のうち，大人が2人以上の世帯の相対的貧困率が8.6％であるのに対して，大人が1人の世帯の相対的貧困率は44.5％にのぼる（厚生労働省 HP「2022（令和4）年　国民生活基礎調査の概況」）。しかも，日本のひとり親家族の特徴はほかの先進諸国と比べて就業率が高いにもかかわらず貧困率が高い点にあり（湯澤，2020），日本社会で離婚することは，特に子どもをもつ女性にとって，ワーキングプアになることをしばしば意味している。

見逃してはならないのは，この日本社会におけるひとり親世帯の貧困率の高さには政策上の不作為によって作り出されている側面があるということである。第1に，ひとり親世帯の貧困を緩和するには，税制や社会保障を通じて所得を再分配することが必要であるが，日本社会はこの再分配の規模が不充分であるために，前述したような仕組みを利用することが貧困状態から脱却することにつながっていない[*15]。第2に，

＊14　ここでいう母子世帯は子どもの祖父母など母子以外の同居者がいる場合を含んでいる（内閣府 HP「『選択する未来2.0』報告参考資料」）。

＊ひとり親控除
納税者がひとり親であるときに所得控除を受けられる仕組み。控除の対象となるのは所得税35万円と住民税30万円である。ただし，本人の年間所得が500万円以下という所得制限がある。

＊15　さらには，すでに就労率が高い日本のひとり親家庭に対して再分配を強化するのではなく，就労を促す力が働いている。例えば，充分な金額であるとは言い難いうえに所得制限も厳しい児童扶養手当について，受給開始から5年が経過した時点で，就労や求職活動などの自立するための活動をしていない場合には支給額の2分の1が支給停止になるという措置が2008年4月から導入されている。

現在でも多くの女性が子どもを産み育てる中で離職してキャリアを中断したり再就職時に非正規雇用の職業に就いたりするために，子どもをもつ女性の収入がもたない女性よりも低くなることが母子世帯の貧困の大きな要因であると考えられるが，後述するように，このことは女性が子どもを育てながら充分な収入のある仕事に就き続けることを可能にする政策がうまく機能していないことの結果である。最後に，日本では離婚時に養育費について取り決めをしていない場合や養育費を受け取っていない場合が多いにもかかわらず[*16]，政府が養育費の立て替え払いをしているスウェーデンや支払いを強制しているアメリカと比べると（下夷，2021），政府による積極的な関与がなされていない。

「大人が２人以上で子どもがいない，就労者１人」の世帯の可処分所得を100としたときのひとり親世帯（子どもが１人）の可処分所得は，OECDに加盟している33か国の平均値が70.7であるのに対して，日本は44.8にすぎない（湯澤，2020）。この日本の現状は以上のような政策上の不作為の結果である。このことは，子育てを支えようとする従来の仕組みがひとり親世帯の置かれている現実とミスマッチを起こしており，離婚や母子世帯がもはやめずらしくなくなっている現在でもそれが解消されないままになっているということにほかならない。

＊16　母子世帯の母のうち，養育費の取り決めをしている場合は46.7%であり，養育費を現在も受けているのは28.1%，過去に受けたことがあるのは14.2%に対して，受けたことがない場合が56.9%となっている（厚生労働省 HP「令和３年度全国ひとり親世帯等調査結果報告」）。

２　子育てと仕事を両立することの困難も解消されていない

次に注目したいのは，女性が子どもをもった後に専業主婦になるという性別役割分業型家族の位置づけが変化しているということである。日本の女性の労働力率は結婚や出産を経験することの多い20代後半や30代前半にいったん低下した後に再上昇するために年齢階級別労働力率が**Ｍ字型**[*]になる点に特徴があるといわれてきた。しかし，1980年代以降，晩婚化や未婚化の影響もあるものの，1980年代のＭ字の底である30代前半の女性労働力が48.2%であったのに対して，2020年のＭ字の底である30代後半の女性労働力率は76.0%になっており（内閣府男女共同参画局 HP「結婚と家族をめぐる基礎データ」），Ｍ字の底がだんだんと上がり続けた結果，現在は台形に近づきつつある。また，国立社会保障・人口問題研究所の調査によると，1995年から1999年に第一子を出産した有職女性の出産退職率はおよそ62%であったが，育児休業制度

＊Ｍ字型
➡第４章「成人期・壮年期の社会政策」❸［２］

を利用する女性の増加に伴って，2015年から2019年にはおよそ30％に低下している（国立社会保障・人口問題研究所 HP「第16回出生動向基本調査　結果の概要」）。これらの変化は人々の意識の変化と並行している。同じ調査によると，1987年には「結婚し子どもを持ち，結婚あるいは出産の機会に退職し，その後は仕事を持たない」という専業主婦コースが33.6％と最も多くの未婚女性に理想とされていたが，2021年には専業主婦コースを理想とする女性は13.8％に減少している。これに対して，「結婚し子どもを持つが，仕事も一生続ける」という両立コースを理想とする女性は18.5％から34.0％に増加して最多となっている[*17]。要するに，結婚や出産で退職した後は専業主婦であり続けるという家族のあり方を経験しない人やそれを望まない人が増加しているのである。

とはいえ，現在の日本社会において，子育てと仕事の両立が可能な社会が実現しているとは言い難い。2021年においても，妻が35歳から44歳の夫婦と子どもからなる世帯のうち，26.7％で妻が就業しておらず，妻がフルタイムの雇用者として働いている世帯は26.7％にとどまる。42.3％と最も多いのは妻がパートで働いている世帯である（内閣府男女共同参画局 HP「令和４年版　男女共同参画白書」）。正規雇用で働く女性の比率は20代後半の58.7％から30代前半で45.9％，30代後半で38.2％と低下していくし，管理職に占める女性の割合がいまだに15.9％であるように，管理職として働く女性も少ないままである（内閣府男女共同参画局 HP「令和４年版　男女共同参画白書」）。これらの結果として，フルタイム労働者に限っても，男性の賃金の中央値を100とした場合の女性の中央値は77.5と，OECD 諸国の平均値である88.4を下回っており（内閣府男女共同参画局 HP「令和４年版　男女共同参画白書」），男女の賃金格差はほかの先進諸国と比べると依然として大きい。つまりは，女性の労働力率が上昇したといっても，特に出産を経た後に女性が自分や子どもの生活を経済的に支えられる仕事に就くことが当たり前になっているわけではない。

それでは，これまでの子育てと仕事の両立を支援する仕組みは，子どもをもちつつ自分の生活を支えられる仕事をするという女性の希望を充分にかなえることがどうしてできていないのだろうか。様々な原因が考えられるが，ここで１つ目を向けたいのは，政策がカバーしているタイムスパンの問題である。育児休業を取得することで出産退職せずに仕事を続

＊17　ただし，「結婚し子どもを持つが，結婚あるいは出産の機会にいったん退職し，子育て後に再び仕事を持つ」という再就職コースを理想とする女性は，1987年に31.1％で2021年にも26.1％と一貫して多い（国立社会保障・人口問題研究所 HP「第16回出生動向基本調査　結果の概要」）。

ける女性は増えているが，育児休業期間が終わって復職した後も子育ては続く。もし復職後に短時間勤務制度を利用できたとしても，子どもが３歳になると利用できなくなる職場は多い[*18]。しかし，保育園よりも学童保育の預かり時間が短いなどの理由で，共働き家庭は「小１の壁」にぶつかるといわれるように，子どもが３歳を過ぎたり小学校に入学したりすれば，子どもの世話をする必要がなくなるわけではない。他方で，復職後は母親も子どものいない人と同じような働き方を求められることは少なくない[*19]。また，**マミートラック**[*]と呼ばれるように，復職後に自身のキャリア形成につながりにくい仕事を担当することになり，子どもを育てながら正規雇用で働き続ける意欲の維持が難しくなる場合もある。

育児休業を取得しても，その後に離職する女性が多いのは，このように復職後の働き方が働く母親の現実や希望にフィットしたものになっていないからであると考えられる。したがって，現在の両立支援施策が出産の前後から子どもが３歳までの時期にフォーカスしているのに対して，より長いタイムスパンにわたって子どもをもつ女性の就業を支える仕組みを整えることが重要である。そのためには，働く母親も男性のように働くのか，それともマミートラックに乗るのかの二者択一ではなくなるように日本社会における職場のあり方自体を大きく変えていくことが求められる。

このことが示しているのは，日本の子育てを支える仕組みが出産後は女性が子育てに専念するという性別役割分業型家族の位置づけの変化にいまだに充分に適応できていないということである。第３号被保険者制度のように，夫が妻を扶養するという家族のあり方を優遇する仕組みが残っていることについても同様のことが指摘できる[*20]。このような意味でも，家族の変化にキャッチアップして現実とのミスマッチを解消することが現在の日本の子育てを支える仕組みにとって重要な課題になっている。

4 家族を前提とした社会政策を乗り越える

1 家族を前提とした社会政策の限界

(1) 「多様な家族」の包摂を超えて

前節までは，結婚や子育てを支える様々な政策がある一方で，夫婦同姓であることを問題としないカップル，異性愛者のカップル，初婚が継続する家族，性別役割分業型家族と

*18　2021年の調査では従業員が短時間勤務を利用できる期間は子どもが「３歳になるまで（法定どおり）」という企業が60.9％である（厚生労働省 HP「令和２年度　仕事と育児等の両立に関する実態把握のための調査研究事業　仕事と育児等の両立支援に関するアンケート調査報告書〈企業調査〉」）。

*19　筒井淳也は日本企業で基幹労働力として働く人は職務内容，勤務地，労働時間の無限定性を受け入れることを要請されており，そのことが女性を基幹労働力から排除する結果になっていると指摘している（筒井淳也，2015，『仕事と家族：日本はなぜ働きづらく，産みにくいのか』中央公論新社）。

＊マミートラック
子どもをもって働く女性が責任の軽い仕事を割り当てられるなど，いわゆる出世コースからはずれてしまうこと。

*20　夫が第２号被保険者である女性が専業主婦ならば自己負担なしで国民年金に加入できるのに対して，130万円以上の年収があれば保険料を自分で納める必要がある。

いった特定の家族のあり方を政策が前提にしているために，結婚している人や子どもを産み育てる人を首尾よく守ることができないという事態に目を向けてきた。そこで必要とされていたのは，夫婦別姓を望むカップルや同性カップルが結婚できる制度であり，ひとり親家族に安定した生活を保障する仕組みであり，子どもを育てながら自分や子どもの生活を支えられる仕事をするという女性の希望の実現を支える仕組みであった。つまり，より多様な家族のあり方を包摂するように，結婚している人や子どもを産み育てる人を守るための仕組みがそのカバーする対象を広げていくことの重要性について論じてきた。

結婚している人や子どもを産み育てる人を守るための仕組みがより多様な家族のあり方を包摂するように仕組みを作り変えていくことはもちろん重要である。しかし，同時に強調しておきたいのは，それらの仕組みがそもそも結婚や子どもをもつことによって形成される家族を前提としていることによる限界が存在するということである。以下では，人々の生活を守るための仕組みが家族を前提とすることの問題について，２つの例を挙げながら考えてみよう。

⑵　家族を守る政策は「沈没家族」も阿佐ヶ谷姉妹も守れない

1990年代半ばに加納穂子さんが東京都中野区東中野で始めた「沈没家族」と呼ばれた共同生活のかたちがある。[*21] 加納さんは22歳のときに生後８か月の息子を連れて東中野で生活するようになった。働きながら専門学校に通っていた彼女は駅前でチラシを配るなどして，息子を共同保育する人を募集する。結果として，子育てに興味がある人が集まり，加納さんが家にいないときにはその「保育人」たちがシフトを組んで子どもの面倒をみるようになる。月１回は「保育会議」が開かれて，子どもとどのようにかかわっていけばよいのかが議論されていた。保育人には食事やビールが出されていたが，金銭は支払われていなかったという。やがて加納さんたちはもう１組の母子と３人の若者とともに「沈没ハウス」と名づけられた３階建ての建物に移り住み，その後，さらに１組の母子がこの共同生活に加わる。加納さんたちが沈没ハウスに移り住んでからも，保育人はシフトを決めて訪ねてきており，ある子どもの母親が家にいないときには別の母親が面倒をみたり，ふらりと遊びに来た大人が子どもたちの遊び相手

＊21　沈没家族は当時からマスメディアで取り上げられていたが，加納さんの息子である加納土さんによる同名のドキュメンタリー映画が2019年に公開されたことで再び注目を集めた。沈没家族という共同生活については以下の書籍を参照している。加納土，2020，『沈没家族：子育て，無限大。』筑摩書房。

になったりもしていた。

沈没家族では子どもを育てるということを１つの軸としながら，家族の境界を超えて人々が生活を分かち合っていた。しかし，子どもを育てることを支える現在の様々な仕組みは，彼女たちのような共同生活にうまくフィットしない。もちろん，子どもを育てる親には児童手当が支給されるし，シングルマザーである加納さんは児童扶養手当を受給していたという。これに対して，保育人たちが子育てを担っても，現金の給付を受けられたり，税負担が軽減されたりするわけではない。また，沈没家族の子どもたちの世話をするために保育人が仕事の時間を調整したいと思っても，短時間勤務制度を利用することはできないし，未就学児が病気やケガをしたときのための看護休暇も取得できない。これらの制度は子どもの親が利用することが前提になっているからである。そして，子育てのための時間を保障する代表的な仕組みである育児休業制度も，やはり利用できるのは基本的には子どもの親である。[*22]要するに，子どもを育てることを支える仕組みの前提には，あくまで親が子どもを育てることを支えるという考え方がある。

＊22　特別養子縁組のための試験的な養育期間にある子どもや養子縁組里親に委託されている子どもを育てている人も育児休業を取得できるが，これらはいずれもやがては法律上の親子になることが想定できる場合である。

子どものケアを含まない共同生活を支える仕組みについても同様のことが当てはまる。渡辺江里子さんと木村美穂さんの２人は阿佐ヶ谷姉妹というコンビ名で芸能活動をしている。「姉妹」と名乗ってはいるものの，２人には血縁関係はなく，出会ったのは２人が通っていた劇団の養成所である。もともとは江里子さんが借りていた東京都杉並区の阿佐ヶ谷にある６畳１間のアパートに，経済的な理由から美穂さんも一緒に住むようになり，２人は６年間にわたって同居をした。その後，２人で暮らしていた部屋の隣の部屋に美穂さんが引っ越しをしたものの，それ以降も昼食や夕食は一緒に食べることが多いという。２人は公私にわたって助け合いながら，その人生の決して短くはない期間をともに生きてきたといってよいだろう。[*23]

＊23　２人の共同生活の様子は以下の書籍に詳しく記されている。阿佐ヶ谷姉妹，2020，『阿佐ヶ谷姉妹ののほほんふたり暮らし』幻冬舎文庫。

しかし，この江里子さんと美穂さんの関係も本章で述べてきたような様々な仕組みの対象になることはない。ここにあるのは，人々の関係を政策による保護の対象とする際に，恋愛や性的関係を伴うカップル関係を基本とする考え方である。法律上の夫婦に対する保護はその典型であるが，事実婚カップルに部分的な保護が与えられることも同性カップルのパートナー関係を公的に認定する仕組みもこの考え方の延長線上にある。そして，この考え方があるからこそ，阿佐ヶ谷姉妹に限らず，友人と同居したりお互いの住まいを頻繁に行き来したりして，助け合いながら生きるという生活のかたちは政策による保護の対象から除外されることになる。例えば，自分では充分な収入が得られない友人と生活をともにすることでその人を援助しても，配偶者とそうするときのようには，所得税や住民税の負担が軽減されることはない。配偶者控除はあっても「友人控除」はないのである[*24]。

人々の生活を守るための仕組みの多くが親子関係やカップル関係を守ることを前提に作られている一方で，実際には人々はときとして家族の境界を越えてお互いの生活を分かち合いながら生きている。日本経済の低迷が長期化し，雇用の流動化が進む中で，単身世帯としての生活を維持することが容易ではないという人も少なくない。また，現在の日本では，生涯にわたって結婚を経験することのない人が増えており[*25]，結婚しても離婚することがめずらしくなくなっている。晩婚化が進んでいることも踏まえれば[*26]，結婚を経験する人も人生の中で配偶者がいない期間が長くなっていると考えられる。このような社会の変化の中で，かつての加納さんや阿佐ヶ谷姉妹がそうであったように，家族以外の誰かと生活を分かち合うことが必要とされたり，１つの生き方の選択肢として可視化されたりしつつある[*27]。それは人々の生活を守る仕組みが家族を前提としていることの限界が露呈しやすくなっているということでもあるだろう。

2　ケア関係の保護と性愛規範性の相対化

(1)　ケアする人とケアされる人の関係を保護する

それでは，家族を前提とすることの限界を乗り越えて人々の生活を守りうる仕組みとはどのようなものだろうか。最後に，家族を前提としない社会政策の輪郭を示すことで本章を締めくくろう。

ここで焦点を当てたいのは，どのような関係が政策による保護の対象となるべきかということである。アメリカの法学者であるM. ファインマンがこの点をめぐって重要な議論を展開している（ファインマン，2003）。人間は誰もが生まれてから長い期間にわたって自分以外の誰かからケアを受けなければ生きることができず，成長した後もいつ重い病気にか

＊24　配偶者控除とは別に扶養控除という税負担を軽減する仕組みがあるが，その適用の対象もやはり基本的には親族（６親等内の血族か３親等内の姻族）に限られる。

＊25　「50歳時の未婚率」は1990年の時点では男性5.6%，女性4.3%であったが，2020年には男性28.3%，女性17.8%と大きく上昇している（内閣府 HP「令和４年版　少子化社会対策白書　全体版」）。

＊26　1990年に30代前半の女性の未婚率は13.9%，30代後半では7.5%であったのに対して，2020年には30代前半で35.2%，30代後半でも23.6%となっている（内閣府 HP「令和４年版　少子化社会対策白書　全体版」）。

＊27　他人と同居する若者たちの生活とその生活形態の可能性については，以下の書籍を参照してほしい。久保田裕之，2009，『他人と暮らす若者たち』集英社新書。

かって働くことも身の回りの世話もできなくなったり，介助が必要な障害を抱えたりするかわからない。このような意味で，他者へ依存することはあらゆる人間にとっての必然である。にもかかわらず，多くの女性が子どもをもつと夫の収入に頼らざるを得なくなるように，この依存的な他者のケアを担う人はまさにそのことによって自らも経済的な依存状態に陥ってしまう。ファインマンが主張するのは，このように依存を私事として位置づけるのではなく，依存的な状態にあるケアの受け手とケアの担い手との関係を保護の対象とするべきだということである。

注意してほしいのは，このケアの受け手と担い手の関係が家族と重なるとは限らないということである。つまり，子育てをもっぱら母親が担う場合のように，この関係が家族の中におさまることもあれば，子どもが児童養護施設で育つ場合のように家族の外で形成されることもありうる。また，沈没ハウスで育った子どもたちのように，この関係が家族とも家族以外の大人とも結ばれる場合もある。ファインマンの議論を援用すれば，ケアする人とケアされる人が家族であるか否かにかかわらず，これらの関係は政策によって等しく守られねばならない[*28]。例えば，沈没家族の保育人たちも，程度の差はあれ，依存的な子どものケアを担っているのだから，現金給付や税負担の軽減の対象となりうる。また，子どもをケアするために育児休業制度や短時間勤務制度を利用しようするとき，あるいは，看護休暇を取得しようとするとき，その資格は子どもの家族，ましてや親に限定されるべきではなく，子どもをケアする意思のある大人やすでにケアしている大人に広く開かれねばならない。同時に，ケアする人とされる人の関係を保護するということは，当然ながら，家族におけるケアする人とされる人の関係を守るということでもある。したがって，配偶者と離婚や死別をしてもしなくても，貧困に陥ることや子どものケアの担い手がいなくて困ることがないように，親が子どもを育てるための費用・時間・代替的なケアなどが保障される必要がある。

＊28　久保田裕之はファインマンらの議論も踏まえながら，家族の内部で担われてきた複数のニーズを個別のニーズに分節化したうえで，そのうちの正当化可能なニーズについては従来の家族の枠組みを超えて福祉の対象としていく必要があると論じている（久保田裕之，2011，「家族福祉論の解体：家族／個人の政策単位論争を超えて」『社会政策』3(1)，113-123頁）。

(2)　性愛規範性を相対化する

他方で，異性愛による結びつきを核とした家族が国家による保護の対象となっていることをファインマンが批判的にとらえているように，この考え方に則れば，依存的な他者をケアする関係を欠く家族は政策による保護の対象となる条件を欠いている。例えば，配偶者控除のような，依存的な他者のケアの有無にかかわらずカップル関係に特別な位置づけを与える仕組みは正当化できないということになる。

とはいえ，保護の対象となるべきケアの担い手とケアの受け手の関係をより広くとらえることも可能だろう。沈没ハウスで暮らしていた加納さんとほかの２人のシングルマザーは互いの子どもの世話をするなどしながら助け合っていたし，阿佐ヶ谷姉妹もお互いのことを気にかけたり食事を作りあったりしながら生活をともにしていた。このような友人や仲間どうしの関係には，必ずしも乳幼児や介助が必要な障害者のような依存的な他者が含まれるわけではない[*29]。しかし，そこにはより広い意味でのケアがあるということができる。

だとすれば，問題は依存的な他者を含まないカップル関係に保護が与えられていることというよりも，成人どうしの多様なケア関係の中でも，恋愛や性的関係を伴う特定の種類のカップル関係にのみ保護が与えられることにあるだろう。この特権性を問題化するのがアメリカの哲学者E. ブレイクによる性愛規範性（amatonormativity）という概念である（ブレイク，2019）。性愛規範性とは結婚や排他的な恋愛関係に特別な価値があるという考え方であり，ブレイクはこれが友人関係やほかのケア関係の価値を貶める効果をもつと指摘している。重要なのは，人々の生活を支える仕組みを構想する際に，この性愛規範性を相対化したうえで，友人や仲間どうしのケア関係を法律上の夫婦などのカップル関係と等しく扱い，政策による保護の対象としていくことである。そして，その際，加納さんがほかのシングルマザーや保育人たちと助け合って生きていたように，このケア関係を１対１の排他的な関係と想定する必要もない。つまり，個人が何名のどのような相手といかなるケア関係を結ぶかを決めたうえで，政府は政策によってケアをやりとりする権利を承認したりその行使を支援したりすればよい[*30]。

第❶節と第❷節で概観したように，この社会には結婚している人や子どもを産み育てる人の生活を守るための様々な仕組みがある。それらの仕組みの多くは，夫婦や親子のように，互いに支え合う人の関係や誰かに頼らないと生きていけない人とそれを支える人の関係を守るためにある。そして，性愛規範性を相対化したうえで，この家族を前提とした仕組みをケア関係を保護する仕組みへと作り変えることは，従来

＊29　幼い子どもを抱えた加納さんは沈没家族を始めたからこそ働いたり学校に通ったりすることができた。また，阿佐ヶ谷姉妹の同居が始まったきっかけは経済的な事情であったという。つまり，ある人が健康な成人であることがその人が依存状態にないことをただちに意味するわけではない。むしろ，ある人の依存性はその人が置かれた状況とその変化の中で，強まったり弱まったりするものだろう。

＊30　ブレイクは成人間の多様なケア関係を守るための仕組みを最小結婚と呼んでいる。ただし，ブレイク自身は最小結婚はケア関係を承認する権利と支援する権利のみで成り立つと述べており，経済的援助を受ける資格などをこれに含めていない（ブレイク，2019）。

▶▶ *Column* 8 子どもを産み育てることとは異なる選択は支えられているか ◀◀

本章では子どもを産み育てることを支援する政策をより充実させる必要性を強調した。ただし，ここで注意を促しておきたいのは，妊娠出産や子育てを支える仕組みの意義が，親になろうとする人や生まれてくる子どもの幸福だけではなく，子どもの数を増やすこととしばしば結びつけられてしまうことである。例えば，岸田文雄首相は2022年５月26日の衆議院予算委員会で，出産育児一時金の支給額の引き上げに言及する際に，少子化が「喫緊の課題」であることを根拠にしながら，「妊婦の方々が安心して安全に出産できる環境を整える」ことが重要であると述べている。しかし，少子化対策の必要性が盛んに主張される中で，子どもを産み育てることとは異なる選択が充分に支えられているのかということも問われなければならないだろう。

この観点から，日本における避妊と中絶という選択の現状に目を向けてみよう。まず，ひとくちに避妊といっても様々な方法があり，避妊に失敗する確率や有効な期間は避妊法によって異なる（風間，2022)。そして，日本で主流となっている避妊法である男性用コンドームは，失敗率が相対的に高く，性行為のたびに使用する必要がある。これに対して，妊娠を防ぐホルモンを含んだスティックを皮下に埋め込む避妊インプラント，ホルモンを注射する避妊注射，ホルモンを含んだシールを貼る避妊パッチは，より失敗率が低く有効期間が長いにもかかわらず，日本では認可がなされていない。男性用コンドームは人口の急増が問題になった第二次世界大戦後に普及した避妊法であり，経口で服用するピルの認可が1999年と国連加盟国の中で最も遅かっただけではなく，その後の医療技術の進展によって可能になった主要な避妊法が日本ではいまだに利用できないままになっている（風間，2022)。

中絶については，塚原久美が指摘しているように，日本では器具を用いて子宮内の胎児を掻き出す拡張掻爬法が多用され続けている（塚原，2020)。より安全性が高いとされる吸引法（真空吸引によって子宮の中身を取り出す方法）は普及が進んでおらず，やはりより安全性が高いために諸外国では広く使用されている経口中絶薬は長らく未認可のままで，2023年にようやく認可された。そもそも刑法には堕胎罪の規定が残っており，母体保護法で定められている理由がある場合に限り，医師会の指定する医師が人工妊娠中絶を行うことが許容されているにすぎない。つまり，女性が中絶を自己決定する権利が認められているわけではないのである。

日本の避妊と中絶をめぐるこのような現状は，女性のリプロダクティブ・ライツを保障するという観点からは大きな課題を抱えている。子どもを産み育てることを支える仕組みは重要であるが，女性が安全な避妊法や中絶法にアクセスできる仕組みを確立するなど，子どもを産まないという選択を支えることの意義も軽んじられてはならない。子どもを産むことと産まないことがどちらも尊重され，どちらの人生を歩もうとする人も充分に支える仕組みのある社会を作りあげることが必要だろう。

の仕組みのねらいと必ずしも矛盾するわけではない。

例えば，日本人が外国人のパートナーと結婚すれば在留資格を得られる仕組みには現状では大きな意義があるだろうし，同性婚の法制化によって日本人と外国人の同性カップルが在留資格を得られるようにする制度変更も必要である。同様に，恋愛や性的関係の有無を問うことなく，日本人と互いにケアし合うパートナー関係が形成されていることを根拠に外国人が在留資格を得られる仕組みは，互いに支え合う人どうしの関係を守るというねらいを結婚している人を守る従来の仕組みと共有している。また，加納さんのようなシングルマザーが経済的に困窮したり子どものケアの担い手を見つけるのに苦労したりすること，そして，子どもをもちつつ自分の生活を支えられる仕事をするという女性の希望が実現されにくいことは現在の子育てを支える仕組みが抱える大きな課題である。家族の範囲を超えて子どもをケアする大人に現金を給付したり育児休業を取得可能にしたりする仕組みはこれらの課題を解決する方法の幅を広げるものである。また，ケア関係を保護することは親が子どもを育てるために必要な資源を保障することを含んでいることは先述した通りである。

つまり，家族を前提とした社会政策を乗り越えることは，ひょっとしたら一見，極端にみえるかもしれないが，これまでの結婚と子育てをめぐる政策が守ろうとしてきたものをより確実に守るためのアイデアなのである。そして，結婚していることや自分で子どもを産み育てることが必ずしも当たり前でなくなりつつある日本社会において，このアイデアがもつ意味はますます大きくなっているはずである。

本章のテーマをさらに理解するために

- **落合恵美子，2019，『21世紀家族へ：家族の戦後体制の見かた・超えかた（第４版）』有斐閣。**

  日本の家族がこれまでどのように変化してきたのか，そして現在，どのような方向に向かっているのかを長期的なスパンで理解できる。

- **落合恵美子編，2021，『どうする日本の家族政策』ミネルヴァ書房。**

  本章では結婚と子育てをめぐる政策に焦点を当てたが，より幅広く日本の家族政策の特徴と課題について学ぶことができる。

- **佐々木ののか，2020，『愛と家族を探して』亜紀書房。**

  多様な愛と家族のかたちを生きる人々の言葉と著者の思索は，その生活を支える政策について考えるヒントとして読むこともできる。

引用参考文献

風間孝，2022，「リプロダクティブ・ヘルス／ライツ」風間孝・今野泰三編『教養としてのジェンダーと平和II』法律文化社，195-203頁。

下夷美幸，2000，「『子育て支援』の現状と論理」藤崎宏子編『親と子：交錯するライフコース』ミネルヴァ書房，271-295頁。

下夷美幸，2021，『家族政策研究』放送大学教育振興会。

塚原久美，2020，「日本における中絶の実態」『福音と世界』第75巻第3号，18-23頁。

ファインマン，M. A.／上野千鶴子監訳，2003，『家族，積みすぎた方舟：ポスト平等主義のフェミニズム法理論』学陽書房。

ブレイク，E.／久保田裕之監訳，2019，『最小の結婚：結婚をめぐる法と道徳』白澤社。

山口慎太郎，2021，「いま求められている少子化対策」こども政策の推進に係る有識者会議（第3回）提出資料。

湯澤直美，2020，「日本のひとり親家族支援政策」『大原社会問題研究所雑誌』第746号，79-101頁。

（松木洋人）

第8章

住まい

——自助の錯覚を超えて——

住まいは，社会政策の中では周辺的な分野である。特に日本では，住まいが社会政策の対象であるという合意が成立していない。実際には，政策上の選択が私たちの住まいのかたちを決めてきたにもかかわらず，そのことが理解されにくく，「自助の錯覚」というべき無関心が浸透している。本章では，住まいに政府がどのように関与できるかを，日本では実行されてこなかった手段も含めて整理し，近年現れた政策課題の変化の先に，住まいにかかわる社会政策の姿を展望する。

1 住まいは社会政策の対象か

1 合意の不在

社会政策の教科書で住まいを取り上げることを意外に思った人はいないだろうか。実は，その受け止め方は，世論の多数派の感覚に近い。日本では，住まいが社会政策の対象であるとの合意が幅広く成立しているとは言い難い。

国際社会調査プログラム（ISSP）*が実施する意識調査に，いくつかの政策分野を挙げて，政府の責任について尋ねる質問がある。住まいに関連するのは「家を持てない人にそれなりの住居を提供すること」という項目である。2016年の日本のデータをみると，これが「政府の責任である」と回答した人は7.9%，「どちらかといえば政府の責任である」は23.8%で，あわせて31.8%であった。この数字は，列挙された11の政策の中で最も低い（**資料8-1**）。

この調査に参加した35か国の中での日本の位置を確認しておこう。実は日本は，住まいの提供が政府の責任であると答える人の割合が，極端といってよいほどに低い（**資料8-2**）。2006年もほぼ同じ結果で，一時的な現象というわけではないようである。

世論調査の結果から，ほかの政策と比べたときの住まいの独特な位置と，ほかの国と比べたときの日本の独特な位置が明らかになった。ここではまず，前者について考えてみよう。

＊国際社会調査プログラム（ISSP）
世論の国際比較のために1984年に設立された団体で，日本は1993年から参加している。ISSPでは，10年に一度，同じテーマで調査を行う。テーマの1つに，ここで取り上げた「政府の役割」があり，直近では2016年に実施された。

資料8-1　各政策分野における政府の責任についての肯定的回答（日本のみ，%*）

質問文	2006	2016
働く意志のあるすべての人に仕事を提供すること	45.8	38.4
物価を安定させること	86.0	80.9
病気の人々に必要な医療を施すこと	79.9	69.6
高齢者がそれなりの生活水準を維持できるようにすること	82.6	68.5
産業が成長するように援助すること	58.7	62.5
失業者がそれなりの生活水準を維持できるようにすること	49.4	45.5
富む者と貧しい者とのあいだの所得の格差を少なくすること	58.2	56.5
収入の少ない家庭の大学生に経済的な援助を与えること	51.2	58.0
家を持てない人にそれなりの住居を提供すること	32.6	31.8
環境が破壊されないように，産業界を法で厳しく規制すること	80.5	74.1
男女の平等を推進すること	—	60.1

（注）＊肯定的回答（%）は，「政府の責任である」または「どちらかといえば政府の責任である」と回答した人が，「わからない・無回答」を含む回答者総数に占める割合。空欄は設問の変更による。GESIS Data Archive から取得したマイクロデータ（ZA4700 Data file Version 2.0.0 https://doi.org/10.4232/1.13707 および ZA6900 Data file Version 2.0.0 https://doi.org/10.4232/1.13052）を集計した。

（出所）GESIS Data Archive.

資料8-2　「家を持てない人にそれなりの住居を提供することは政府の責任か」という問いに対する肯定的回答（%*）

国　名	2006年	2016年
フィリピン	80.9	88.7
インド	—	85.0
フランス	81.3	81.7
イギリス	83.7	79.3
タ　イ	—	77.4
ドイツ	73.2	76.1
台　湾	75.3	74.4
大韓民国	69.0	74.1
アメリカ合衆国	75.2	74.0
日　本	32.6	31.8
全　体	81.0	78.7

（注）＊肯定的回答（%）の定義，データの取得方法は資料8-1と同じ。表を簡略化するため，2016年ISSP 調査に参加した35か国のうちアジア諸国と G7 諸国のみを抜粋し，2016年の肯定的回答の割合が高い順に並べた。2006年とは参加国が異なるため，一部が空欄となっている。「全体」には各年の調査に参加したすべての国の回答者を含む。なお，この設問の原文は「provide decent housing for those who can't afford it」である。例えば，韓国語版の質問文を日本語訳すると「住居費を払えない人に適切な住居を提供する」となる。国際比較調査では，翻訳による意味のずれが影響を与える可能性は無視できない。

（出所）GESIS Data Archive.

住まいには実に多くの政策がかかわっている。その中で「家を持てない人にそれなりの住居を提供する」ことが中心を占めているとはいえない。住宅は大型で，高額で，複雑な商品である。関連する産業も多岐にわたることから，住宅に関する政策は経済・金融・産業政策としての性格が強くなる。景気刺激のための住宅ローン減税や，人口減少に伴う空き家対策には，社会政策という観点は希薄である。

逆に，住宅を直接に扱うわけではないが，住まいの安定にとって重要な役割を果たす政策もある。公的扶助，介護保険，障害者福祉，児童福祉，更生保護などの制度が，住まいの確保と密接に関連している。

住まいにかかわる政策には，住宅というモノを対象とするものと，居住する人を対象とするものとが混在している。社会政策が住まいを扱う場合，そのどちらかではなく，モノと人の関係をいかに調整するかが課題となる。それは，人が適切な住宅に安定して居住するための条件を整える政策でなければならない。このような政策を，本章では「**居住保障政策***」と呼ぶことにしよう。

＊居住保障政策
居住保障とは，住宅の生産や流通にとどまらず，安定した住まいが確保された状態を実現することである。英語の「housing policy」は「住宅政策」と訳されてきたが，housingの核心にある「人をある場所に住まわせる」という語感を重視するならば，「居住保障政策」と訳すのが適切であろう。詳しくは祐成（2023）を参照。

2　居住の必要（ニーズ）の特徴

居住保障とは，人が適切な住宅に安定して居住するための条件を整えることである，と述べた。言い換えるなら，居住の「必要（ニーズ）」を充足することである。では，居住の必要にはどのような特徴があるのだろうか。この点について考えると，住まいが社会政策の対象であるという合意が成り立ちにくい理由がみえてくる。

イギリスの居住保障研究者P. キングは，居住の必要には「永続性」，「予測可能性」，「理解可能性」の3つの特徴があると述べた（King, 2016, p. 87）。居住の必要は，人の生涯の中でいつでも存在しており，途切れることがない（永続性）。そして，いつどのような必要が生じるかが自分で予測でき，事前に備えることができる。また，住まいにかかわる問題は，ゆっくりと進行することが多いので，対処までの時間稼ぎが可能である（予測可能性）。さらに，自分が何を必要としているかが，おおむね自分で理解できる（理解可能性）のも，居住の必要の特徴である。

これと対照的なのは，医療の必要である。医療の必要が存在するのは，基本的に，生涯の中の限られた期間である（限

資料8－3　住宅所有形態別にみた肯定的回答の割合

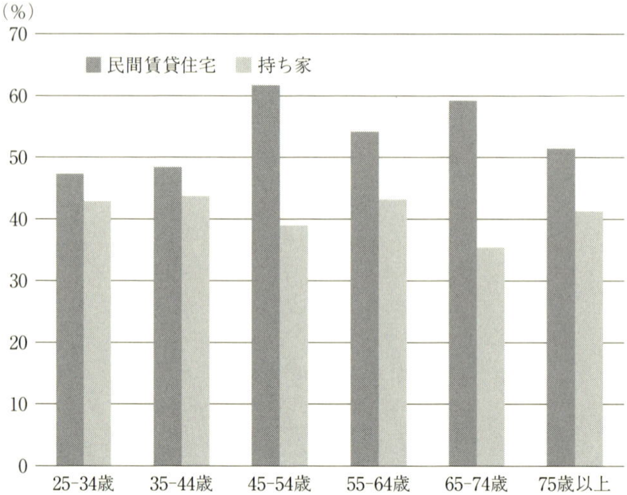

（注）「川崎市の地域包括ケアシステムに関する市民意識・実態調査」（東京大学文学部社会学研究室，2017-18年）。この調査は，国立研究開発法人科学技術振興機構（JST）・戦略的創造研究推進事業（社会技術研究開発）「安全な暮らしをつくる新しい公／私空間の構築」研究開発領域の研究プロジェクト「都市における援助希求の多様性に対応する公私連携ケアモデルの研究開発」（代表：島薗進）の一環として行われた。

定性）。そして，いつその必要が生じるかは予測できないことが多く，緊急の対応が求められる場合も少なくない（予測困難性）。また，医師などの専門家の助けを借りなければ，自分が何を必要としているのかが判断できないことも多い（理解困難性）。

多数派にとって，住宅は気がつけばそこにあるものであり，そうでなければ自分の力で確保するものである。そこに政府や専門家がどう関与するのかが見えにくい。これに対して，医療では，いつも公的な制度の存在を意識させられる。[*1]

3　なぜ居住の必要は理解されにくいのか

医療，保育，あるいは教育や介護などと比べたときに，居住の必要の特徴が明らかになる。それは，この必要を充足する個人（または世帯）の能力の高さである。このことは，居住保障政策が不要であるとか，優先順位が低くてもかまわない，ということを意味しない。住まいに関連して，個人の能力では解決できない問題は存在しており，実際に政府は居住に介入している。[*2]居住の必要を満たす能力はいつも十分に高

＊1　医療以外にも，政策が日常生活に与える影響を実感しやすい領域がある。例えば，認可保育園を利用できるかどうかは，未就学の子をもつ親の大きな関心事である。2016年には，「保育園落ちた……」で始まる個人の憤りに，またたく間に共感が寄せられ，保育園の増設による待機児童の解消が政治的な争点となった（➡第6章「仕事をめぐる社会政策」❷ 3）。公営住宅の抽選に漏れた人の声は，同じような力をもつだろうか。もたないとすれば，どうしてだろうか。

＊2　大規模な自然災害が起きたときには，災害救助法に基づいて，政府が被災者に仮設住宅を提供する。

いわけではなく，すべての人に等しく備わっているわけでもない。それゆえ，能力が高い，というよりも，個人に期待される役割が大きい，とみるほうが正確であろう。

先ほど紹介したISSPのデータでは，全体の傾向しかわからない。年代別，男女別に集計すると，政府の責任を肯定する意見が多い層が明らかになる。それは，若年層の女性である。筆者が参加した調査で同様の質問項目を用いたところ，同じ傾向がみられた。また，高年齢層で民間賃貸住宅に住む人は，持ち家（本人または配偶者が所有する住宅）に住む人と比べて，政府の責任を肯定する意見が多かった（**資料８－３**）。これらの結果は，居住の必要と個人が利用できる資源には偏りがあり，必要と資源のギャップが大きい人が，政府の役割を重視する傾向があることを示唆する。

私たちの現在の住まいは，前の世代から継承した恩恵や不利を受け継いだものである。そして，次節でみるように，政策が私たちの住まいのかたちを決めてきた。しかし，そのことが理解されにくい。いわば「**自助の錯覚***」が浸透しているのが，住まいという領域なのではないだろうか。

2　政策は住まいをどう変えてきたか

1　住宅問題の始まり

この節では，日本の住宅政策の歴史を簡単にたどってみたい。近代の初期，多くの国々で都市に人口が集中し，住宅難が深刻化した。日本も例外ではなく，20世紀の初めには住宅問題が論じられるようになった。1920年前後に都市の消費者が直面する様々な問題に対応するために政府が関与するようになると，住宅も１つの焦点となった。

初期の住宅政策の焦点は，都市の住宅の大半を占める**借家（賃貸住宅）***であった（西山，1942）。家主は，住宅を使用する権利を月ごとや週ごとに分割して借家人に売る。その代金が家賃である。住宅が建てられてから取り壊されるまでの間に，需要，金利，地価などが変化する。さらに，災害が起きたり，思わぬ破損が生じたり，社会情勢が変わったりする。このため，資本家は住宅への投資に慎重になり，投資を行う場合にはなるべく短期間で回収しようとする。

その結果，都市の居住は不安定になりがちである。物件は不足気味で，見つかったとしても立地や質が悪く，家賃が高い。住み始めてからも，借家人は，インフレによる家賃の値

要介護状態となり，それまで暮らしてきた住まいでの生活が困難になった人のためには，特別養護老人ホームのように，ケアと住まいを提供する仕組みを設けている。

＊自助の錯覚
住まいの確保や維持については個人の努力（自助）への期待が大きい。そして実際に，個人は多くの力を注いでいる。こうした状況のもとでは，自助の効果を過大に評価し，それ以外の力を軽視する，一種の錯覚が生じやすいと考えられる。

＊借家（賃貸住宅）
住宅の所有者（家主）と居住者（借家人）が異なり，居住者は住宅を使用する権利を得るために所有者に家賃を支払う。住宅の所有者と居住者が同じであれば「持ち家」である。日本の都市部では借家での暮らしが一般的であった。持ち家が主流になるのは20世紀半ば以降である。

上げや，家主からの理不尽な立ち退きの要求という不安を抱えて暮らすことになる。

工業化による都市への人口集中は，住宅難を激化させた。これを放置することが，産業の発展の足かせになり，さらには治安の悪化にまでつながることが意識されるようになった。そこで政府は，家賃を抑制し，借家権の保護を強化するなど，**賃貸住宅の規制***に乗り出した。それらは借家人の生活を守ることを意図したものであったが，副作用があった。住宅経営の採算性が悪化し，借家経営から撤退したり，維持管理を怠ったり，規制の抜け穴を探す家主が現れたのである。住宅難を緩和するための政策が，かえってこれを悪化させてしまう。そこで，単なる規制にとどまらない積極的な**住宅政策***が立案された。

＊賃貸住宅の規制
1939年，国家総動員法に基づく地代家賃統制令が施行され，家賃の値上げが制限された。1941年には借家法の改正により，家主の都合による立ち退きを防止する条項が導入された。

＊（戦時期の）住宅政策
1939年，厚生省（厚生労働省の前身）に住宅課が設置され，労務者住宅供給計画に基づき企業の社宅建設が奨励された。さらに，1941年には政府全額出資の特殊法人「住宅営団」が創設された。住宅営団は全国の大都市で労働者向けの住宅供給を行った。

2　戦後復興と住宅政策

戦争の時代には，住宅政策は社会政策である，という主張がなされた。労働者の生活を安定させないことには，産業を発展させ，国力を増強することも不可能である，と考えられたからである。戦後は，住宅政策は荒廃した国土の立て直しという課題の中に位置づけられた。厚生省が担当していた住宅政策は，新設の建設省（国土交通省の前身）に移管された。住宅政策は道路や港湾などと並んでインフラ整備の一環に組み込まれ，経済・金融・産業政策としての性格を強めた。

一方で，戦後まで引き継がれた制度もある。賃貸住宅の規制はその1つである。もっとも，上に述べた理由から，民間賃貸住宅への投資は伸び悩んだ。その欠落を埋めるために，持ち家と公共賃貸住宅の拡大が求められた。

1950年，政府は**住宅金融公庫***を設立し，住宅を取得しようとする人々に資金を貸し付けた。翌1951年には公営住宅法が成立した。住宅金融公庫は，十分な返済能力を有する高所得層を対象としており，**公営住宅***は住宅に困窮する低所得層を対象としていた。両者の中間に位置する層に向けた政策は欠けていた。住宅を求める中間層の要求が強まり，住宅問題は第27回総選挙（1955年2月）の大きな争点となった。鳩山一郎内閣は，住宅建設10箇年計画を策定し，日本住宅公団法を成立させた。日本住宅公団の設立により，戦後の住宅政策を特徴づける階層別の供給体制が整った。

＊住宅金融公庫
当時，民間銀行は個人（世帯）に長期・低利でお金を貸すことに消極的であった。個人の信用力が弱かったからである。政府は，このギャップを埋めて持ち家の建設を促進するため，住宅資金の直接供給に乗り出した。

＊公営住宅
国からの補助を受けて自治体が住宅を建設する仕組みである。戦災復興の一環で，すでに国庫補助による低家賃住宅の供給は実施されていた。公営住宅法によって，これが恒久的な制度となった。1970年代以降，公営住宅の建設は抑制され，より困窮度の高い世帯に限定されていった。

1966年には住宅建設計画法に基づき，住宅建設5箇年計画が開始された。第１期は，70年度までに「一世帯一住宅」を実現することを目指した。同計画が目標に掲げた670万戸のうち，公的資金が投入された住宅は約４割で，残りは民間による自力建設とされた。また，公的資金による住宅建設の中心は住宅金融公庫からの融資による持ち家であった。公庫融資住宅の戸数は，計画を上回るペースで増大した。住宅の建設は政府の計画を超えて進み，住宅不足は短期間のうちに解消されていった。

3　住宅の産業化

住宅建設を支えた条件の１つは，持ち家取得に向けた個人（世帯）の旺盛な意欲である。もう１つの重要な条件として，雇用主（企業）という供給主体を見逃してはならない[*3]。社宅の建設，家賃補助，持ち家取得支援など，企業が従業員に提供する福利厚生は，政府の住宅政策と相互補完の関係にあった。

1960～70年代には，住宅の大量供給を支えるための基盤が整えられた。分譲マンションについて定めた建物区分所有法（1962年），大都市郊外のニュータウン建設に根拠を与える新住宅市街地開発法（1963年），土地の高度利用と都市機能の更新を図る都市再開発法（1969年）など，住宅開発を促進する法律が相次いで制定された。豊富な資金力を有する生命保険会社や，遊休地を抱えるメーカーなども参入して，住宅産業が興隆し始めた[*4]。

1970年代には民間住宅金融が急成長する。賃金が上昇し，終身雇用，年功賃金といった雇用慣行が定着することで個人が信用力を増したこと，公庫によって個人に対する住宅資金の低利長期融資の方式が確立されたこと，経済成長の鈍化に伴い産業の資金需要が減退したことなどを背景に，民間金融機関は個人向け住宅ローンに本格的に参入した。個人による資金調達の選択肢が広がったことで，ニュータウン型の開発や分譲マンションの建設が進んだ。

私たちが暮らす街と住まいの姿は，この時期にかたち作られた仕組みのうえに成り立っている。短期間に大量の住宅を，民間（企業・世帯）の力で建設することを基本とする日本の住宅政策は，住宅不足の解消には成功をおさめた。他方で，現在の空き家の増加につながる住宅の過剰供給という性格を抱え込むことになった。

＊3　➡第４章「成人期・壮年期の社会政策」

＊4　建設省は，「住宅建設工業化の基本構想」（1966年），「住宅生産工業化の長期構想」（1969年）を発表し，都市住宅の高層化，民間デベロッパーの育成，住宅の量産技術の開発を掲げた。1969年には通産省が「住宅産業室」を設置し，企業に対する融資や税制優遇，助成を進めた。

3 政策は住まいにどうかかわれるか

1 政府の関与の根拠

日本の住宅政策は，長らく住宅建設政策であった。それは，道路や鉄道などのインフラ整備の一環として扱われた。日本の外に目を向けると，住まいが医療，所得保障，教育，雇用などと並ぶ福祉国家の柱の1つとみなされてきた社会もある。この違いは，すでに述べた「居住保障」という観点とかかわっている。すなわち，人が適切な住宅に安定して居住するための条件を整えることが政府の役割として認識されているかいないかが，住宅の位置づけの違いをもたらす。

居住保障の観点に立脚することで，住まいにかかわる政策は，インフラ整備にとどまらず，社会政策としての位置づけをもつことになる。その重要な役割は，社会の中の不平等の是正である。イギリスの居住保障研究者クラッパムは，これを社会的連帯の修復という観点から解説している*5（Clapham, 2019, pp. 125-126）。

居住の不平等は，先に述べた，居住の必要が**個人（世帯）の力***で充足されるという性質と密接に関連している。注意しなければならないのは，居住の不平等を放置することが，一部の人にのみ影響を与えるのではなく，広く社会に波及するという点である。まず，居住の不平等は可視化されやすい。そして，住宅には地位を表示するという性質がある。住まいから得られる満足は，他人と比べた相対的な地位についての自己評価に左右される。このため，格差が拡大すると，自分が主流から外れていると感じた人の自己肯定感が低下することになる。居住の不平等は，持てる者と持たざる者の分断を深め，「社会全般のウェルビーイングが低下する」（Clapham, 2019, p. 126）。それゆえ，不平等という状態そのものが，解決すべき課題となるのである。

*5 デイヴィッド・クラッパムは，グラスゴー大学教授。国際学術誌『Housing, Theory and Society』の編集長を12年にわたり務めるなど，欧州の居住保障研究のリーダーの1人である。

＊個人（世帯）の力
個人（世帯）は，そのつどの居住の必要に反応するだけでなく，将来の必要に備えるために行動を起こす。例えば，老後の所得減少を見越して早めに持ち家を取得したり，改良のための投資を行ったりする。住宅というかたちで蓄積された資産は，相続などによって世代間で移転することができるほか，現金化によって別の必要を充足するための費用を捻出することも可能である。しかし，持ち家が取得できない人，または価値が低い資産しか取得できない人は不利な立場に置かれる。住宅という資産は，すでに存在する不平等を再生産し，拡大する働きをもつ。

2 居住保障のための政府の関与

では，居住保障のための政府の関与には，どのような手段があるのだろうか。クラッパムは，これを①規制，②直接供給，③融資・補助金・課税，④情報提供・助言，⑤アカウンタビリティ，⑥問題の定義，⑦不介入の7つに整理した（Clapham, 2019, pp. 12-13）。

「①規制」は，住宅市場での売買や貸借に制限を加える。

家賃規制，借家権の保護，仲介業者の活動内容についての規定などが含まれる。「②直接供給」は，国や地方自治体が事業主となって，賃貸住宅などを供給することである。**ホームレス***の人のための宿泊施設や支援などのサービスを提供することもある。「③融資・補助金・税制」は，供給側（家主）と需要側（居住者）の双方に向けて実施され，費用と収益を変化させることを通じて個人や事業者の行動を，政策目的に沿った方向に誘導する。

④から⑥は，より潜在的な関与というべきものであるが，住宅というモノと居住する人の関係を整えるという観点からは重要な役割を含んでいる。「④情報提供・助言」が必要なのは，住宅の取引において情報の非対称性が存在するからである。政府は，自ら情報提供を行うとともに，事業者に情報の開示を求める。また，住まいの確保に困難を抱える人に対して，**ソーシャルワーカー***と連携した支援を提供することもある。「⑤アカウンタビリティ」とは，当事者間の関係を定義し，供給主体の責任を明確化することを指す。「⑥問題の定義」は，居住保障についての言説にかかわっている。ある現象を問題と認定するかどうか，その要因をいかにとらえるかについては複数の立場がありうる。政府がいずれに与するかが，問題についての議論の枠組みを左右し，対応策の選択に大きな影響を及ぼす。

そして，政府が住宅市場に介入しない場合があるが，それは中立ということではなく，「⑦不介入」という１つの立場を選択することを意味している。

3　焦点としての民間賃貸セクター

居住保障政策にとって最も重要な介入対象は，**民間賃貸セクター***である。民間賃貸セクターには，住宅市場で取引される商品としての住宅と，居住の必要を充足する手段としての住宅の矛盾が集中的に現れる。公営住宅の建設をはじめとする政府による直接供給は，このセクターを「代替」するための手段である。しかし，「代替」には費用も時間もかかる。そこで，このセクターに対する「規制」（クラッパムの分類では①）がまずは発達した。規制は財政支出なしに実行でき，即効性も高いからである。そして規制は，現在でも居住保障の有力な手段である。

欧州では，民間賃貸セクターへの介入は，おおむね以下の

＊ホームレス
欧州諸国のホームレス支援組織の連合体FEANTSAによる「ホームレス状態と居住貧困の類型」（ETHOS: European Typology on Homelessness and Housing Exclusion）が定義するように，「ルーフレス」（野宿）のみならず，「ハウスレス」（施設やシェルターでの滞在），「不安定居住」（立ち退きのおそれ，ドメスティックバイオレンスの危険がある），「不適切居住」（非居住用または脆弱な建造物，基準を満たさない建造物，過密状態）も含んだ，広義のホームレスを指している。

＊ソーシャルワーカー
イギリスにはハウジング・マネージャーと呼ばれる職業がある。資産の管理（「空き物件の管理」，「家賃徴収と滞納への対処」，「補修と維持」，「エネルギー効率の向上」），入居段階の支援（「住宅の適切な割り当て」，「ホームレス状態の解消」），入居後の支援（「住まいに関する相談」，「反社会的行動・迷惑行為の防止」，「コミュニティケアとの連携」，「居住者の参加の促進」）といった包括的なサービスを，コミュニティに対して提供する仕事とされる（Sprigings, 2017, p. 29）。それは，居住保障の分野におけるソーシャルワーカーといえるだろう。

＊民間賃貸セクター
賃貸住宅は，３つのセクターに分けることができる。行政機関が家主となる公共賃貸セクター，非営利

ような経緯をたどった（Whitehead et al., 2012）。

多くの国では，20世紀初めに家賃規制が導入され，戦間期に定着した（第1世代の家賃規制）。しかし，すでに日本の住宅政策の歴史について述べたように，**規制の副作用***も大きかった。1970年代の石油危機後，多くの欧州諸国ではインフレ率が高まった。第1世代の規制が維持できなくなり，家賃規制の緩和が進んだ（第2世代の家賃規制）。第2世代の特徴は，家賃の引き上げが容易になったことである。この転換を可能にしたのは，住宅手当（公的家賃補助）の導入である（クラッパムの分類では③）。住宅手当により，家計負担の軽減と市場の効率性の両立が可能となった。現在も，ほとんどの国で住宅手当制度が維持されている。

なお，家賃規制が実施されると，家主はいま住んでいる借家人を退去させ，新しい借家人と新しい（現在よりも高い）家賃で契約しようとする。このため，家賃規制を実効あるものにするためには，借家権の保護が欠かせない。ただし，規制がもたらす影響は複合的である。いま住んでいる借家人を守るための規制は，入居時の厳しい選別を招き，これから入居しようとする借家人にとっては不利になる。このような欠点を補うには，規制と，供給側と需要側の双方に対する補助を，巧みに組み合わせなければならない。

4　2つの補助

政府による補助には，供給側に向けたものと需要側に向けたものがある。それぞれ**「対物補助」と「対人補助」***とも呼ばれる。1970年代以降，多くの先進国で，前者から後者への移行がみられた。住宅手当（対人補助）が拡充されたのは，民間賃貸セクターに対する規制の緩和と並行して，公共賃貸セクターに向けた対物補助が縮小されたためでもある。

2つの補助は，政府の役割と個人の能力についての異なった想定に基づいている（King, 2016）。対物補助は，住宅の量的な不足，社会全体の住宅の質の低さなど，個人の所得を増やすだけでは解決できない問題の解決を図る。一方，住宅手当などの対人補助は，量の面だけでなく質の面でも十分な住宅のストックがあり，個人には居住についての適切な選択を行う能力があることを前提としている。

対人補助には，いくつかの利点がある。要件を満たせば直ちに給付を開始でき，所得が増えるなど，要件を満たさなく

組織が家主となる社会賃貸セクター，そして，営利目的の企業や個人が家主となる民間賃貸セクターである。

＊規制の副作用
インフレが進む中で名目家賃が凍結されたために，実質家賃は大幅に下落した。これにより，採算が悪化して撤退する家主が続出した。補修や改修のための投資が停滞し，住宅の質が悪化した。また，新たな契約を結ぶと家賃が上昇することから，人々は転居を避けるようになり，人と住宅のミスマッチが拡大した。

＊「対物補助」と「対人補助」
供給側に対する補助の中心は，建設費の補助である。住宅というモノに対する補助である点に着目して「対物補助」という。これに対して，需要側に対する補助は，住宅手当（家賃補助）のように，居住者という人の負担軽減を図るものであるから，「対人補助」という。

なったときには停止できる（適時性）。これに対して，対物補助によって建設された公共賃貸住宅は，入居者が要件を満たさなくなったとしても，退去までには長い時間を要する。このため，必要の度合いの高い人の利用の機会が閉ざされる場合がある。また，対人補助は，持ち家を含むすべてのセクターに適用可能である（中立性）。

ただし，対人補助の主流化に批判的な意見もある（Clapham, 2019, pp. 138-140）。たとえ対人補助が適時的であっても，住宅の供給は急には増やせないため，需要の変化に即座に対応できるわけではない。対人補助によって需要が増加すると，民間賃貸住宅の家賃が上昇する。その結果，居住者よりも家主が多くの利益を得ることにもなりかねない。こうした事態を避けるためには，対人補助と家賃規制，資産課税，対物補助の効果的な連携が欠かせない。

4　なぜ「居住支援」が必要なのか

1　住宅セーフティネット

日本の住宅政策が大きな転機を迎えたのは，2000年代の半ばである。2006年，住宅建設計画法（1966年）が廃止され，住生活基本法が制定された。新しい法のもとで策定された住生活基本計画では，政府のかかわりはさらに抑制的となり，地方分権，ストック重視と市場重視の方針が明確にされた。

2007年の住宅セーフティネット法[*6]は，低所得者，被災者，高齢者，障害者，子育て世帯などを「住宅確保要配慮者」と総称し，これらの人々に対する賃貸住宅の供給を促進することを目的とした。住宅確保要配慮者とは，住宅市場で不利な立場にある人のことを指す。ただし同法は，市場に介入するための規制や補助について定めるものではなく，自治体単位での「**居住支援協議会**[*]」の設置を奨励するにとどまった。

住宅セーフティネット法は，制定から10年後の2017年に大幅に改正された。新しい仕組みでは，住宅確保要配慮者の入居を拒まない民間賃貸住宅として登録された住宅が，自治体による監督や，改修費や家賃減額のための助成の対象となった。そして改正法は，居住支援を行うNPO法人，社会福祉法人，営利企業などのうち，一定の基準を満たすものを，都道府県が「居住支援法人」に指定する制度を導入した（改正法42条）。居住支援法人は，住宅確保要配慮者を対象に，登録住宅にかかわる家賃債務保証のほか，賃貸住宅への入居時

＊6　正式名称は「住宅確保要配慮者に対する賃貸住宅の供給の促進に関する法律」である。

＊居住支援協議会
地方公共団体，宅地建物取引業者，賃貸住宅管理業者，居住支援団体などによって構成され，「住宅確保用配慮者の民間賃貸住宅への円滑な入居の促進に関し必要な措置について協議する」（旧第10条，現第51条）とされる。

および入居後の情報提供や相談援助を行う。

2　住宅と福祉の連携

2000年代以降，地域福祉や在宅ケアの主流化に伴い，医療や介護にかかわる政策は住まいの重要性を強調するようになった。2011年には，**「サービス付き高齢者向け住宅」（サ高住）***の制度が設けられた。面積やバリアフリーなどの基準を満たし，一定の生活支援サービスが提供される老人ホームまたは賃貸住宅が，対物補助の対象となった。

災害は，しばしば住まいに関する政策の転機となる。東日本大震災（2011年）に際して，新たに建設される建設型の仮設住宅だけでは被災者の必要に対応できないことから，民間賃貸住宅を活用した**「みなし仮設住宅*」**の方式が本格的に運用され，その後の大規模災害対策において定着した。この仕組みは，災害救助の枠内ではあるが，実質的に住宅手当（対人補助）としての意味をもつ。

生活困窮者自立支援法*（2013年）は，失業など急激な収入の減少に直面した人を対象に，短期的に家賃を支給する住居確保給付金を導入した。この制度は，就労支援の枠内での住宅手当（対人補助）といえるだろう*7。

2017年の住宅セーフティネット法改正は，こうした福祉政策と住宅政策の接近を背景に行われた。2021年の住生活基本計画（全国計画）は，「住宅確保要配慮者（低額所得者，高齢者，障害者，外国人等）の住まいの確保」，「福祉政策と一体となった住宅確保要配慮者の入居・生活支援」という方針を示し，住宅と福祉の連携を強調する。

3　ベーシックサービス

日本では居住保障についての政府の関与は限定されており，依然として「不介入」（クラッパムの分類では⑦）の領域が大きい。とはいえ，住まいが確保された状態を目指す点で，居住支援という概念の登場は，住宅建設政策から居住保障政策への転換の兆しといえるだろう。家族，雇用主，近隣コミュニティの弱体化により，住まいの確保は，個人的な課題から社会的な課題へと変化しつつある。

こうした動きを読み解くうえで，１つの参照枠を提供するのが，2017年頃からイギリスで提唱されているユニバーサル・ベーシックサービス（UBS）の考え方である。ベーシッ

＊サービス付き高齢者向け住宅（サ高住）
「高齢者の居住の安定確保に関する法律」（2001年）の改正（2011年）に基づいて導入された。2023年現在，供給数は約8000棟，28万戸に達している。

＊みなし仮設住宅
民間賃貸住宅を，災害救助法に基づく応急仮設住宅として利用する制度。東日本大震災では，自治体が民間賃貸住宅を借り上げて避難者に提供する方式だけでなく，避難者が家主と契約し，その家賃を自治体が肩代わりする方式も認められた。2016年の熊本地震では，みなし仮設住宅の戸数は建設型仮設住宅の約３倍にのぼった。

＊生活困窮者自立支援法
➡第10章「生活困窮と社会政策」❸ 3

＊7　新型コロナウィルス感染症の影響による休業等に伴う収入減少等により，住まいを失うおそれが生じている人を対象とするため，2020年４月に住居確保給付金の対象者が拡大された。それまで年間数千件であった支給決定件数は，2020年度には13万件以上（新規）に達した。

▶▶ Column 9　ハウジングファースト：住まいと支援サービスの緊張関係 ◀◀

「ハウジングファースト」（HF）は，30年ほど前にアメリカで始まった，ホームレス状態の人に対する支援の方法である。この方法の特徴は，「ステップアップモデル」と比較するとわかりやすい。ステップアップモデルでは，ホームレス状態から，シェルターなどの中間的な居住形態を経て，一般的なアパートなどの恒久的な住まいへ向けて，段階を踏んで進んでいくことが想定されている。これに対してHFでは，その名の通り，ホームレス状態から直接，恒久的な住まいに移行する。

ステップアップモデルでは，あらかじめ設定された条件，とりわけ自立した生活を維持するための能力が認められなければ，次の段階に進めない。いくつかのハードルを超えたゴールとして，恒久的な住まいが位置づけられる。これに比べると，恒久的な住まいをスタートとするHFは無謀なやり方のように感じられるかもしれない。しかし，実証研究の結果，恒久的な住まいへの定着率は，HFのほうが高いことが明らかになった。その有効性が知られるにつれて，HFはホームレス支援の革新的な方法として，日本を含む各国に広まった。

「ハウジングファーストの根幹は，住まいと支援サービスの独立性にある」（熊倉・森川，2018，25頁）とされる。HFは恒久的な住まいの確保だけでなく，医療，教育，就労支援などの支援サービスと組み合わされることによって効果を発揮する。ただし，気をつけなければならないのは，それらをどう組み合わせるかを決めるのは，支援者ではなく本人であるという点である。HFでは，何らかの支援サービスを利用することを条件として，住まいが確保されるわけではない。逆に，一度選んだ住まいを離れたとしても，支援サービスが利用できなくなるわけではない。

HFの実践者は，住まいが「自由」と「尊厳」の条件であることを強調する。そして，支援サービスが，その提供の仕方によっては，人の自由と尊厳を奪う危険を含んでいることに警鐘を鳴らす。住まいと支援サービスには，緊張関係といってもよいような複雑な関係がある。それらは，いかにして，分離されつつ相互に補完し合う関係を結ぶことができるだろうか。この問いは，社会政策と居住保障の関係を考える際にも，重要な示唆を与えるように思われる。

参考文献

熊倉陽介・森川すいめい，2018，「ハウジングファースト型のホームレス支援のエビデンスとその実践」稲葉剛・小川芳範・森川すいめい編『ハウジングファースト』山吹書店。

クサービスとは，誰もが必要とする基礎的・基幹的なサービスを指す。ユニバーサル・ベーシックインカム（UBI）が一律の現金の給付を行うのに対して，UBSは，支払い能力に関係なく，誰もが必要（ニーズ）を満たすサービスを受ける権利を保障するものである。[*8]

＊8　公共サービスを原則的に無償で提供するというと，現実離れした主張と受け止められるかもしれない。しかし，日本でも義務教育のように無償であるこ

とが定着している分野があり，高校の授業料や子どもの医療費などの分野に拡大しつつある。UBS は，これをさらに充実させ，住まい，栄養，交通，情報などの領域に広げようとする。

UBS の考え方では，居住は，栄養，社会参加，健康，身体的安全，所得保障などと並ぶ人間の基本的な必要の 1 つとされる。住まいは，水，エネルギー，通信，交通，物流，金融といった物質的な側面と，医療，教育，ケア，警察，救急，行政などの無形的な側面をつなぐものであり，ベーシックサービスにとって要の位置にある（Gough, 2019）。

住まいは，「生涯を通じて健康，自律性，社会参加という基本的な必要を満たす経路」（Coote and Percy, 2020, p. 86）にほかならない。様々な課題が，住まいの持続の困難というかたちで現れる。逆に，住まいの確保は，それらの課題に対処する力を人に与える。ホームレス状態や不安定な居住を放置することは，将来的には高コストの介入を招く。居住保障への適正な投資は，将来の支出を抑制する効果をもつと考えられている（➡ *Column* 9「ハウジング・ファースト」）。

もっとも，教育，医療，ケアとは異なり，居住保障は無償化になじまない。住宅の多くは市場で取引される商品である。目指すべきは無償ではなく，「適切で安全で低負担の住まい」（Gough, 2019, p. 537）である。これを実現するためには，開発・建築・改修への公的資金の投入，開発利益の制限，不動産課税，土地の公有や信託，対物補助，対人補助，家賃規制などを駆使しなければならない。居住の必要を充足する資源は，多様な主体によって供給される。そして，居住保障において決定的な手段は存在せず，複数のアプローチの混合が求められる。

5 住まいのレジーム

1 多様なレジーム

住まいの国際比較研究は，各国で居住保障についての考え方や，そのために用いられる手段が大きくことなることを明らかにしてきた（祐成，2023）。ある地域や時期に特徴的な体制のことを「レジーム」という。福祉国家のレジーム論（➡ *Column* 10「福祉レジーム論」）がよく知られているが，居住保障研究でも独自にレジーム論が発展してきた。

いまでもよく参照されるのは，欧州諸国の賃貸住宅セクターを分析した J. ケメニーの枠組みである（Kemeny, 1995）。彼は，賃貸住宅に「民間・営利」と「公共・非営利」の家主が併存している**デュアリズム***（二元的賃貸システム）と，「民間・非営利」の家主が大きな位置を占める**ユニタリズム***（統

＊デュアリズム
市場で家賃が決まる民間セクターと，政府が家賃を決める公共セクターが明確に分離されており，後者の対象は困窮層に限定される。欧州ではイギリスが代表的である。

＊ユニタリズム
民間・非営利の家主は，公共・非営利や民間・営利の家主とともに，政府の規制や補助によって管理された住宅市場（社会的市場）に参入する。その結果，全体の家賃水準が引き下げられ，多様な利用者に向けた住宅が確保される。ドイツや北欧諸国にみられる形態である。

▶▶ *Column* 10　福祉レジーム論：収斂と分岐 ◀◀

世界各国の社会政策について学ぶと，国による違いが大きいことがわかる。このような違いがなぜ生じるのかについては，大きく分けて２つの見方がある。１つは「収斂論」，もう１つは「分岐論」である。

H. ウィレンスキーの『福祉国家と平等』(1974=1985) は収斂論に立脚した古典的な研究である。同書によれば，１人当たりの所得が増え，高齢化が進展するにつれて，福祉国家の制度が拡充される。制度の導入から時間が経てば経つほど，その傾向が強まる。そして，あらゆる福祉国家は，高齢期の所得保障とケアの提供という共通の課題のもとに収斂しつつあるという。この考え方に基づくならば，各国の間に違いがあるとしても，結局のところ，遅いか早いかの問題にすぎない。

収斂論が，様々な社会が同じ経路をたどると考えるのに対して，分岐論は，社会ごとに経路が異なることに着目する。この立場の研究で最も著名なのは，G. エスピン-アンデルセンの『福祉資本主義の３つの世界』(1990=2001) である。鍵となるのは，「レジーム」という概念である。福祉のニーズを満たすための資源は，政府のみならず，市場，非営利組織，家族などによって供給される。そして，それぞれの担い手の規模や役割は国ごとに異なる。どのような手段が用意され，どこに重点を置くかによって，異なったレジームが形成される。

福祉レジームの差異をもたらすのは，社会を構成する様々な集団の間の対抗や連携である。エスピン-アンデルセンが特に重視するのが，階級間の関係である。そして，よく知られる「社会民主主義」(労働者階級とミドルクラスの連合が優位に立ち，右派勢力が弱い)，「コーポラティズム（または保守主義)」(権力闘争が膠着状態に陥り，どの集団も優位を獲得できない)，「自由主義」(労働者階級が分断され，右派勢力が優位に立っている) という３つのレジームが導き出された。

２つの見方に共通しているのは，制度に「慣性」があるという発想である。制度は，いったん定着すると自己を維持・拡大しようとする。このことは，住まいについて考えるときに格別の意味をもつ。住まいは文字通り土地に定着している。住まいとそれを取り巻く住環境は，長い時間をかけて，多様な主体によって，様々な資源を用いながら形成される。だからこそ，住まいについて考えるとき，歴史に着目する意義は大きい。歴史を知ることは，過去から自由になるための第一歩である。

参考文献

Esping-Andersen, Gøsta, 1990, *The Three Worlds of Welfare Capitalism*, Polity Press.（岡沢憲芙・宮本太郎監訳，2001，『福祉資本主義の三つの世界』ミネルヴァ書房）

Wilensky, H. L., 1975, *The Welfare State and Equality*, University of California Press.（下平好博訳，1984，『福祉国家と平等』木鐸社）

合的賃貸市場）という２つのタイプがあると考えた。

ケメニーのレジーム論に修正を加えたのが，H. シュウォーツらの「居住資本主義」論である。各国の住宅ローン債務割合の対GDP比と，持ち家率という指標を組み合わせることで，「コーポラティズム的市場」，「自由主義的市場」，「政府主導の開発主義」，「家族主義」という類型が導き出された[*9]。各レジームは次のように特徴づけられる（Schwartz and Seabrooke, 2008；Lowe, 2011=2017）。

「自由主義的市場[*10]」では，債務割合と持ち家率が，ともに高い。このレジームでは，住宅が私的な資産とみなされるだけでなく，住宅にかかわる金融システムが発達しており，住宅が高度に商品化されている。政府は介入に消極的で，市場内での自助努力が重視される。若年層の住宅市場への参入は困難で，持ち家を所有する高齢層との世代間格差の問題が生じている。

「政府主導の開発主義[*11]」では，債務割合と持ち家率が，ともに低い。このレジームでは，居住保障は社会権とされ，住宅の商品としての性質が弱められる傾向がある。つまり，住宅が脱商品化されている。政府は規制や補助などを通じて積極的に市場に介入しており，高所得層と低所得層の分化が抑制されている。賃貸住宅セクターが大きく，民間の非営利組織が強い。

「コーポラティズム的市場」では，持ち家率は低いが，債務割合は高い。このレジームでも，居住保障は社会権とされる。賃貸住宅セクターに対する規制が行われ，非営利組織の規模も大きい。しかし，住宅は私的資産としての性格を強めており，住宅が再商品化されつつある。住宅市場の階層化や世代間格差の拡大といった，自由主義的市場と共通の問題を抱える。

「家族主義」では，持ち家率は高いものの，債務割合は低い。このレジームでは，住宅は家族と密接に結びついており，商品化も脱商品化も進んでおらず，いわば未商品化の状態にある。政府は介入に消極的で，居住保障は社会権とはみなされない。住宅市場の規模が小さく，市場の外での自助努力が重視される。

2 レジームからの自由

シュウォーツらの類型で，日本はどれに該当するのだろう

*9 住宅ローン債務割合の対GDP比は，どれほど住宅が金融システムに組み込まれているか，そして，持ち家率は，どれほど住宅が私的な資産として扱われているかを示している。シュウォーツらは，1992～2002年までのデータにもとづき，各国がOECDの平均値からどのくらい偏っているかを算出した（資料8-4参照）。

*10 ケメニーの類型ではデュアリズム（二元的賃貸システム）に該当する。

*11 ケメニーの類型ではユニタリズム（統合的賃貸市場）に該当する。

資料8-4　居住資本主義の多様性

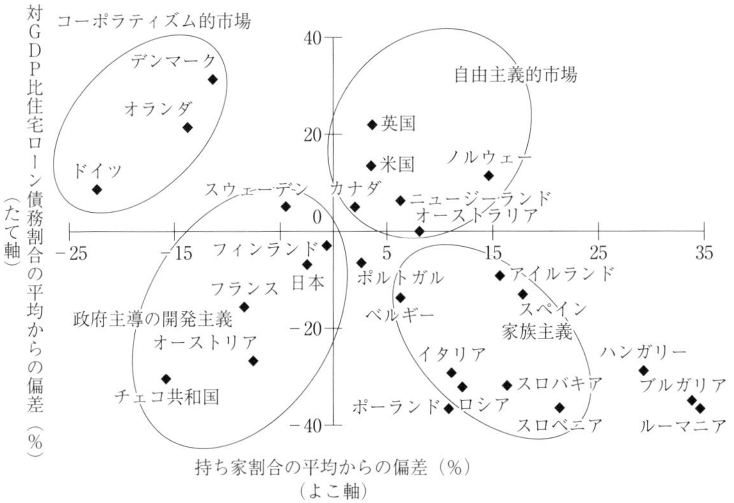

（出所）　Lowe 2011=2017：180頁（初出はSchwartz and Seabrooke 2008, 244頁）。

か。**資料8-4**をみると，債務割合と持ち家率がともに低い「政府主導の開発主義」のグループに位置している。確かに，借家権の保護の強さは，住宅が脱商品化されていることを意味する。しかし，本章の冒頭でみたように，世論の多数派は，居住保障について政府が主導的な役割を果たすことに否定的である。

日本の住宅政策は，住宅ローン減税や建築規制の緩和などを通じて私有化を促進し，住宅の商品化・再商品化を志向している（自由主義的市場？ コーポラティズム的市場？）。さらに，居住保障は社会権として確立しておらず，対人補助もきわめて限定的である。住宅市場で取引されたことのない，もしくはその可能性が著しく低い，未商品化の状態にある住宅が少なくない（家族主義？）。日本の当てはまりの悪さは，明確な方針のないまま進められてきた政策の，現時点での帰結を映し出しているのかもしれない。

本章では，住宅政策ではなく「居住保障政策」という政策分野を設定した。これは「問題の定義」（クラッパムの分類では⑥）の第一歩である。どのような概念で政策を論じ，どのようなデータを集め，分析するかということも，レジームの作用である。日本とは異なるレジームを知ることで，既存のレジームを前提にした発想から自由になることができる。住まいのように，私たちの日常に深く浸透した領域を対象とするときには，この自由は，意識的に獲得しなければならないものである。

本章のテーマをさらに理解するために

- **ケメニー，J.／祐成保志訳，2014，『ハウジングと福祉国家』新曜社。**

住まい・居住と社会構造の関係についての理論的な考察，住宅政策の国際比較の方法論の検討，住まいにかかわる政策の差異を生み出すイデオロギーの作用に着目した事例分析からなる。ハウジング研究における分岐論（➡ *Column* 10 参照）の基礎を確立し，後続の研究に大きな影響を与えた。

- **平山洋介，2020，『マイホームの彼方に』筑摩書房。**

核家族による持ち家の取得を基本とする日本の住宅政策が形成され，それが強化された過程を，ケメニーらが切り拓いた比較研究の理論的な枠組みに基づいて鮮やかに分析する。さらに，ポスト成長社会のもとで進行する階層化の分析と，新たな政策の構想が提示される。

- **牧嶋誠吾，2021，『福祉と住宅をつなぐ』学芸出版社。**

地方自治体で長く住宅政策の実務に携わった著者は，公営住宅に集積する福祉課題への取組みを通じて，住宅政策と福祉政策の連携の必要性を強く意識するに至った。どのような場面で居住支援が必要とされ，どのような実践が展開されているのかを知るうえで最適の１冊である。

引用参考文献

西山夘三，1942，『住宅問題』相模書房。

祐成保志，2023，「居住保障と福祉国家」『福祉社会学研究』20，福祉社会学会。

Clapham, D., 2019, *Remaking Housing Policy: An International Study*, Routledge.

Coote, A. and Percy, A., 2020, *The Case for Universal Basic Services*, Cambridge, Polity Press.

Gough, I., 2019, "Universal Basic Services: A Theoretical and Moral Framework", *The Political Quarterly*, 90(3), pp. 534-542.

Kemeny J., 1995, *From Public Housing to the Social Market*, Routledge.

King, P., 2016, *The Principles of Housing*, Routledge.

Lowe, S., 2011, *The Housing Debate*, Policy Press.（祐成保志訳，2017，『イギリスはいかにして持ち家社会となったか』ミネルヴァ書房）

Schwartz, H. and Seabrooke, L., 2008, "Varieties of Residential Capitalism in the International Political Economy", *Comparative European Politics*, 6, pp. 237-261.

Sprigings, N., 2017, *Housing and Housing Management: Balancing the Two Key Contracts*, Edinburgh and London: Dunedin Academic Press.

Whitehead, C., Monk, S., Scanlon, K., Markkanen, S. and Tang, C., 2012, *The Private Rented Sector in the New Century: A Comparative Approach*, University of Cambridge.

（祐成保志）

第9章

保健医療・介護

——健康な身体／ままならない身体で生きぬくために——

現代では，私たちの多くは，何らかの健康リスクや障害を抱えている。病気や障害をもっていても社会とかかわり生きていけるような環境や体制を整えることが，保健医療や介護の制度には求められている。日本は，医療における国民皆保険の達成や介護保険制度など，優れた制度を作ってきたが，社会が変化する中で制度が対応すべき課題も多い。財源という視点で制度を見直すことも重要である。

1 生活の安心を支える医療の制度とその揺らぎ

1 医療の皆保険制度の形成

病気になったら，すぐに診察を受けて薬を処方してもらう。私たちの多くは，こうしたことを当たり前と思うのではないだろうか。しかし，このことを当たり前だと思えるためには，様々な条件がそろっていなくてはならない。身近なところに医療機関がある，それほど待たずに受診できる，診察や薬の費用の心配をあまりしなくて済む，こうした条件が整っているからこそ，私たちは安心して医療にかかることができるのである。こうした「医療にかかることの安心」を支えているのが，国民皆保険制度を柱とする日本の医療制度である。国民皆保険制度とは，国民すべてを公的医療保険で保障することを原則とする制度のことで，日本における皆保険の達成は1961年である。

日本で初めての社会保険立法として健康保険法が制定されたのは1922年である。当初，対象者は一定の規模以上の工場や鉱山の労働者に限られていたが，その後，対象となる被用者（雇用されている労働者）の範囲が拡大する。1938年には，農村部の一次産業従事者（農山漁民）をはじめとした一般国民をカバーする国民健康保険制度も成立した。同時期は戦時下であり，国防力の充実のために「健兵健民対策」として国民の体力向上を政府が重視したことが，制度の全国的な普及につながった。

第二次世界大戦後の混乱期，医療保険制度は崩壊の危機に直面したが，なんとか再建が図られた。制度再建の過程で，被保険者の強制加入，国庫補助の仕組みなどが導入された。ただし，1955年頃でも総人口の３分の１（3000万人）程度は医療保険の適用を受けておらず，そのうち1000万人の低所得者は一度病気にかかると生活保護をあてにするしかなかった（井伊，2008，211頁）。多くの保険未適用者がいるという課題に対し，工場労働者，都市部の給与生活者，農村部の一次産業従事者や村民など，対象者別に存在していた保険制度を調整し，すべての国民をカバーする公的な保険制度の仕組みを整えたのが1961年である。この年は，国民皆保険達成の年といわれる。

現在の日本の医療保険制度は，75歳以上は後期高齢者医療制度に全員が加入し，75歳未満は，被用者保険（被用者とその被扶養者が加入する保険）か，市町村が運営する国民健康保険（市町村国保）のいずれかに加入する[*1]。

医療保険制度の加入者は，毎月の保険料を支払い，医療にかかった場合に費用の一定割合が保険により賄われ，自己負担が比較的少なくて済む[*2]。医療保険制度は，社会保険の仕組みを基本として運営されているが，財源は社会保険料だけでなく，税金などの公費も相当な規模で投入されている。

2　国民皆保険制度の揺らぎ

「皆保険」と聞くと，国民全員が医療保険制度に加入し，保険制度のもとで平等に医療を受けることができていると思うかもしれない。しかし，実際には日本の医療制度にも格差という問題がある。

皆保険制度が達成された当初からいまに至るまで，医師や医療機関が，地域により偏在するという問題がある（土田，2011，249頁）。医療・医師の不足が深刻な問題となっている過疎地域は少なくない。2008年から2014年にかけて，大都市圏や地方都市のほとんどの**医療圏**[*]で人口10万人当たりの医師数が増加したのに対し，日本の医療圏の３分の１程度を占める過疎地域医療圏では医師数が減少した医療圏が４分の１もあった[*3]。医療の地域偏在の是正，過疎地域における医療不足への対応は，重要な課題となっている。

こうした地域間での医療資源の格差のほかに，人々の経済的な格差と結びついた医療の格差もある。保険料を滞納する

＊1　被用者保険は，大企業のサラリーマンの場合は「健康保険組合（健保組合）」に加入し，中小企業のサラリーマンなどは「全国健康保険協会（協会けんぽ）」に加入し，公務員や国公私立の教職員などは「共済組合」に加入する。市町村国保は，自営業者，非正規雇用者，75歳未満の年金生活者など，後期高齢者医療制度にも被用者保険にも加入していないすべての住民を被保険者としており，国民皆保険の支えとなっている。

＊2　医療費の自己負担の割合は，年齢により異なり，75歳以上の場合は１割（所得が多い場合は２割または３割），70～74歳では２割（所得が多い場合は３割），70歳未満は３割，義務教育就学前は２割となっている。

＊医療圏
医療の提供のために設定された地域的な区分のこと。１次から３次までの医療圏がある。１次医療圏は，日常的な医療を提供する単位である（原則，市区町村が単位）。２次医療圏は，救急医療や入院治療を提供する単位である（複数の市区町村で１つの医療圏を構成）。３次医療圏は，特殊な医療を提供する単位である（北海道を除き各都府県が単位）。

＊3　医療の偏在の状況に関する詳細は，以下が参考になる。厚生労働省医政局HP「医療偏在対策について」平成30年２月９日（2023年３月８日閲覧）。

ことで制度から排除される人と，制度の恩恵を受けられる人との間の格差である。近年の社会経済状況の変化の中で，問題の深刻さは解消されていない。

日本の雇用システムは大きく変容し，非正規雇用・不安定雇用が増大してきた。こうした人々の医療保険の受け皿となっているのが国民健康保険であるが，加入者における非正規雇用者や低所得者・無収入者の増加は，保険料の支払いが困難な人や滞納せざるを得ない人々の増加につながる。

国民健康保険料の滞納が続くと通常の保険証は使えなくなり，「**短期被保険者証***」，または，１年以上の滞納が続くと「**被保険者資格証明書***」を使うことになる。被保険者資格証明書を使っても保険は適用されるが，全額自己負担をする余裕のない人々にとっては，医療の受診がきわめて困難になる。2021年の滞納世帯は保険制度の対象者の約12%に相当する174万3000世帯であり，資格証明書交付世帯は９万9000世帯となっている。

国民健康保険を運営する自治体は，保険料の徴収活動を強化する一方で，保険料納付に関する相談を充実したり，徴収の猶予や減額・減免の措置を利用しやすくするなど，保険料滞納世帯を減らす取組みを行っている。しかし，経済的格差を背景にした医療アクセスの格差は依然として解消されてはいない。また，保険制度に加入していても，診療や薬処方の自己負担が生活費を圧迫するため，医療受診を控える人々や，適切な医療を受けることができず健康状態が悪化する医療ネグレクトの状態に置かれた子どもなど，現在の制度において，安心して医療を受けることができない人々も少なくない。*4

国際的な議論においては，ユニバーサル・ヘルス・カバレッジ（Universal Health Coverage: UHC）という考え方がある。UHC とは「全ての人が適切な予防，治療，リハビリ等の保健医療サービスを，支払い可能な費用で受けられる状態」を指す（厚生労働省 HP）。UHC は，国連の持続可能な開発目標（SDGs）のターゲットの１つに位置づけられ，世界各国がその達成を目指している。日本は，1961年の皆保険の実現により UHC を達成したといわれている。しかし，これまでみてきたように，過疎化する地域の医療の状況，経済的格差・貧困の広がりに伴う保険料の支払いや受診の困難など，UHC の綻びが広がりつつある。あらためて，新しい時代に

＊短期被保険者証
自己負担は通常の保険証と変わらないが，保険証の有効期限が通常の保険証より短い。

＊被保険者資格証明書
通常の保険証とは異なり，医療機関の窓口でいったん全額自己負担をした後で，自治体に申請しないと，保険で賄われる金額の払い戻しを受けることができない。

＊4　現場の様子については医療従事者である和田（2021）の話などが参考になる。

おける医療制度とその運営についてUHCという観点から考えていく必要がある。

2　勤労世代における健康問題の多様化と保健医療

1　健康問題の多様化

これまでは，私たちが健康な生活を送るうえでのセーフティネットとして医療を位置づけ，「医療につながること」を中心に，そのあり方や課題をみてきた。以下では，私たちがどのような健康問題に直面しているのか，働く世代に焦点を当ててみていこう。

私たちは，「働く人」をどのようにイメージするだろうか。基本的には健康で，たまにケガや病気にかかり一時的に仕事を休むが，元気になって仕事に戻る，そんなイメージがあるかもしれない。しかし，実際には多くの人が健康問題を抱えながら働いている。

働く日本人の健康問題として国際的にも有名なのは，「過労死」，「過労自殺」である[*5]。しかし，働く人々の健康課題はそれだけではない。**メンタルヘルス**[*]に問題を抱えている労働者が相当数にのぼるほか，高齢者や女性就業者の増加など，日本の労働者の構成が多様化するのに伴い，労働者の健康課題も多様化している。

(1)　メンタルヘルス問題の広がり

仕事や職業生活に関する強いストレスのある労働者の割合は，2000年からいままで，常に50%を超えている[*6]。**ストレスチェック制度**[*]の導入など，労働者のメンタルヘルスを事業所が把握し，メンタルヘルス問題の予防や早期対応につなげる対策が，これまでも行われてきた。ただし，小規模事業所による健康管理や派遣労働者・非正規労働者対する健康管理という点では，有効性が高いとはいえない。また，メンタルヘルスの悪化は精神障害に至ることもあるが，精神障害の労災認定数は最近20年での増加が著しい[*7]。こうしたことから，労働者のメンタルヘルス問題に対し，ストレスチェック制度は，あまり有効に働いてはいないことがうかがえる。

(2)　高齢・女性労働者の増加

メンタルヘルスの問題に限らず，「治療を必要とする疾患を抱えながら働く労働者」は，もはや労働者のマイノリティ（少数派）ではない。**定期健康診断**[*]において，有所見率，すなわち医師から疾患やその疑いがあると診断された人の割合

*5　➡第6章「仕事をめぐる社会政策」❸ 5

＊メンタルヘルス
体の健康ではなく，心の健康状態のこと。ストレスが積み重なることなどにより心の病気にかかることがある。病気の症状は，眠れない，気分が沈む状態が続くなど様々である。

*6　厚生労働省HP「産業保健の現状と課題に関する参考資料」（第1回産業保健のあり方に関する検討会　参考資料1）。

＊ストレスチェック制度
労働安全衛生法の改正により（2015年），一定規模以上の事業所による労働者のストレスチェックが義務化された。ただし，ストレスチェック制度は，労働者50人未満の事業所は義務化の対象外であり，また，1年未難の契約労働者や短時間労働者はチェックの対象外である。

*7　2002（平成14）年は請求件数341，認定件数100であったが，2021（令和3）年には請求件数2346，認定件数629となった。

＊定期健康診断
事業者には，雇用している労働者への健康管理として，医師による従業員への定期的な健康診断が義務づけられている（労働安全衛生法第66条）。

や，何らかの疾患で通院している労働者の割合は，増加し続けている[*8]。

その背景として，労働力の高齢化という大きな社会構造の変化がある。60歳以上の労働者は，1990年には労働者の10人に１人程度であったが，2020年には５人に１人程度になった。「生活習慣病」といわれる高血圧・糖尿病・脂質異常症などの疑いや疾患がある人の割合は，年齢とともに増加する傾向にあることから，労働者の高齢化は，生活習慣病などの疾患を抱えながら働く人の割合が高くなることを意味する。

また，就業する女性も増加し，雇用される者の40％以上を占めるようになった。女性の就業率はどの年齢階級においても増加しており，ライフステージに応じた様々な健康課題に女性労働者も直面している。「働く女性の健康推進に関する実態調査2018」（経済産業省）によれば，「女性特有の健康課題」が原因となり，職場で困った経験をした女性が５割[*9]，正社員の地位やキャリアアップを断念した人が20～25％程度もいた。健康課題にかかわり女性従業者が必要と感じたサポートは，「会社による業務分担や適切な人員配置」，「受診や検診，治療のための休暇制度や柔軟な勤務形態など両立を支えるサポート」，「上司や部署内でのコミュニケーション」，「総務部や人事部などからのアドバイスやサポート」が上位となった。このことは，女性の健康課題に配慮する会社としての経営方針や社内体制の整備が必要となることを示している。

*8　「産業保健の現状と課題に関する参考資料」によれば，有所見率は，1993年の30％台前半から2021年には58.7％に，通院している労働者の割合は，2007年の28.9％から2019年には36.8％に増加している。

*9　具体的な健康課題・症状としては，「月経関連の症状や疾病（月経不順・月経痛など）」，「PMS（月経前症候群）」，「女性のがん・女性に多いがん」，「更年期障害」，「メンタルヘルス」，「不妊・妊活」などがあった。

(3)　治療と生活・仕事の両立

何らかの病気の診断を受けた後も，私たちは，毎日の生活をやりくりしなくてはならない。例えば，就職してから，がんの診断を受けたとしよう。私たちは，どのような治療の選択肢があり，そのどれを選ぶのかといった重大な決断を迫られるが，同時に，仕事の引き継ぎをしたり，子どもの世話や家事の分担について家族と話し合ったりしなくてはならない。治療がある程度一段落した後も，職場復帰や医療費などについて悩むことになる。医療においても，これまで以上に，治療と仕事や生活との両立に関する心配ごとに丁寧に応じ，問題解決につなげられるような相談体制の充実が必要となる。

病気を抱える労働者が治療と仕事とを両立させるには，職場の理解も重要になる。彼らが職場に希望する配慮事項として多いのは，「通院治療のための休暇取得」，「入院・治療等に対応した長期の休職・休暇」，「疾患治療についての職場の理解」などである。しかし，6人に1人は職場からの理解や配慮を受けられていないという調査結果もある（労働政策研究・研修機構 HP「病気の治療と仕事の両立に関する実態調査（WEB 患者調査）」）。

2　産業保健と産業政策

(1)　産業保健としての課題

労働条件や労働環境に関連して人々が直面する健康問題や労働者の健康の保持・増進にかかわる分野は産業保健といわれる。根拠となる法律としては労働基準法，健康保険法などに加え**労働安全衛生法***（1972年制定）がある。労働安全衛生法では，事業場ごとに**産業医***と衛生管理者（50人未満の場合は衛生推進者）を選任し，これらの者が職務として産業保健活動を担うことが想定されている。これらの産業保健活動については，多くの課題が指摘されている。厚生労働省が設置した検討会では，産業医が必要な健康管理活動を行えていない，小規模事業場では産業保健活動が低調であるなど，法令が想定する産業保健活動と実態には乖離があることが指摘された。また，法令で規定された産業医や衛生管理者の職務が，いままで述べてきたような多様化する健康課題に即したものになっていないことも指摘された（厚生労働省 HP「産業保健のあり方に関する検討会　第1回」2022年）。

＊労働安全衛生法
➡第6章「仕事をめぐる社会政策」❶ 5

＊産業医
労働者の健康管理等を行う役割を担う医師のこと。労働安全衛生法に定められた職務としては，健康診断とその結果に基づく措置，長時間労働者や高ストレス者への指導などがある。労働者が50人以上の事業場では，事業者に産業医を選任することが義務づけられている。

健康課題の多様化に対応した効果的な産業保健活動をいかに推進するのか，また，小規模な事業場での産業保健活動をどのように確保していくのか，そうした観点から，産業保健にかかわる者やその役割を再定義し，具体的な体制を再構築することが，産業保健の政策として問われている。

(2)　産業政策としての「健康経営」推進

産業保健の制度を作っても，企業が積極的に従業員の健康問題に取り組まなければ，働く人の健康課題はなかなか解決しないだろう。

そうした中，従業員の健康課題に対する企業としての対応を，経営にとってのコストではなく投資として位置づける「健康経営」という考え方が出てきている[*10]。「健康経営」とは「従業員等の健康管理を経営的な視点で考え，戦略的に実践すること」であり，健康経営という企業理念に基づき「従業

＊10　健康経営は，NPO法人健康経営研究会の登録商標である。

員等への健康投資を行うことは，従業員の活力向上や生産性の向上等の組織の活性化をもたらし，結果的に業績向上や株価向上につながることが期待される」という（経済産業省HP)。経済産業省は，従業員の健康管理を経営的な視点で考え，戦略的に取り組む企業を増やすため，そうした企業を認定・表彰する「健康経営優良法人認定制度」を創設した(2016年)。この認定制度は，大企業だけでなく中小企業に対する表彰部門もあり，実際に中小企業からの認定申請の件数も毎年増えている。

産業政策としての「健康経営」の推進は，先進的ないし優良な取組みを評価するもので，企業による従業員の健康管理の最低限を保証する制度ではない。従業員の健康管理の最低基準がどのように担保されるかは，産業保健分野の政策にかかっている。近年増加している派遣労働者，パートタイム労働者などの非正規労働者については，正規労働者と比べ職場による健康管理面が行き届いていない可能性がある。さらには，企業に雇用されないフリーランスという形態で就業する人々もいる。企業に雇用されていても在宅ワークやオンライン勤務など特定の事業場に出向いて就業するのとは異なる就業形態も出てきている。労働者の多様化に伴う健康課題の多様化とあわせて，雇用形態や労働形態の多様化も考慮しながら，どのように働く人の健康を守るのか，そのための政策の展開が，ますます問われることになるだろう。

3　障害を抱えて生きることを支える保健医療福祉

1　障害が身近な社会における健康の概念

疾患を抱えながら生活することが当たり前になりつつあるということを，前節で述べた。同じことは，疾患だけでなく障害を抱えながら生きることについてもいえる。世界屈指の高齢社会である日本では，老化に伴い虚弱になったり認知症になったりするなど，多くの高齢者が身体的・精神的な障害を抱えて暮らしている。その他，高齢ではなくても，何らかの心身の障害を抱えている人々は多い。[*11]

障害を抱えることと，不健康であることは，同じことだろうか。必ずしも，そうではない。**世界保健機関**（**WHO**）[*]は，健康を次のように定義している。「健康とは，身体的，精神的，社会的に完全に良好な状態であり，単に病気がないとか虚弱でないということではない」（世界保健機関憲章，1948年)。

＊11　障害の代表的な区分として，身体障害，知的障害，精神障害の3区分があるが，これらの概数の試算によれば，国民のおよそ7.6％が何らかの障害を有している（内閣府『令和4年版　障害者白書』〔2022年〕)。

＊世界保健機関（WHO）
「全ての人々が可能な最高の健康水準に到達すること」を目的として1948年に設立された国連の専門機関。世界の人々の健康にかかわる様々な活動を展開している。2023年4月現在の加盟国は194か国，日本は，1951年に加盟した。

資料9-1　ICFの生活機能モデル

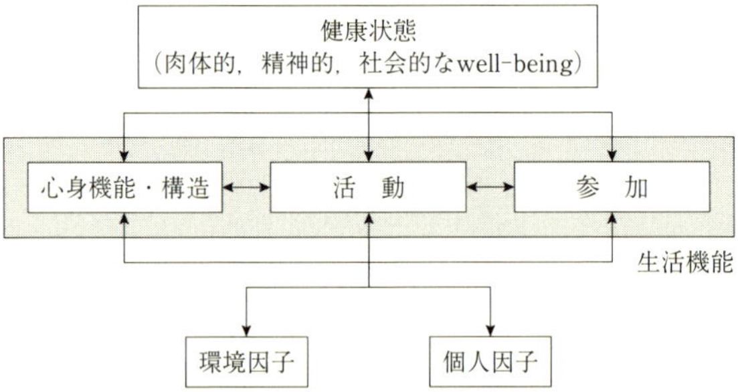

(出所)　世界保健機関ほか，2002，「国際生活機能分類：国際障害分類改定版（ICF）」厚生労働省社会・援護局障害保健福祉部。

つまり，ある人が何らかの障害を抱えていたとしても，その人の状態が身体的，精神的に，また，社会生活の面でも良好な状態にあるとすれば，その人は健康な状態にあるといえるのである。

個人の生活機能という点から健康のあり方を示した代表的な概念として，**ICF***がある。ICFは，個人の健康状態に影響を与える個人の生活のあり方を，3つの機能の相互作用としてとらえる。3つの機能とは，「心身機能・構造」（心身の働き），「活動」（生活行為），「参加」（家庭や社会への関与・そこでの役割）である。ある人の心身機能・構造，活動，参加，それぞれの生活機能がどのように発揮されるかは，その人の個人的な状態・理由によるほか（個人因子），その人を取り巻く環境のあり方によっても左右される（環境因子）。こうした考え方を整理したのが，**資料9-1**である。

＊ICF
International Classification of Functioning, Disability and Health の略。国際生活機能分類ともいわれる。2001年にWHO総会で採択された，健康の構成要素に関する分類である。

2　総合的な支援と社会環境の整備

(1)　総合的な支援のための給付

ICFの考え方に基づけば，障害を抱えて生きる人々に対する保健医療福祉政策の射程には，障害を抱えた人の心身の医療的なケア（心身機能・構造へのはたらきかけ），日常の生活行為の支援（活動へのはたらきかけ），社会的な存在として他者とのかかわりをもち，役割を担いながら社会生活を送るための支援（参加へのはたらきかけ），が入ってくる。これらを総合的に支援するための法制度として，障害者総合支援法（正式名称は「障害者の日常生活及び社会生活を総合的に支援するための法律」，2005年公布）がある。障害者総合支援法は，障害の区分にかかわりなく，障害のある人が受けられる給付とその利用に関する制度を体系的に定めている。障害者総合支援法に基づき，制度の運営主体である市町村は，申請のあった障害者に対する給付（**自立支援給付***）を決定する。また，医療についても障害者総合支援法に基づいた自立支援医療制度がある。*12

障害者総合支援法に基づく，障害者一人ひとりに対する各種の給付は，障害を抱える個人の生活機能の向上を目指すものといえる。

⑵　差別の解消と合理的配慮

人々の生活機能を活性化する方策として，個人を取り巻く環境を改善するという方法もある。例えば，障害者が外出しやすい環境作りとして，移動しやすくなるための段差解消や，人工肛門をつけた人でも使いやすいトイレの整備などがある。これらは，環境に働きかけて障害者の社会参加の機能を活性化するものである。

こうした例からもわかる通り，環境に働きかけ障害者の社会参加を促す取組みは，必ずしも保健医療福祉の法制度の枠組みにはおさまらない。**障害者雇用促進法***，**障害者差別解消法***などがその例である。

障害者雇用促進法は，企業に対し，雇用する労働者の一定割合を障害者とすることを義務づけている（障害者雇用率制度）。厚生労働省が発表した障害者雇用状況（2022年12月）によれば，法定雇用率（2.3％）を達成した企業の割合は48.3％となっている。民間企業における雇用障害者数は約61万4000人，実雇用率2.25％であり，いずれも過去最高である。徐々にではあるが，障害のある人の雇用の場は拡大してきているともいえる。

障害者差別解消法では，自治体や事業者による障害者に対する「不当な差別的取り扱い」の禁止と「**合理的配慮***」の提供が定められている。

このように，社会の側のバリアを取り除くための環境整備は次第に整えられてきている。しかし，法律によって企業の障害者雇用を義務づけ，実際に障害者を雇用する企業が増えたとしても，障害者が職場に定着して働き続けられるための環境整備という点では，いまだ多くの問題がある。*13 雇用主側がどのような合理的配慮を提供するかで，障害者の職場への定着の程度も変わってくるだろうが，障害者の求める配慮の内容と，事業者が対応できると考えることの間に，乖離が生

＊自立支援給付
障害者総合支援法に基づき提供される給付。自立支援給付には，介護給付（居宅や入所施設などでの入浴，排泄，食事などの支援，外出時の支援），訓練給付（日常生活・社会生活を送るための身体機能に関する訓練，生活能力に関する訓練，就労に必要な知識や能力の向上に関する訓練），相談支援（給付の申請やサービス利用の相談，施設から地域生活への移行や地域生活の継続のための相談）などがある。

＊12　通常の医療保険であれば３割の自己負担が発生するが，自立支援医療は自己負担の一部または全部が公費負担となる。

＊障害者雇用促進法
正式名称「障害者の雇用の促進等に関する法律」，1976年施行。

＊障害者差別解消法
正式名称「障害を理由とする差別の解消の推進に関する法律」，2016年施行。

＊合理的配慮
障害のある人から，社会の中にあるバリアを取り除くために何らかの対応を必要としているとの意思が伝えられたときに，負担が重すぎない範囲で対応する，もしくは，対応するよう努めることをいう。

＊13　一般企業に雇用された障害者の職場定着率に関して，知的障害者の約３割，身体障害者の約４割，精神障害者の約５割が，１年間勤め続けられていなかったという調査研究もある（障害者職業総合セン

ター「障害者の就業等に関する調査研究」(調査研究報告書 No. 137) 2017年4月)。

＊14　内閣府『令和4年版障害者白書』(2022年) では,「情報アクセシビリティ」にかかわる近年の取組みが紹介されている。

＊精神病者監護法
1900年制定。精神病者を社会に対して害悪を及ぼす可能性のあるものとして位置づけ, 社会の治安の観点から制定された。精神障害者に対する医療的な保護の観点はほとんど含まれず, 家族に監護義務を課すなど, いわゆる「座敷牢」を公認して合法化した。

＊精神保健福祉法
1995年制定。精神障害に関する医療と福祉に関して定めたもの。正式名称は「精神保健及び精神障害者福祉に関する法律」。条文の約3分の1は, 精神障害者の医療と保護に密接にかかわる入院に関する内容となっている。

＊15　日本医師会によれば, 2018年時点で日本の精神病床数は約32万床であり, G7各国の中でも日本に次ぐ多さのドイツは約10万6000床, アメリカが約8万2000床 (両国とも2017年時点) である (日本医師会HP「病床数の国際比較」日本医師会定例記者会見資料 (2021年1月20日))。

＊社会的入院
医学的には退院可能であっても, 地域での偏見や受け入れ体制の不備, 地域で生活するための支援の不足など, 社会的な要因により退

じることもめずらしくない。

(3)　情報アクセシビリティの向上

現代社会は情報通信技術 (ICT) が飛躍的に向上している。インターネットから様々な情報を検索・入手することも, 自分から情報を発信することも, また, 仮想空間での社会的なつながり (ソーシャルネットワーク) に参加することもできる。私たちの生活は, 情報通信技術と密接に結びついている。

障害のある人の情報通信技術の利用・活用を拡大するための, 障害者個人へのサポートや環境整備は, 政策課題としての重要性を増していくだろう。障害者を含む誰もが, 提供される情報にアクセスし利用できること (情報アクセシビリティ) を保障する環境作りが望まれる。[*14]

3　精神障害者を取り巻く課題：地域生活への移行と社会的入院・強制入院

これまで, 障害者の社会参加を支える法制度についてみてきた。しかし, 現実には日本の障害者, とりわけ精神障害者の社会参加を取り巻く状況は, 厳しい。

(1)　社会的入院

精神障害者に対する最初の法律である**精神病者監護法**[*]が制定されたのは1900年である。当時, 精神障害者は, 危うい存在として隔離・監視の対象であった。その後, 社会の変化に伴い, 精神障害者の人権擁護や適正な医療の提供について一定の必要性が認知され, 1995年に**精神保健福祉法**[*]が制定された。その後, 精神障害者に対する福祉サービスの法定化なども進み, 精神障害者に対する保健医療福祉政策の方向性も, 医療の提供と保護から「自立と社会経済活動への参加」に, 重点が変化してきた。

しかし, 日本はほかの先進国と比較して, 精神科の病床数の多さが際立っている。[*15] 2020年6月末現在, 日本の精神科病院の入院患者数は約27万人, 平均の入院期間は250日を超えている。精神科病床数や入院患者数が多く, 入院日数が長いという状況の背景には, **社会的入院**[*]という問題がある。受け入れる側だけでなく, 地域で生活するうえでの対人関係, 金銭管理など地域で生活していくうえで必要となる生活能力に対する不安から, 退院にふみきれない患者も多い。

日本政府は, 2010年代から, 退院の促進や地域生活への移行の支援, 地域生活の定着の支援など, 精神障害者に対する

政策の方針を転換させてきた。しかし，社会的入院という問題状況が，大きく改善されているわけではないのが実態である。

⑵　強制入院

精神病患者・精神障害者の入院の数や期間だけでなく，入院のあり方そのものにかかわる問題もある。それは，本人の同意のない強制的な入院の多さである。2020年時点では，約27万人の入院のうち，約半数は本人が同意したうえでの入院（任意入院）であるが，残りの約13万人は**医療保護入院***，約1500人が**措置入院***と，いずれも本人の同意なしの入院である（『令和４年版　障害者白書』〔2022年〕144頁）。

本人の意思によらず身体の自由を奪うこととなる入院の仕組みは，個人の人権の保護という点から問題がある。現実には，「そうでもしなければ，本人や家族の生活が破綻してしまう」というギリギリの状態の中で，やむを得ず選択されるのかもしれない。強制入院という選択肢をとらずとも本人やその家族が地域での生活を継続できるような支援体制のあり方を構築することが，根本的には求められるといえる。

地域での精神保健医療福祉の体制，精神障害者の入院制度，患者の意思に基づいた退院後支援や患者の意思決定の支援などについて，政府でも検討を進めてはいる。望ましいあり方と実態との乖離を埋めるために，どのような実効性のある取組みが考えらえるのか，それをどのように実施していくのか，私たちが考えるべきことは多い。

4　老齢世代の保健医療

1　介護問題の表出

元気に暮らしていた祖父母が弱ってきて，自分の親が祖父母のお世話をしているという読者も，少なからずいるのではないだろうか。日本人の寿命は世界のトップレベルであるが，健康でいる期間と寿命が一致するわけではない。日本人の**健康寿命***と平均寿命との差は10年程度である。つまり，お年寄りが人生の最期を迎えるまでに，健康上の問題で日常生活に何らかの支障が出ている期間が平均して10年程度はあることになる。

日常生活に支障が出るとはどのような状況だろう。例えば，家の掃除や食事作り，買い物や通院などが難しくなってきたり，もの忘れが多くなりゴミ出しの曜日がわからなく

院がさまたげられ入院生活が続いている状態のこと。

＊医療保護入院
精神障害者に対する強制的な入院の形態の１つ。医療や保護の観点から入院の必要性について，精神保健指定医１名の判定と，家族等のうちいずれかの者の同意があれば，本人が入院に同意していなくても入院させることができる（精神保健福祉法第33条）。

＊措置入院
自傷他害のおそれのある精神障害者に対する，強制的な入院の形態の１つ。入院させなければ自傷他害のおそれがあると，精神保健指定医２名の診断の結果が一致した場合に，都道府県知事の決定により入院させることができる（精神保健福祉法第29条）。自傷とは，自殺企図など自分の生命・身体を害する行為のことである。他害とは，他人や社会に対して害となる行為，犯罪となりうる行為のことで，暴行傷害，性犯罪，窃盗，器物損壊，名誉毀損・侮辱，放火などがある。

＊健康寿命
健康上の問題で日常生活が制限されることなく生活できる期間のこと。2019年，日本人の平均寿命は，男性が約81.5歳，女性が約87.5歳で，健康寿命は男性約72.7歳，女性約75.4歳である。

なったり，お金の管理が難しくなってきたり，ということもあるだろう。また，歩く，食べる，排泄するといった動作が思うようにできなくなることもあるだろう。日常生活を送るうえでの基本的な身体動作（ADL*）や，社会生活を送るうえで必要な行為・動作（IADL*）を，お年寄りが自力では十分にできなくなったとき，誰がどうやってそのお年寄りの生活を支えるのか，ということが問題になる。それが，高齢者介護の問題である。

高齢者介護の問題に対応する公的な制度として，日本には介護保険制度がある（2000年施行）。私たちは，いまやお年寄りのデイサービスの送迎車を当たり前に見かける。介護は家族だけではなく，外部の介護サービスを利用しながら対応するものだとも思える。それは，日本で介護保険制度が全国的に運営されているからこそ感じられることであり，それ以前には想像もつかなかったことである。

介護保険制度が開始される前にも，高齢者介護のニーズに応える制度として，高齢者福祉や医療の制度はあった。自治体が，高齢者宅へのホームヘルパーの派遣や，高齢者を日中に預かるデイサービスといった在宅福祉サービスを提供したり，老人ホームへの入所を決めたりしていた。しかし，その供給量が非常に限られていたことから，利用は低所得者が優先されるなど，多くの家族にとって自治体の福祉制度は身近に利用できるものではなく，多くの家族が過重な介護負担に苦しんだ。[*16]

家族の介護負担が限界に近づくが入所できる福祉施設もないといった状況で，介護の必要な高齢者の受け皿になったのが病院である。高齢者の入院をもっぱら扱う老人病院が各地にできた。1つの部屋に複数のベッドが並べられ，高齢者が生活の意欲を失いベッドで寝たきりになっている光景も，老人病院では当たり前であった。しかも，入院する高齢者の多くは，社会的入院を続けながら最期を迎えていた。入院している高齢者の人権の観点から，また，医療の必要のない者に公的な医療費が使われるという医療財政上の観点から，介護の必要な高齢者の社会的入院が問題となった。

＊ADL
Activities of Daily Living の略。日本語では，日常生活動作と訳される。日常生活を送るうえで必要となる基本的な動作のこと。歩行・移動，食事，入浴，着替え，トイレ，排尿・排便などがある。

＊IADL
Instrumental Activities of Daily Living の略。手段的日常生活動作と訳される。社会生活を送るうえで必要になる ADL よりも複雑な動作や行為のこと。電話の使用，買い物，食事の支度，掃除（家事），洗濯，交通手段の利用，服薬の管理，金銭管理などがこれに当たる。

＊16 介護負担を主に引き受けてきたのは，介護を女性の役割とみなすジェンダー規範と相まって，主に嫁や妻であった。

2 介護保険制度と介護サービスの「市場化」

1990年代半ば以降，こうした状況を打開すべく，「介護の社会化」というスローガンのもと，介護を家族だけではなく社会全体で支える仕組みを構築しようという政策的な機運が高まった。その結果生まれたのが，2000年に施行された**介護保険制度***である。

多くの人々が介護サービスを利用できるような介護サービスの供給システムとそのための財政的な仕組みを，社会保障としてどのように作ればよいのだろうか。その選択肢は１つではない。介護サービスの供給量を増やす方法として，自治体直営の介護サービスを大幅に増やす方法もあれば，民間の介護サービス事業を活性化する方法もある。利用者の費用負担も，サービスの利用の程度に応じて負担額を設定するやり方もあれば（応益負担），利用者の支払い能力に応じて負担額を設定するやり方もある（応能負担*17）。

介護保険制度では，民間の介護サービスの供給を増やすことが選択された。商品を市場で購入するのと同じように，高齢者は介護事業者と契約して介護サービスを購入する。ただし，料金が高すぎれば，サービスを購入したくてもできない。介護保険制度では，利用者のサービス購入時の費用負担は，サービス価格の１割とされ，残りの費用は，介護保険から介護事業者に支払われる「**介護報酬***」によって賄われることになった*18。私たちが介護サービスを購入するためには，介護サービスが身近なところで提供されていなくてはならない。そこで，政府は，民間事業者が介護サービス事業に参入しやすい環境作りも進めた。さらに，介護保険制度の利用者については，自治体から「**要支援・要介護認定***」を受けた人であれば，介護保険制度を利用できるようにした。

つまり，介護保険制度の創設によって，民間の介護サービス事業が広がり，介護を必要とする人々にとっては，介護サービスを通常価格の１割程度で「お得に」利用できる環境が作られた。日本の介護政策は，介護保険制度を通じて介護サービスの「市場化」を進めたともいえるだろう。

3　制度の見直し

介護保険制度が開始され，介護サービスが市場化されると，急速な人口高齢化とも相まって，介護サービスの利用者数も供給量も大幅に増加した。それは，介護保険制度の費用の増大に，ひいては人々が支払う社会保険料（介護保険料）の増加につながる。こうしたことから，介護保険制度の開始から間もなく，政府は「費用の抑制」を制度運営の課題とみ

＊介護保険制度
➡第５章「高齢期の社会政策」❸ 2

＊17　制度の財源も，税金で賄う選択肢もあれば社会保険料で賄う選択肢もある。日本が選択したのは，社会保険の仕組みを活用し，社会保険料を人々から徴収することであった。このほかに税金も投入されている。

＊介護報酬
事業者が利用者（要介護者など）に介護サービスを提供した場合，その対価として介護保険から事業者に支払われる報酬のこと。報酬の基準は，介護サービスの種類ごとに，サービスの内容や利用者の介護の必要度に応じて，定められている。

＊18　利用者の自己負担割合は，制度開始時は１割であったが，その後，高齢者の所得に応じて負担を２割や３割とする仕組みが導入された。

＊要支援・要介護認定
➡第５章「高齢期の社会政策」❸

なすようになった。「費用の抑制」という課題に対し，政策としては，制度を必要とする人々（介護が必要な人々）をできるだけ増やさないことや，介護保険の給付を抑制するといった対応を検討することになる。前者に対応する取組みとして，要介護状態にならないよう健康を維持する，介護の重度化を防ぐといった介護予防の推進が行われた。また，後者に対応して，比較的介護度の軽い人々対して介護保険がカバーするサービスを制限するといった給付抑制が行われてきた。

制度の再編は，財政的な問題以外の観点からも議論された。介護保険制度が開始された当初と比べて，介護が必要な人々の世帯構成も変化し，一人暮らしや老齢夫婦のみの世帯が急速に増加してきた。そうした高齢者世帯を支えるには，介護サービスと，様々な福祉の専門的な援助や地域社会の支えを組み合わせていくことが重要になる。さらに，後期高齢者の増加に伴い疾病を抱えた高齢者も増えることで，介護と医療の連携という課題も浮上してきた。例えば，自宅で介護サービスを利用していた高齢者が，病気になり入院したとする。その人が，退院直後から弱った心身の状態に合わせた介護サービスやリハビリを受けるためには，医療関係者と介護関係者の間で，退院後に必要な支援の情報共有やサービス導入の調整を，退院前からしていく必要がある。また，自宅での看取りとなれば，介護と医療の関係者間でどういうタイミングで連絡をとり合っていくのか，綿密な調整が欠かせない。

このように，介護保険制度の開始から10年ほど経過する間に，財政上の問題，介護を必要とする人々の家族構成の変化，高齢者の医療ニーズの変化など，様々な観点から制度を見直す動きが強まった。そうした中で，2010年代の初めに政府が打ち出したのが，「**地域包括ケアシステム***」の構築という政策目標である。

＊地域包括ケアシステム
政府は，地域包括ケアシステムについて，「重度な要介護状態となっても住み慣れた地域で自分らしい暮らしを人生の最後まで続けることができるよう，住まい・医療・介護・予防・生活支援が一体的に提供される」システムと説明している。「地域」という言葉が冠されているのは，包括的なケアシステムが地域ごとに構築されることを想定しているからである。

4　地域包括ケアシステム，地域の多様性と格差

政府が地域包括ケアシステムの構築という政策目標を打ち出した背景には，国内の地域の多様性がある。例えば，人口規模が横ばいで後期高齢者が急増する大都市部では，医療や介護の供給を積極的に増やす取組みが重要になる。これに対して，人口減少が進み後期高齢者の増加もゆるやかな町村部では，医療や介護の供給を増やす対策は必要ない。また，都

市部と中山間地域では地理的な条件も異なる。地域住民間の相互扶助や支援ネットワークのあり方も，地域によって異なるだろう。

それぞれの地域でどのような医療や介護の提供体制が構築されているのかは，自治体が公表している医療や介護の計画をみるとわかる。自治体には，地域の状況に見合った医療・介護の提供体制・供給量を確保するために，**地域医療計画**[*]や**介護保険事業（支援）計画**[*]を定期的に策定することが義務づけられている。これらは自治体のHPなどでも公表されている。また，厚生労働省のHPでは「地域包括ケアシステム構築モデル例」が掲載され，地域ごとの多様な取組みが紹介されている。

ただし，地域包括ケアシステムの構築というかけ声のもとで作られた仕組みが，はたしてどの程度，実際に機能しているのかは，不透明な部分も多い。例えば，システムの一環として重視されている住民の相互扶助的な生活支援活動については，自治体がそうした体制の整備に苦戦していることを示した研究もある（森川，2019）。

また，それぞれの地域でのケアシステムの実態には，容認してはならない「是正すべき地域の格差」がまぎれているかもしれない[*19]。全国民に保障されるべきサービスの水準を下回ることで生じる地域間の差や，国民負担の公平性を著しく損なうような地域間の差は，容認される多様性ではなく是正すべきものだろう。地域の多様性と是正すべき格差の両面から「地域包括ケアシステム」の実態を検証していくことも必要となる。

5　財政の視点でとらえるケアシステム運営の課題

1　お金が足りないとき，どうするか

制度の運営や政策の実施には，お金がかかる。本節では，財政という視点を交えてケアシステム運営の課題について考える。

日本の医療・介護の費用（給付費と自己負担の総額）は巨額であり，この数十年で増加を続け，2021年度には過去最高を更新した[*20]。後期高齢者の増加に伴い医療や介護を必要とする人の数も増えるため，費用が年々増加するのはやむを得ない側面もある。増加する医療費や介護費を賄うための財源が十分に確保できれば問題はない。しかし，「お金が足りないので

＊地域医療計画
医療法により，都道府県には地域医療計画を5～6年おきに策定することが義務づけられている。

＊介護保険事業（支援）計画
介護保険法により，市町村には介護保険事業計画（都道府県には介護保険事業支援計画）を3年おきに策定することが義務づけられている。

＊19　地域差の考え方については，『平成17年版　厚生労働白書』（2005年）「第1部　地域とともに支えるこれからの社会保障」（210-212頁）が参考になる。

＊20　2021年度の医療費は44兆2000億円，20年前（2001年度）の31兆1000億円から13兆円以上の増加となった。介護費は11兆3000億円で，介護保険制度の開始当初（2001年度）の4兆4000億円から約2.5倍の増加となった。

何とかしなくては」という状況の場合には，何らかの対応をしなくてはならない。どのような対応が考えられるだろうか。

身近な例として，私たちが１か月の生活をやりくりすることを考えてみよう。生活費が増加の一途をたどり，生活が苦しくなってきたときに，私たちはどのような対策をとるだろうか。１つは，増える生活費に見合うだけの収入を確保するべく，収入源や収入額を増やすことが考えられる（バイト先を増やす，親からの仕送り額を増やしてもらうなど）。もう１つの対策として，生活費を抑えることが考えられる。生活レベルを下げて全体的に生活費を下げる，支出の内容を具体的に見直し，無駄がないか，削れるものはないかと考えるだろう。

医療や介護の財政でも同じことである。「入ってくるお金を増やす，確保する」やり方と，「使うお金を抑える，使い方や無駄を見直す」やり方，これらの組み合わせでやりくりをすることになる。それぞれについてみていこう。

2　財源の確保と国民の負担

まずは，「入ってくるお金を増やす」やり方である。公的な介護や医療の財源は，保険料，税金，利用者の自己負担の組み合わせであるため，対応としては，人々が支払う保険料の額を上げる，医療や介護に投入する税金の額を増やす，利用者の自己負担を増やす，これらの組み合わせとなる。保険料，税金，自己負担，いずれを増やすにせよ，私たちの負担額の増加につながる。

しかし，税金や毎月の保険料額が増える一方だと，人々の家計は圧迫され，これまで何とかやりくりできていた人も生活が困窮し，健康状態も悪化する可能性がある。受診した際の自己負担が高くなれば，医療の受診を控え症状・状態を悪化させるなど，安心して医療を受けられる環境が損なわれるかもしれない。医療や介護の財源を確保しようとして国民の負担を増やすと，かえって国民の健康が損なわれやすくなり，医療・介護の支出が増える可能性もある。

3　費用の抑制，使い方の見直し

次に，「費用を増やさない，お金の使い方や無駄を見直す」やり方である。

費用を抑える方法の１つは，医療や介護の給付を抑制するというやり方である。給付の水準を引き下げたり，給付の対象となる範囲を狭めたりするのが，これに当たる。介護保険制度では，介護の程度が比較的軽い層が，制度改革の名のもとで，保険給付の対象からはずされてきた。こうした取組みによって，制度にかかる費用は抑えられるかもしれない。しかし，医療や介護の必要が減るわけではないから，制度の対象からはずされた人々にとっては，制度の外側での負担が増えることになる。

もう１つの方法として，医療や介護が必要になる人をできるだけ増やさないようにする，増えるスピードを抑える，というやり方もある。健康な人々を増やすこと（健康増進）や介護が必要になる時期をできるだけ遅らせること（介護予防）は，その取組み自体に一定の費用はかかるものの，国全体の医療や介護の費用増加のスピードを抑えることにつながる。

日本はこれまで健康増進の政策を進めており[*21]，取組みの期間を通じ，日本人の健康寿命は着実に伸びてきている。しかし，注意したいのは，必ずしも国民が同じように健康になっているわけではないという点である。特に，社会経済的に不利な状況にある人は，健康面でも不利を抱えている。社会経済的な格差の拡大は，社会全体としての健康増進や介護予防の進展を，ひいては医療・介護の費用抑制を阻害する。医療・介護の費用抑制の有力な処方箋の１つは，社会経済的な格差を縮小し，誰もが健康な生活を送れるような社会環境を人々に保障することかもしれない。

医療・介護費の使い方を見直す，無駄を抑えるという点に関してはどうだろうか。私たちの多くは，診療所や病院で何種類もの薬を一度に処方された経験をしたことがあるのではないか。「念のため」といって処方された薬が，結局は飲まれないままになっていることもめずらしくはない。こうした，私たちが当たり前に経験していることが，日本の医療費増大と大きく関係している。政府による医療費増加の原因分析によれば，医療費増加の主な原因として，１人当たりの費用の上昇がある。そして，１人当たりの費用の上昇には，投薬の日数や処方される薬が増えたことによる調剤医療費（薬の処方費用）の上昇が影響していた（内閣府『平成26年度　年次経済財政報告』）。日本は世界に名だたる薬の消費大国であるが[*22]，薬が必要以上に処方されている実態もありそうである。

無駄な利用を抑えるという点は，薬に限った問題ではない。過剰な給付がないかという視点で，制度の設計や運営を

＊21　2000年からは，生活習慣病の予防，健康寿命の延伸，健康を促す社会環境の構築を通じた健康格差の縮小を目指す「健康日本21」の取組みが行われ，2024年度からは「健康日本21（第三次）」が始まる。

＊22　このことは，以下の資料などからもわかる。厚生労働省 HP「医薬品産業ビジョン2021　資料編」。

▶▶ *Column* 11　介護人材の確保 ◀◀

介護人材の不足は，近年，深刻さを増している。介護事業所に対する全国調査によれば，訪問介護員（いわゆるホームヘルパー）が働く事業所のうち，8割以上が，訪問介護員が「大いに不足」または「不足」，「やや不足」と回答した（介護労働安定センター『令和3年度介護労働実態調査　事業所における介護労働実態調査　結果報告書』〔2022年公表〕，44頁）。

職員不足は，就職を希望する人が少ないことや，就職しても職場を辞めてしまう（離職する）人が多いことから生じる。そうした状況には，介護職の魅力ややりがい，報酬・労働形態のあり方などがかかわっている。介護職は，歴史的には典型的な女性職であり，主な雇用形態は，時間給や非正規雇用であった。訪問介護の分野は，いまもそれが顕著である。非正規雇用中心の職場は，介護の資格を生かして生計を立てたい人々にとって魅力的な就職先とはならない。

政府は，2010年頃から数次にわたり介護職の処遇改善の対策を実施してきた。その結果，介護職員の賃金水準はある程度上昇した。しかし，介護労働者に対する最近の調査結果でも，「現在の仕事を選んだ理由」として「働きがいのある仕事だと思ったから」を選んだ者が50.6%いたのに対し，「今の仕事や職場に対する考え方」については，「生計を立てていける見込みがある」（18.5%），「キャリアアップの機会がある」（14.8%），「働きぶりが適正に評価される」（9.5%）となっていた（介護労働安定センター『令和3年度介護労働実態調査　介護労働者の就業実態と就業意識調査　結果報告書』〔2022年公表〕，46-47頁）。介護の仕事の意義を感じても，労働に見合う評価を得て生計を立てることへの期待はもてないという，介護従事者の現実が浮き彫りになっている。

最近では，人材不足の解消策として，外国からの介護人材の受け入れや，介護の省力化のためのテクノロジー導入などが推進されている。こうした政策の効果を検証することが重要になる。また，これから認知症高齢者が急増する中で，介護労働者には認知症高齢者の感情の汲み取りなど，これまで以上に高度なコミュニケーションのスキルが求められる。人々が職業として継続的に介護に従事する条件を整えること，そして，認知症介護の時代にふさわしい介護労働を現場で実践できるための条件整備をすることが，介護政策には求められている。

見直していくことも，費用問題への対処としては重要になる。ただし，「無駄を減らす」という名目で行われた政策が，医療・介護の基本的な給付を人々に保障することのさまたげになっていないかも，確認する必要がある。

健康な身体でも，ままならない身体であっても，すべての人々が保健医療・介護の基礎的な保障を受け，一定の well-being を享受して社会で暮らしていけるようになること，そ

れを支える制度の設計や運営の方策を考える，こうした重要
な課題を保健医療・介護の政策は担っている。

本章のテーマをさらに理解するために

- **『平成17年版　厚生労働白書』（2005年）「第１部　地域とともに支えるこれからの社会保障」**
  地域を単位とする社会保障体制についてまとまった議論がある。（厚生労働省 HP「平成17年版　厚生労働白書」）
- **『令和４年版　厚生労働白書』（2022年）「第１部　社会保障を支える人材の確保」**
  医療・看護・介護・福祉の職種別の人材確保の状況や関連する政府の対策について詳しく説明されている。（厚生労働省 HP「令和４年度版　厚生労働白書」）
- **内閣府「障害者差別解消法リーフレット」**
  合理的配慮などについてわかりやすい説明がある。（内閣府 HP「障害を理由とする差別の解消の推進」）
- **厚生労働省「地域包括ケアシステム構築モデル例」**
  地域の実情に応じた多様な地域包括ケアシステムの取組み事例が紹介されている。（厚生労働省 HP「地域包括ケアシステム構築へ向けた取組事例」）

引用参考文献

井伊雅子，2008，「日本の医療保険制度の歩みとその今日的課題」『医療と社会』vol. 18. No1, 205-218頁。
土田武史，2011，「国民皆保険50年の軌跡」『季刊　社会保障研究』Vol. 47. No3, 244-256頁。
森川美絵，2019，「地域包括ケアシステムにおける住民主体・互助としての生活支援：政策理念と基盤整備の現実」『福祉社会学研究』vol. 16, 99-116頁。
和田浩，2021，「医療現場から見る日本の貧困」『月刊　保険診療』2021年10月号，10-14頁。

（森川美絵）

第10章

生活困窮と社会政策

生活困窮や貧困というと，生活するためのお金が足りない状態ととらえられがちである。しかし，生活困窮とは，必ずしもお金が足りない状態だけを指すわけではない。生活困窮をどのように理解するかによって，生活困窮に対応する社会政策についての考え方は大きく異なってくる。そして，生活困窮状態にある人生はどのような困難に直面するか，生活困窮から生活を立て直していくうえで何が求められるかについて学ぶことは，私たちが生きていくうえで何が必要かを知ることにもつながる。

1 生活困窮とは，何に困っていることなのか

1 生活に困窮する状態を，何を基準にしてとらえるか

本章で生活困窮と社会政策について学ぶに当たって，まず，生活に困窮する状態をいったい何を基準にしてとらえるか，と問うことから始めたい。

生活困窮や貧困というと，生活に必要なお金が足りない状態ととらえられがちである。それは，生活していくためには一定のお金が必要だからかもしれない。しかし，生活困窮というのは，具体的な生活状態のことであって，必ずしもお金がないことと同じ意味ではない。いったい，どういうことだろうか。なお，生活困窮と貧困という言葉の違いについては，後ほど述べることにする（本節 4 項）。ここでは，言葉の違いの前に，まず，具体的な生活状態について理解してもらいたいからである。

生活困窮や貧困をお金の量でとらえるというのは，これまでも多く行われてきた方法である。すなわち，世帯の**所得***を指標として，世帯所得が一定水準を下回る場合に貧困とみなすものであり，この貧困は，所得を基準としてとらえた貧困という意味で，厳密には所得貧困*1という。ニュースなどで取り上げられる**貧困率***や子どもの貧困率も，所得貧困で推計したものである。

しかし，所得の量を基準として生活困窮や貧困をとらえる

＊所得
就労や事業によって得られるお金を収入といい，年間の合計収入から必要経費や控除額を差し引いたものを所得という。所得から所得税や社会保険料などを差し引いたものが可処分所得（いわゆる手取り）である。

＊1　生活の何らかの面に着目してとらえる貧困として，ここでみた所得貧困のほかに，1日の中で家事・育児や余暇などの時間が乏しい状態について時間貧困というとらえ方や，安定的な住まいを欠いて野宿状態であったり友人宅やネットカフェなどで寝泊まりする状態について居住貧困というとらえ方などがある。

＊貧困率
貧困率として主に用いられるのは相対的貧困率というもので，国や地域などにおける等価可処分所得（世帯の可処分所得を世帯員数の平方根で割ったもの）の中

という方法には，次のような限界が伴う。例えば，ある程度の所得を得ていたとしても，重い病気のため高額な医療費がかかって家計に余裕がない場合が考えられる。あるいは，世帯所得が一定以上の水準であったとしても，世帯主が所得の大部分を独り占めして世帯員に分配しないような場合は，世帯員が貧しい状態に置かれることが想定されよう。

つまり，所得の量はあくまで，どのような水準や質の生活を営みうるかを推定する指標であり，言い換えれば，このくらいのお金があったらこの程度の生活ができるだろう，という目安のようなものである。しかし，後にも詳しく述べるように，お金や所得があったとしても，健康状態や障害や家族関係などがかかわって，生活に困窮する場合はある。そのため，所得だけで生活困窮や貧困を十分にとらえることはできない[*2]。生活困窮や貧困は，所得を基準として推計するだけでなく，具体的な生活状態として把握し，それに対応する社会政策のあり方を考えることが求められる。

央値の一般的には50％を貧困基準（貧困線）とし，その基準を下回る等価可処分所得しか得ていない者の割合である。厚生労働省が2023年 7 月に公表した「国民生活基礎調査」（2022年）によると，2021年の貧困率は15.4％であり，子どもの貧困率は11.5％，ひとり親世帯の貧困率は44.5％となっている。

＊2　ただし，所得を基準として貧困率を推計することに意義があることは強調しておきたい。具体的な数値として貧困率を示すことで（例えば子どもの貧困率が11.5％であれば子ども8.7人に 1 人が貧困ということになる），世論にインパクトを与えたり対策を議論するきっかけにもつながる。

2　生活困窮を，具体的な生活状態としてとらえる

生活困窮や貧困とは，具体的な生活状態のことであり，だからこそ先に述べたように，お金や所得だけで十分にとらえることはできない。ここでは，生活困窮について，生活に必要なものを欠いていたり生活に必要なことができなくて困っている状態，と理解しておこう。

そうすると，生活困窮の状態として次のような例が挙げられる。生活に必要な食料を買うお金がない状態，生活に必要な住居を確保できない状態（野宿状態や，ネットカフェや友人宅で一時的に寝泊まりする状態など），うつ症状や知的障害などにより育児や家計のやりくりが困難な状態，生活に必要な医療や福祉サービスを十分に受けられない状態，生活上の困りごとを相談する相手がいなくて孤立した状態などである。

これらの生活困窮状態は，単にお金に困っているだけでなく，生活そのものに困っているといえる。したがって，対策として社会政策を考えるに当たっては，単にお金を渡せば済むというわけでなく，生活上の具体的な困りごとに対応するという視点が求められることになる。

ここで，筆者が調査した生活困窮世帯の事例を示しておきたい。生活困窮世帯向けの公的な相談機関が把握した母子世帯の事例である。

＊児童扶養手当
➡第７章「結婚と子育て」③［２］

＊子どもの貧困
子どもの貧困への対応策として，「こども食堂」（子どもが１人でも行ける無料または低額の食堂）が各地で民間団体等によって運営されており，その数は2023年に全国で9000か所以上にのぼっている（認定 NPO 法人「全国こども食堂支援センター・むすびえ」調べ）。子どもへの食事や居場所の提供をきっかけとして，食事以外の困りごとや子ども以外の世帯員の困りごとの把握や対応に結びつけている取組みもみられる。➡第2章「子ども期の社会政策」③［２］も参照。

・知的障害の疑いがある母親と小学２年生の子の母子世帯。母のパートの賃金と**児童扶養手当***などで月収は10万円を切っている。母は料理ができず，食事はインスタント食品か惣菜。冬は相当冷える山間部に暮らすものの家に暖房器具はない。親子とも昼夜逆転の生活で，子は相談当時の年度から不登校となっている。

この事例で注目したい点は，まず，誰に対処するかという点である。この子が抱える貧困はまさに「**子どもの貧困***」と呼ばれるものである。この子どもの貧困に対処するには，子どもの貧困だけを切り取ることは難しく，母を含む世帯全体を視野に入れることが求められる。次に，何に対処するかという点である。この母子世帯が直面する困りごとはお金だけでなく，複合的である。この母子世帯の生活上の困りごとに対処するには，お金の面だけでなく，料理などの家事や，母に対する障害福祉サービスなどを包括的に視野に入れることが求められる。

［３］社会的孤立という生活困窮

ここまで述べてきたように，生活困窮とは，生活上の困りごとを抱えた具体的な状態であり，その困りごとは単にお金だけでなく複合的である。そのうえで欠かせないのは，社会的孤立も生活困窮としてとらえるという視点である。

食費や家賃が不足する状態は，経済面での生活上の困りごととしてとらえることができる。そうすると，日頃頼れる人や相談相手がいないといった社会的孤立の状態も，まさしく生活上の困りごとといえる。

なぜ，社会的孤立を生活困窮としてとらえることができるのであろうか。例えば，身近に想定できそうな事態として，その月の生活費やお小遣いが足りなくなった場合に親や友人を頼って工面することがある。健康状態が気になるときに周囲に相談した結果，勧められて医療機関で受診することがある。解雇や廃業などで所得を失ったり債務が増えたりして先を見通せないときに行政や民間団体からの支援を受けて当面の危機を乗り越えることがある。

いざというときに頼ったり相談できる相手がいない社会的孤立の状態で，複数の困りごとに同時に直面すると，何から手をつけてよいかわからなくなるであろうし，生活を立て直す気力を失ってしまうことも想定される。そのような中でも，その日に食べるものや泊まる場所を確保できないような逼迫した状況に置かれていることもある。そして生活困窮者は，頼ったり相談できる家族や友人などがいないという場合が少なくない。

このように考えると，生活困窮は，生活に必要なお金（所得）や物（財）が足りないといった物質的な側面だけでなく，頼れる人や相談相手がいないという社会的孤立も視野に入れることが求められる。そして，このようなとらえ方を踏まえて，生活困窮に対応する社会政策のあり方を検討する必要がある。

4　生活困窮，貧困，格差，不平等

それでは，ここで，生活困窮や貧困にかかわる言葉の説明を行っておきたい。

生活困窮とは，ここまで述べてきたように，生活に必要なものを欠いていたり生活に必要なことができなくて困っている状態である。例えば，お金がない，住居がない，育児や家計のやりくりができない，福祉サービスを受けられない，孤立していて困りごとの相談相手がいない，などの状態である。このように，生活困窮とは，生活上の困りごとを抱えた具体的な状態であり，お金や所得だけでは十分にとらえられない。

貧困という言葉も，ここでいう生活困窮と同様に，生活に必要なものやことを欠いた状態として議論されてきた。中には，物質的な困窮にとどまらず，貧困状態にある本人が抱える**スティグマ**[*]や**無力**[*]などを伴うものとしてとらえる議論もある。それと同時に，貧困をめぐる議論においては，その量や割合の推計が行われる場合などに，どうしても線引きをする必要があることから所得を基準として貧困を把握することが多い。本章では，生活上の困りごとを抱えた状態について，所得ではとらえきれない面も含めた幅広い理解を促したいため，貧困でなく生活困窮という言葉を用いている。

次に，生活困窮や貧困にかかわって，格差や不平等という言葉についてもふれておきたい。

格差は，まさに人や世帯の間に生じる差であり，所得で捉えた場合には所得格差[*3]ということになる。ただし，所得格差がそのまま生活困窮や貧困に結びつくかというと，そうとは限らない。極端な例を挙げると，年間所得が５億円の単身世

＊スティグマ（stigma）
日本語で「恥辱の烙印」などと訳される。貧困とのかかわりでは，就労による経済的自立を達成できない状態にスティグマが付与されがちなことや，生活保護利用者に対するスティグマが議論されてきた。

＊無力
無力もしくはパワーレス（powerless）とは，貧困状態にある本人が，貧困からの脱却に向けて立ち上がろうとしたり支援を求めたりする力を喪失した状態を意味する。

＊3　所得格差を測るために用いられる指標としてジニ係数がある。ジニ係数の値は０から１の間をとり，値が０に近づくほどその国における所得格差が小さく，１に近づくほど所得格差が大きいことを示す。

帯と１億円の単身世帯との間にも所得格差は存在する。他方で，年間所得が500万円の単身世帯と100万円の単身世帯との間には所得格差が存在するとともに，後者の100万円の単身世帯の場合は生活に必要なものを十分に賄えず生活困窮状態にある可能性が想定される。また，所得格差が背景にあって，低所得世帯の子が経済的理由によって大学へ進学できない場合には，そこに高所得世帯との教育格差があるとして論じられる。あるいは経済的理由で受けられる医療サービスの量や質に差が生じる場合には医療格差という言葉で論じられることもある。

不平等については，例えば低所得世帯に生まれた子が，経済的理由のために大学へ進学できない，十分な医療を受けられないといった事態は，平等に反して不平等であるとして，その子自身の責任や努力に帰せないことを含めて問題喚起を伴った議論が行われることもある。

2 生活困窮状態にある人生でどのようなことが起こるか

1 生活困窮状態にある世帯の主な事例

生活困窮という生活状態は，誰かの人生のどこかで起こっている。思いがけず生活困窮状態に陥る場合もあれば，生活困窮状態が長く続く人生となることもある。

生活困窮の具体的な状況を理解するために，筆者がこれまで行ってきた調査に基づいて，いくつかの事例を示しておきたい。生活困窮世帯向けの公的な相談機関が対応した世帯について，その特徴から５つのグループに分けてみた。

第１に，所持金や食料が尽きたり，料金滞納によって電気・ガス・水道が止められたといった，逼迫した状態にある事例である。所持金がゼロだったりわずか十円台だったり，何日か食事をとっていないといった生活困窮状態である。しかし相談機関で勧められても生活保護の利用を拒否する事例もみられる[*4]。

第２に，安定的な居住環境を欠く**ホームレス**[*]などの事例である。公園や河川敷などで野宿している者や，ネットカフェや友人・知人宅で一時的に寝泊まりしている者，DV 被害から逃げてその日に寝泊まりする場所がない者などの事例がみられる。

第３に，第１の事例ほど逼迫していないものの，生活費が不足していたり，家計に余裕がなくて必要なものが買えな

＊4　生活困窮状態にありながら生活保護の利用を拒否する主な理由として，生活保護を利用せずに「自分で働いて生活していこうと思った」，「自分が生活保護制度の対象だと思わなかった」のほか，生活保護利用を「家族・親族等に知られたくなかった」という調査結果もある（特定非営利活動法人ホームレス支援全国ネットワーク，2020)。生活保護の制度の仕組みや利用の要件などについては本章第❸節を参照。

＊ホームレス
ホームレスの定義は日本では野宿状態を指す（ホームレスの自立の支援等に関する特別措置法)。他方で，先進諸国でいうホームレスの定義の範囲は日本に比べてとても広く，野宿状態だけに限らず，野宿者等向けの宿泊施設の利用者や，DV 被害女性向けシェルターの利用者，友人宅に一時的に寝泊まりする者，家賃滞納で立ち退きを迫られている者なども含む。

かったり，家計のやりくりに困難が生じている事例である。食費の不足のため夕食は子どもだけに食べさせて親は食べない母子世帯，家計に余裕がなくて子どもの中学入学時の制服等の代金を用意できない世帯，親に知的障害の疑いがあって家事や家計のやりくりが難しい世帯などの事例がみられる。

第 4 に，経済的な困窮と，ひきこもり状態や障害が複合している事例である。高校卒業後にひきこもり状態が数年間続き母親のパート収入のみで家計が苦しい母子世帯，精神障害を抱えて就労が難しく親の就労収入で生活するも家計が苦しくて電気・ガス代を滞納している世帯など，就労や経済的自立が即座には困難な事例がみられる。

第 5 に，身体的暴力やネグレクト（育児放棄）といった虐待のおそれがあり，緊急介入の必要性がうかがわれる事例である。親族からの通報を受けて相談機関の職員が連絡しても居宅訪問を拒否する世帯，子どもの体のアザから虐待のおそれがあると判断した保育所が通報して保健師が訪問しても親が居留守をつかう世帯など，介入が困難な事例がみられる。

2　生活困窮から抜け出す難しさ：「○○すればいいのに」と言われるけれど

生活困窮者が暮らす様子は，テレビやインターネットで映し出されることもある。その際にコメンテーターや視聴者などから出される意見の中には，生活困窮から抜け出したいなら「○○すればいいのに」というものもみられる。

例えば，住まいをもたずネットカフェで寝泊まりする生活困窮者が 1 泊2500円を支払っているとすると（月当たり約7.5万円），それより格安なアパートに住んだらいいのに，という意見が出されるかもしれない。しかし実際には，不動産屋で賃貸アパートを探したとしても，各種書類に書く現住所がなかったり，賃貸借契約時に求められる保証人や家賃債務保証会社や緊急連絡先を確保できないため，不動産屋や大家から敬遠されることも多い。さらに，生活困窮者本人が敷金や手数料を持ち合わせていないことも想定される。[*5]

あるいは，携帯電話（スマートフォン＝スマホなど）を手放してその分を生活費に充てたらいいのに，という意見も出されることがある。しかし現在は，仕事を探す場合に，求人情報の検索や求職活動の連絡・面談などでスマホが必須アイテムのようになっている場合もある。[*6] そしてスマホは，仕事の

＊5　アパート等の賃貸借契約の条件をクリアできず，住まいの確保が難しい事例として，ここで挙げた事柄のほか，収入面でシングルマザーが安定した収入を見込めないと判断された場合に契約締結に至らない事例や，年齢で単身高齢者がいわゆる孤独死のリスクを抱えているとして敬遠される事例などが挙げられる。

面だけでなく，いざというときに家族や友人に相談する際の連絡手段としても重要である。さらに昨今では，生活困窮者やDV被害者などを対象とする相談機関においても，スマホからのアクセスを想定した情報提供や相談受付などが増えてきている。いまやスマホは，生活困窮者と社会政策や民間支援活動とを結びつけるツールとしても機能している。

仕事は選ばなかったらあるはずだから働けばいいのに，という意見も出されるかもしれない。しかし実際には，求人の総量よりも，求職者の総数のほうが多いかもしれないし，選ばずに就いた仕事によって生活していけるだけの所得を得られるとは限らない。そして定まった住まいをもたない場合，雇い主から敬遠されることもある。働けば生活困窮から抜け出せるとは限らないし，働けば生活していけるとも限らない[*7]。

生活困窮から抜け出したいなら，家族（例えば親）を頼ればいいのに，という意見も出されるかもしれない。しかし，頼れるような家族関係にない場合もあるだろうし，これまで家族に頼った経緯から，これ以上は頼れないという場合もある[*8]。では，家族を頼れないなら役所（行政）に相談すればいいのに，という意見も出されるかもしれない。しかし，筆者が行ってきたヒアリング調査などにおいても，生活困窮者が役所に相談するのはハードルが高いという声を聞くことが少なくない。役所に相談すると，もしかしたら，なぜ自身で生活困窮に対処できなかったのか，なぜもっと早い段階で相談に来なかったのか，というように役所から自らの責任を問われるかもしれないなどと思い詰めている場合もある。

以上のように，生活困窮から抜け出したいなら「○○すればいいのに」という想定は，実際には簡単に成り立たない場合が多い。生活困窮から抜け出すことが実際にどのように難しいかについて，本人の具体的な事情やこれまでの人生の経緯を含めて慎重に洞察するような姿勢で，生活困窮と社会政策について学んでほしい。

3　生活困窮状態にある人生の現在と将来

いま生活困窮状態にあるということは，例えば家計に余裕がなくて，習いごとや塾に通いたいけれど通えない，お小遣いや誕生日プレゼントをもらえない，家族と外食に出かけられない，というように制約を伴った状況として想定すること

＊6　求職活動や就労に当たって，本人名義で契約しているスマホが身分証明や信用確保の手段として用いられる場合もある。本人名義でスマホを利用できているということは，月々の利用料を着実に支払っていることを示すからである。逆に，利用料の滞納による解約を各社で繰り返した場合には，他社で新規に契約が困難になる。

＊7　このことは，日本だけでなくほかの先進諸国でも議論されている社会政策の論点にかかわる。つまり，現代における生活の枠組みは，働いて経済的に自立するか，または生活保護のような社会政策の現金給付を利用するか，という二者択一ではない。社会政策の下支えを利用しながら働いて生活を送るという枠組みを想定してみよう。賃金で足りない部分を生活保護と組み合わせて生活を送る場合（半就労・半福祉と呼ばれる）のほか，学校給食の無償化や子ども医療費の助成によって限られた賃金で生活できる場合も想定される。生活の安定や向上は，必ずしも賃上げだけでなく，社会政策による現金給付やサービス給付（医療や福祉サービスなど）の充実という方法によっても図ることができるという視点を身につけてもらいたい。

＊8　頼るどころか，親から虐待を受けて育ってきた場合もある。あるいは，親などの家族も生活困窮状態にあって，頼りたくても実際には頼れない場合もある。

ができる。

ここで考えてもらいたいことは，塾に通えない，誕生日プレゼントをもらえない，比較的安価なファミリーレストランに行けないといった生活状態を，はたして生活困窮や貧困とみなしうるのかという点である。

どのような生活状態を生活困窮や貧困とみなしうるかについて，まず何より，必要な栄養を確保できず生存できないような状態としてとらえる観点が成り立つ。このとらえ方は，人間が動物として生存するための必要カロリー摂取基準を用いた絶対的な線引きを行うことから，絶対的貧困と呼ばれる。*9

しかし，現在の日本や先進諸国では，人間は食べて生きられればよいといった価値観は成り立たないだろう。文化的で成熟した一定程度の水準の生活を送ることや，そのための方策を国家や地方自治体が提供することが，社会的に合意されているといえる。この場合には，その社会で慣習とされている生活様式と照らし合わせて，それが困難な状態を生活困窮や貧困とみなすことができ，このとらえ方は相対的貧困と呼ばれる。*10

以上のような流れを踏まえると，今日においては絶対的な線引きよりは相対的な視点を用いて，生活困窮や貧困を「その社会で多くの人がもっているものをもてなくて，多くの人がしていることができない」生活状態としてとらえることができよう。このとらえ方を踏まえると，塾に通えないことや誕生日プレゼントをもらえないことは，場合によっては生活困窮や貧困とみなすことができる。

そして，いま生活困窮状態にあることによって，例えば，大学へ進みたいけれど諦める，就きたい仕事や取りたい資格にチャレンジしたいけれど諦める，結婚して子どもを育てたいけれど諦める，というように，将来の選択肢が乏しくなることにもつながる。人生のどこかの時点で生活困窮状態にあるということは，その後の人生に影響を及ぼすおそれも考えられる。このように，生活困窮とは，現在の生活状態としてとらえるだけでなく，将来の夢や選択肢にも影響を及ぼすおそれがあることから，人生の時間軸にかかわらせてとらえる視点も重要である。

＊9　イギリスのヨークで調査を実施したB. S. ラウントリーが，必要カロリー摂取基準を用いて生存に必要な最低生活費を算定し，それに満たない収入や生活費を貧困とみなした。この調査結果は1901年に出版され，日本語にも訳されている（長沼弘毅訳，1975，『貧乏研究』千城）。

＊10　その社会で一般的な生活様式からの脱落について，イギリスの貧困研究者P. タウンゼントは剝奪（deprivation）という概念を用いて論じた。この概念を踏まえて，日本における子どもの社会的必需品の剝奪状態（強制された欠如）について調査研究を行ったものとして，阿部（2008）が参考になる。

3　生活困窮に対応する主な社会政策

1　生活困窮に対応する社会政策の位置

本節では，生活困窮に対応する主な社会政策として，生活保護制度と生活困窮者自立支援制度を取り上げる。[*11]

これらの制度は，すでに生活困窮状態にある者に対応する制度であり，生活困窮に陥った場合に事後的に救済する役割（救貧機能）をもつ社会政策である。それに対して，生活困窮に陥るのを事前に予防する役割（防貧機能）をもつ社会政策として，例えば，年金保険（国民年金や厚生年金など）や医療保険（国民健康保険や健康保険など），雇用保険などが設けられている。

救貧機能の社会政策について学ぶ際には，あわせて防貧機能の社会政策が実際に果たしている役割についても視野に入れる必要がある。なぜなら，防貧機能の社会政策がどれだけ充実しているかによって，救貧機能の社会政策にかかる負担が変わってくるためである。さらに，どれだけ働きやすい労働条件であったり安定的な賃金を得られるかによっても，[*12]救貧機能の社会政策に求められる役割は変わってくる。

このように，生活困窮に対応する社会政策を学ぶに当たっては，社会政策の体系の全体像を鳥瞰する視点も大切にしたい。[*13]

2　生活困窮に対応する主な社会政策①：生活保護制度

生活保護制度は，生活困窮者に対して現金給付や医療・介護等のサービス給付を提供するもので，生活困窮に対応する代表的な社会政策である。

現行の生活保護法は1950年５月に制定・施行されたものであり，生活保護制度の２つの目的として最低限度の生活の保障と自立の助長が定められている。[*14]すなわち生活保護制度は，現金給付などによって最低限度の生活の保障を行うだけでなく，利用者に就労支援や日常生活支援などを行うことで多様な自立を促すものとされている。[*15]

生活保護制度による最低限度の生活の保障は，生活保護法に基づく保護基準を用いて算出される最低生活費を踏まえて，[*16]８種類の扶助を通して行われる。８種類の扶助とは，①日常生活費としての生活扶助，②義務教育に必要な経費としての教育扶助，③賃貸住宅の家賃等としての住宅扶助，無償

＊11　その他，生活困窮に対応する社会政策として，生活福祉資金貸付制度における緊急小口資金や総合支援資金の貸付もある。貸付であるため，原則として償還（返済）が求められる（住民税非課税による償還免除の手続きもある）。

＊12　労働条件や賃金に関する社会政策については，第6章「仕事をめぐる社会政策」を参照。

＊13　社会政策の体系の全体像については，第１章「私たちの生活と社会政策」を参照。

＊14「この法律は，日本国憲法第25条に規定する理念に基き，国が生活に困窮するすべての国民に対し，その困窮の程度に応じ，必要な保護を行い，その最低限度の生活を保障するとともに，その自立を助長することを目的とする」（生活保護法１条）。

＊15　生活保護制度の申請等を行う窓口は自治体に設けられており（政令市の場合は区，町村の場合は都道府県など），福祉事務所と呼ばれる。

＊16　保護基準は，国が国民に保障する最低限度の生活であることから，ナショナル・ミニマムとしての役割を果たしている。そのため，例えば保護基準の引き下げが行われると，その影響は最低賃金や非課税限度額にも及ぶと考えられ，生活保護を利用していない者にとっても，賃金が低下したり，就学援助や保育料免除などが受けられなくなる場合などが想定される。

で医療と介護を利用できる④医療扶助と⑤介護扶助，⑥出産にかかる経費としての出産扶助，⑦就業に向けて技能を習得するための経費としての生業扶助，⑧葬儀を行う経費としての葬祭扶助であり，全国の自治体を６区分した級地ごとに基準額が定められている。このうち生活扶助については，年齢や世帯人員に応じて基準額が定められており，特別経費分の加算として母子加算や障害者加算，寒冷地区の冬季加算なども設けられている。

生活保護制度そのものは柔構造であり，個別の様々なニーズに対応することができるように作られている。生活困窮状態でいざというときに生活保護制度を利用し，まず衣食住を確保したり，健康状態を整えて仕事を探したりするなど，生活の立て直しを図る仕組みになっている。

それでは，誰がどのような場合に生活保護を利用することができるのであろうか。生活保護を利用するための要件は，大きくまとめれば次の３点である（もちろん実際の運用業務では詳細な項目が設けられている）。第１に，日本国民であることである。なお，外国人については，日本国民に対する取り扱いに準じた保護を行うとされている[*17]。第２に，生活に困窮していることである。そのため賃金や年金などの収入の調査が行われる。第３に，生活保護法４条１項にいう資産，能力その他あらゆるものを最低生活維持のために活用していることである。つまり，預貯金などの資産や労働能力を活用したとしても最低限度の生活を送れない場合に生活保護を利用することができると定められている。

これらの生活保護の利用要件をめぐっては，誤解や混乱がみられるため注意が必要である[*18]。例えば，労働能力の活用について，働く意思と能力をもち求職活動を行っているにもかかわらず，実際に働く職場が見つからない場合は，要件を欠くことにはならない。そして，扶養義務者による扶養は，それが可能な場合は生活保護に優先させて行うと規定されているのであって，必ず扶養義務者が扶養しなければならないという趣旨ではない（生活保護の利用要件ではない）。

生活保護を利用する世帯・人員は，2020年度（確報値）で約164万世帯，約204万人である。利用者のうち半数は65歳以上の高齢者が占めている。

＊17　外国人には，生活保護の利用が権利として認められているわけではない。保護廃止や支給額低減に対する不服申し立ての請求権がなく，恩恵的な面がかねて問題視されている。

＊18　よく誤解されてきたように，生活保護制度には，65歳以上でないと利用できないとか借金を負っていると利用できないといった制約はない。さらに，家や車をもっていても生活保護を利用できる場合があるし，住まいをもたない野宿状態であっても住所については野宿場所を現在地として生活保護を申請することができる。

3　生活困窮に対応する主な社会政策②：生活困窮者自立支援制度

生活困窮者自立支援制度は，2015年度から全国の自治体（福祉事務所設置自治体）で実施されるようになった，比較的新しい社会政策である（生活困窮者自立支援法は2013年12月に制定，2015年４月に施行）。

この制度は，生活困窮者に対して[*19]，生活保護に至る前段階で相談支援等を提供するものであり，その特徴は，生活保護制度のように現金給付をメインにしたものでなく，生活の立て直しや下支えに必要とされる就労や家計などの多様な相談支援を包括的に提供する点にある。この制度について，生活困窮者への社会政策として現金給付を主軸としていない点をめぐっては様々な議論が交わされてきたものの，生活困窮者に対して個別的で包括的な相談支援を継続的に提供する新たな仕組みが社会政策に導入されたことは注目される。

ここでは生活困窮者自立支援制度の全体像を示しておきたい。自治体は，必須事業である自立相談支援事業と住居確保給付金の支給については必ず実施し，任意事業として就労準備支援事業，就労訓練事業，一時生活支援事業，家計改善支援事業，子どもの学習・生活支援事業を実施することができる[*20]。

まず，必須事業とされている自立相談支援事業は，多様な困りごとを１つの窓口で受け止めるワンストップ型の総合相談窓口で，この制度の要をなすものである。一人ひとりの生活困窮者の状況に応じて支援計画（プラン）を作成し，生活の立て直しや下支えに向けて寄り添って支援を行う。同じく必須事業である住居確保給付金は，生活の土台である住居を確保して就職活動を行うことを想定し，生活保護制度の住宅扶助額を上限とした家賃額を有期で支給するものである。

次に，任意事業について，就労準備支援事業は，すぐに一般就労が難しい生活困窮者を対象として就労に向けた支援を行うものである。就労訓練事業は，支援付きの就労・訓練の機会を中長期的に提供する。一時生活支援事業は，一定の住居をもたない生活困窮者に対して緊急的に宿泊場所や衣食を提供する。家計改善支援事業は，家計の立て直しに向けて家計管理の支援や滞納解消・債務整理の支援などを行う。子どもの学習・生活支援事業は，子どもの学習支援や居場所作り，保護者への助言・支援を行う。

＊19　この制度の対象となる生活困窮者とは，「就労の状況，心身の状況，地域社会との関係性その他の事情により，現に経済的に困窮し，最低限度の生活を維持することができなくなるおそれのある者」とされている（生活困窮者自立支援法３条）。

＊20　これら各種の必須事業と任意事業は，自治体が自ら実施（直営）してもよいし，社会福祉協議会やNPOなどの民間団体に委託してもよい。

生活困窮者自立支援制度における各種の必須事業と任意事業は，それぞれの自治体における委託先の民間団体の特色，福祉関連機関や就労先の分布などによって，多様なバリエーションがみられる[*21]。人口規模の小さな自治体についても，活発に各種事業を実施して相談支援の実績を重ねている事例も少なくない。これは積極的な面に着目すれば，この制度の創設過程で理念の１つに掲げられた「分権的・創造的な支援[*22]」のように，自治体ごとの特徴や強みを生かした生活困窮者支援が各地で展開されているといえる。それと同時に，自治体によって任意事業の実施有無に違いがある点は，生活困窮者からみればどの自治体に住むかによって利用できる任意事業が異なるということになる。各地で漏れなく包括的な生活困窮者支援をいかに提供するかという検討課題が残されているといえる。

*21　自分自身がいま住んでいる地域の自治体で，この制度の事業をどの団体が実施しているか（自治体が直営もしくは民間団体に委託），どの任意事業を実施しているかについて調べてみよう。インターネットで自治体名と生活困窮者自立支援制度などの語句で検索してみよう。

*22　制度創設過程で厚生労働省が作成した各種資料では，５つの「新しい生活困窮者支援のかたち」として，「包括的な支援」，「個別的な支援」，「早期的な支援」，「継続的な支援」，「分権的・創造的な支援」が掲げられている。

4　生活困窮に社会政策が実際に機能するには

ここまで主に生活保護制度と生活困窮者自立支援制度を取り上げ，生活困窮に対応する社会政策について述べてきた。限られた文字数では，制度の詳しい説明や制度利用の動向などにふれることはできない。ただ，ここで留意してほしいことは，生活困窮に対応する社会政策を学ぶうえでは，制度の仕組みを知ることだけでなく，どうすれば社会政策を実際に機能させられるかを考えることが重要という点である。

なぜならば，生活困窮者に向けて用意されている社会政策は，必ずしも当の本人である一人ひとりの生活困窮者に届くとは限らないからである。生活困窮者がここで述べたような制度を知っているとは限らないし，知っていても利用するとは限らない。あるいは，いろいろな制度があることを知っているけれど，どのように利用してよいかわからない場合や，生活上の困りごとがいくつも重なり合っていて，どの困りごとから対処してよいかわからない場合も想定される[*23]。

*23　社会政策の諸制度は，いわば飲食店で示されるメニューのようなものといえる。飲食店では，メニューをながめて品を選んで注文し，本人の目の前に品が運ばれてきて初めて飲んだり食べたりすることができる。社会政策の場合は，利用する制度を選んで申請等の手続きをして本人に制度の給付等が届いて実際に機能する。しかし，その一連のプロセスを誰しも１人でこなせるとは限らないため，状況に応じて相談支援が求められる。

そこで重要なのは，生活困窮者自立支援制度における自立相談支援事業のように，相談機関が生活困窮者の個別的で多様な困りごとを丸ごと受け止めて，その場面で必要な各種制度等に結びつけていくといったコーディネート機能である。相談機関がどの制度をどのように利用できるかを示すことによって，対象者が就労や福祉サービスに結びつき生活状況が変化すれば，次の段階では，必要に応じて制度を利用しつつ生活の立て直しや維持をいかに図るかを一緒に考えるといった継続的な相談支援が意義をもつといえる。[*24]

このように，制度利用のコーディネート機能を介在させることによって，社会政策がそれを必要とする者に届いて実際に機能するといった視点が，特に生活困窮に対応する社会政策を学ぶうえでは大切である。

＊24　生活困窮者に社会政策が届くためには，各自が生活困窮に陥った場合に備えて社会政策の各種制度の仕組みを学んで理解するというより，生活困窮に陥ったら困りごとを丸ごと受け止めてくれる相談機関に相談し，相談機関が必要な制度等に結びつけていくという発想である。

4　生活困窮状態から，どのように生活を立て直していくか

1　困っているのはお金だけとは限らない

これまで，生活困窮というのは，単にお金に困っている状態とは限らず，生活そのものをどのように送っていけばよいか困っている状態と述べてきた。そのため，対応策として，お金を渡せばそれで済むわけではない。言い換えれば，お金ですべては解決しない。

まず，お金を生活困窮者に渡したとして，どのような場合を想定しうるであろうか。例えば，アルコールやギャンブルの依存症を抱えている者に，現金給付や貸付でお金を渡した場合には，依存症ゆえにアルコールやギャンブルに使ってしまうおそれがある。あるいは，知的障害をもつ者にお金を渡した場合には，本人１人で計画的に家計のやりくりを行うのが困難なことも想定されよう。このように，お金そのものが安定的な生活に結びつくとは限らない。だとすると，生活を立て直していくに当たっては，お金だけでなく，お金が安定的な生活に結びつくように支援する機能が求められるということになる。

次に，生活困窮者が抱えるお金以外の困りごととして，上記の依存症や知的障害，先に述べたひきこもりや虐待などが挙げられる。その他，社会生活を送るうえでの困りごととして，ここで２つの事例を挙げておきたい。

- 仕事を探そうとする生活困窮世帯の20代夫婦。生活困窮者自立支援制度の自立相談支援事業の支援員からハローワークへ行くことを勧められ，何度か通うものの仕事がなかなか決まらない様子。支援員がハローワークに同行することとなった。求職申込書に記入する場面で，夫婦は氏名と住所と電話番号の記入を終えると手を止めていた。夫婦とも漢字の読み書きができないことがわかった。日常生活上の様々な情報の理解や，未就学児２人の子育てや家事などにも，多くの困りご

とを抱えていることがわかった。

- NPO の就労支援を受けて飲食店で働き始めた30代男性。働き始めてからも NPO 職員が見守りを兼ねて会うと，いつも本人の頭髪が脂で汚れた様子。働き続けるには清潔を保つ必要があるため，職員が洗髪のことを遠回しに尋ねたところ，毎日シャンプーしているという。職員がある日，たまには背中でも流しますよと銭湯に誘い，本人が洗髪する様子を見たところ，シャンプーを頭髪に付けるだけで泡立てずに流していたという。シャンプーでの頭髪の洗い方を知らないことがわかった。

このように，漢字の読み書きやシャンプーでの頭髪の洗い方が身についていない事例をみると，一定程度のお金をもっている場合でも社会生活を送るうえで困難が生じることがわかる。漢字の読み書きや清潔の保持などが十分にできない背景には，例えば子ども期に家庭で教育やしつけを受ける環境になかったり，不登校などで学校教育を受けられなかったなど様々な事情がある。

生活困窮に対応する社会政策の現場では，生活困窮者がどのような困難を抱えているかを把握し，必要に応じて総合的な相談支援を提供することが求められる。生活困窮者は，お金のみならず，複合的な困りごとを抱えていることが多く，何か単一の困りごとだけを抱えているわけではない[*25]。

2　伴走型支援という生活困窮者支援の考え方

複合的な困りごとを抱える生活困窮者に対して，一人ひとりの状況に応じた包括的な相談支援を提供する支援の枠組みとして，筆者らは2014年に出版した『生活困窮者への伴走型支援』で伴走型支援[*26]という考え方を提唱した（奥田ほか，2014）。

この伴走型支援の枠組みと機能の特徴を示したものが，**資料10-1**である。まず，生活困窮者（対象者）に支援者（伴走者）が寄り添って複合的な困りごとの仕分け（アセスメント）を行ったうえで，対象者が必要とする現金給付（所得保障）や福祉サービス，就労などに結びつけ，対象者の状況に応じた包括的な相談支援をパッケージとして個別的にコーディネートする。そして，支援者は，対象者を制度等に結びつけた段階で役割を終えるのではなく，必要に応じて，その後も

＊25　例えば，自治体や民間団体に「ガス代を滞納してガスを止められそうなので，ガス代を貸してほしい」という相談が入るとする。しかし，ガス代に困っている世帯は，ガス代だけに困っているとは考えにくい。家賃や水道・電気代も滞納していたり，場合によっては食事も満足にできていないなど逼迫した状態にあることも想定される。

＊26　伴走とは，一般的には，マラソン等の競技で走者のそばで一緒に走ることを指す。視覚障害者のマラソンにおいては，伴走者が走路の状態などを走者に伝えながら一緒に走る。

資料 10－1　伴走型支援の枠組みと機能

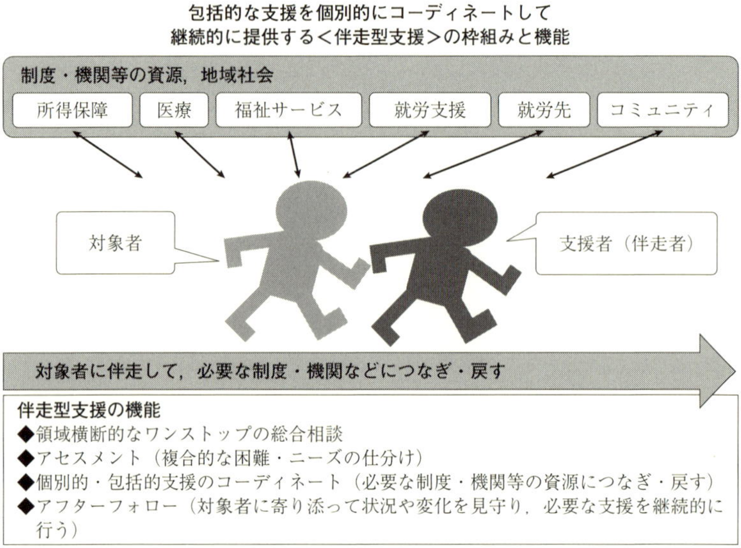

（出所）　奥田ほか，2014，73頁および関連箇所をもとに筆者が改変。

アフターフォローとして対象者の状況や変化を見守りながら伴走し，継続的な相談支援を提供する。

この伴走型支援の枠組みに基づいて，生活困窮に対応する社会政策を学ぶに当たって重要な視点を示しておきたい。

第１に，包括的な相談支援を提供するという視点である。生活困窮とは，単にお金に困っている状態とは限らず多様な側面をもっているため，一人ひとりの個別的な状況に応じた相談支援のコーディネートが求められる。第２に，継続的な相談支援である。現金給付や福祉サービスなどの社会政策の制度に結びつけたら支援終結，あるいは就労支援を行った対象者が就労を開始したら支援終結，というスタンスでなく，必要に応じてアフターフォローを行うことでその後の状況や変化に対応することが求められる。第３に，生活困窮者の社会的孤立の防止に取り組む相談支援である。上記の筆者らの本の副題は「経済的困窮と社会的孤立に対応するトータルサポート」としており，生活困窮者が抱える困りごとを経済的困窮だけでなく社会的孤立も含むものとしてとらえることを提起している。

3　社会的孤立の状態で生活を立て直せるか

すでに本章第1節で述べたように，日頃から頼れる人や相談相手がいないといった社会的孤立の状態は，まさしく生活上の困りごとであり，だからこそ生活困窮をとらえる際には社会的孤立も視野に入れることが求められる。

各地の生活困窮者支援の現場を調査していると，生活困窮状態から生活を立て直すに当たって何が必要かを教えられる。特に注目できるのは，生活困窮状態から生活を立て直していくプロセスで，人が人を支えるという面である。「喜怒哀楽」でいえば，第1に，くじけそうな場面や哀しい場面で励ましてくれる支援者などの存在によって，諦めずに踏ん張ることができたという事例に多く接してきた。第2に，就労支援を受けて働き始めて初任給を手にしたり，生活状態が徐々に改善してきた場面など，一歩前へ進めたときの喜びや生きがいは，それに共感する相手が存在することによって実感できるのではないかと考えられる。

1人ぼっちの社会的孤立の状態だと，誰からも励ましや共感を得られず，もしかすると頑張って前へ進もうとする意欲が削がれてしまうかもしれない。誰かの励ましや共感がないと頑張れないというのは，甘い考えだろうか。私たちは，どうだろうか。たった1人で踏ん張って生きているだろうか。もし，そうでないなら，生活困窮者の社会的孤立を防ぐ手立てを社会が用意するという発想も成り立ちうるのではないだろうか。

生活困窮者の社会的孤立を防ぐ手立てを考える際には，頼ったり相談できる家族や友人などがいない場合に，その役割を誰が担うかという具体的な議論が避けられない。多くの場合に家族が果たしてきた相談や見守りの機能について，社会的孤立の状態にある場合には家族以外の他者がその役割を担う仕組みを考えることも必要ではないだろうか。[*27]

＊27　先にふれた伴走型支援の枠組みでは，支援者（伴走者）がその役割を担うものとし，そのことを家族機能の社会化として論じている。さらに，支援を利用中もしくは利用していた者どうしで助け合う互助の機能や意義が，これまで各地の生活困窮者支援団体によって提起されてきた。

5　生活困窮と社会政策について，これから何を考えるか

最後に，本章で述べてきたことを踏まえて，生活困窮と社会政策をめぐって今後も引き続き考えたい点を整理しておくことにする。

第1に，生活困窮は単に生活に必要なお金が足りないという面だけではない。そのため，お金（所得）を基準として生活困窮をとらえる方法には限界が伴う。このように考える

と，何を基準にして生活困窮をとらえるか，どのようにして社会政策を必要とする生活困窮者を把握するか，という問いが避けられない。見えにくい生活困窮者をいかに発見するか。これは，社会政策の学問においても実践においても重要な問いである。

第2に，生活困窮は複合的であることが多いため，単一の制度の紹介や利用では不十分であり，包括的な相談支援を交えた対応が求められる。社会政策の制度はどうしても縦割りに作られていく傾向があり，縦割りとなった諸制度を支援者が手繰り寄せて包括的なパッケージとして対象者に提供するという方法は，生活困窮以外の社会政策の分野においても参考にできるかもしれない。

第3に，生活困窮状態からの生活の立て直しについて，点ではなく線（プロセス）としてとらえるということである。生活や困りごとを静態的にとらえて個別の困りごとに個別の制度を充てるという視点ではなく，複合的な困りごとを解きほぐして必要に応じた相談支援を提供し，相談支援開始後の状況や変化に応じたアフターフォローやプラン変更なども含め，伴走しながら生活を立て直していくといった動態的な考え方である。そのため，支援の効果をとらえるに当たっては，就労や収入増といった面だけでなく，生活する本人の主体性や生きがいなどにも目を向ける必要があろう。

第4に，生活困窮者に対する相談支援について，問題解決型と寄り添い型の2本柱で考える視点である。生活困窮者が抱える困りごとは，例えば債務のように解消できるものもあれば，本人の障害や特性を背景としているため解消したり本人から切り離すことができないものもある。困りごとの中には，それを問題とみなして解決を図るというだけでなく，社会福祉分野などでバルネラビリティ（vulnerability 脆弱性）という概念が用いられるように，困りごとを抱えながら生きていく生活困窮者に他者が寄り添って生活を下支えしていくという視点も求められよう。

第5に，生活困窮の具体的な状態や，生活困窮から生活を立て直していくうえで何が求められるかを学ぶことで，私たちが生きていくうえで何が必要かを知ることができる。お金（所得）を生活に必要な物（財）に自ら計画的に交換し，健康で安全な環境を保持し，家族や友人などの他者に頼ったり見守られたりしながら生活を送っていく――これらのことは誰

▶▶ Column 12　国の調査結果に表れないホームレス ◀◀

日本では2002年に「ホームレスの自立の支援等に関する特別措置法」が制定・施行されてから，ホームレス（野宿生活者）の概数調査が毎年実施されている（2004～06年を除く）。2024年調査では，ホームレスの概数は2820人となっている。

この調査は，各自治体が毎年１月に実施し，調査当日に目視でカウントする。そのため，この調査の方法上の限界として，調査当日以外の期間にホームレス状態にあったけれど調査当日にホームレス状態でなかった者は，この調査ではカウントされないことになる。

では，調査当日の一時点を静止画像のようにとらえる方法でなく，動画のように一定期間を通してとらえるとどうなるであろうか。この問題意識で筆者は独自に，自治体で１年間に生活保護相談に訪れるホームレス数の調査を行った。具体的には，国のホームレス概数調査でホームレス数がゼロもしくはゼロに近い自治体のいくつかに対して，１年間に生活保護相談に訪れるホームレス（野宿生活者）の数（実人数）を問い合わせた。その結果，まとまった資料を得られた２つの自治体（いずれも人口50万人未満の中核市）における相談実績をまとめたものが**資料10-２**である。なお，ホームレス概数調査結果については，自治体の特定を避けるため，幅をもたせた数値を記載している。

資料 10－2　ホームレス概数調査結果と実際に生活保護相談に訪れるホームレス数の比較

（単位：人）

		2019年度	2020年度
自治体Ａ（中核市）	ホームレス概数調査結果	0～3	0～3
	生活保護相談に訪れるホームレス	55	54
自治体Ｂ（中核市）	ホームレス概数調査結果	0～3	0～3
	生活保護相談に訪れるホームレス	47	58
	生活保護相談に訪れるホームレス状態の DV 被害者	8	9

（注）　1：ホームレス概数調査結果については，自治体の特定を避けるため，幅をもたせた数値を記載している。

2：生活保護相談の人数については，いずれの自治体についても，年間の実人数を記載している。

（出所）　厚生労働省「ホームレスの実態に関する全国調査（概数調査）結果」各年版，および自治体への独自調査より筆者作成。

２つの自治体という限られた事例とはいえ，国のホームレス概数調査結果でゼロもしくはゼロに近い自治体において，実際には１年間に50人程度のホームレスが生活保護相談に訪れていることがわかった。自治体Ｂでは，ホームレス状態のDV被害者が年間10人ほど把握されている。

このように，国の調査でとらえられたホームレス数と自治体の生活保護相談窓口で把握されたホームレス数には大きな差がみられる。はたして，実際に日本のホームレス数は，どの程度にのぼるであろうか。ホームレスや生活困窮者を把握することは簡単でない。しかし，生活困窮と社会政策を学ぶうえでも，生活困窮者に社会政策を届けるうえでも，生活困窮者の存在を把握することは最重要の課題である。社会政策を必要とする生活困窮者を着実に把握する方策についても，ぜひとも考えてみてほしい。

にとっても当たり前のことではない。私たちの生活が実は何によって支えられているかを知ることは，生活困窮と社会政策について考え続けるうえで決定的に重要である。

本章のテーマをさらに理解するために

- **奥田知志・稲月正・垣田裕介・堤圭史郎，2014,『生活困窮者への伴走型支援：経済的困窮と社会的孤立に対応するトータルサポート』明石書店。**
  経済的困窮と社会的孤立を生活困窮としてとらえ，包括的な相談支援を継続的に提供する伴走型支援の構想を提唱した1冊。
- **R. リスター／松本伊智朗監訳／松本淳・立木勝訳，2023,『新版　貧困とはなにか：概念・言説・ポリティクス』明石書店。**
  貧困を単に物質的な困窮状態のみでなく，貧困当事者が経験する屈辱や人権の否定などの非物質的な側面も包含して説明。新版の原著は2021年刊。
- **A. セン／池本幸生・野上裕生・佐藤仁訳，2018,『不平等の再検討：潜在能力と自由』岩波現代文庫。**
  お金（所得）や物（財）は手段であり，重要なのは，何ができるか，どんな生活ができるかという潜在能力（ケイパビリティ）と説く。原著は1992年刊。

引用参考文献

阿部彩，2008,『子どもの貧困：日本の不公平を考える』岩波新書。
岩永理恵・卯月由佳・木下武徳，2018,『生活保護と貧困対策：その可能性と未来を拓く』有斐閣。
奥田知志・稲月正・垣田裕介・堤圭史郎，2014,『生活困窮者への伴走型支援：経済的困窮と社会的孤立に対応するトータルサポート』明石書店。
特定非営利活動法人ホームレス支援全国ネットワーク，2020,『不安定な居住状態にある生活困窮者の把握手法に関する調査研究事業報告書』（厚生労働省令和元年度社会福祉推進事業）。

（垣田裕介）

あとがき

社会政策の良質なテキストを作りたい。

社会政策に関する教科書，研究書は数多の良書が存在する。その中で，われわれがあえて本書を世に問うてみようとしたのは，われわれ研究者が研究してきたことを整理していくスタイルではなく，「人生にとって，社会政策の意義とは何か」，「人生を豊かにする社会政策とは何か」を読者それぞれがつかむことができるガイドブックを実現したいと思ったからである。そのために，構成も通常のテキストでみられる，社会保障・社会福祉，労働政策，労使関係といった研究分野による区分とは異なり，人生の流れとともに生じるライフコース上のリスク（貧困，差別，孤独・孤立など）に対して，いかに社会政策が活用されているか，それはどのような社会的意義があるのか，自分事として追体験できるような章立てにしている。各執筆者には，多様な生活・労働を可能にする社会政策とは何かが読者に伝わるようにお願いした。

社会政策とは，個人では解決できない問題に対して，放置すれば社会を維持できなくなる諸問題への対応策の総称である。適切な社会政策は個々人の人生（ライフコース）を整えることができるし，諸問題を放置したり，政策を誤ったりすれば，最悪の場合，人生を終わらせてしまう。そうならないよう，個人の問題でははく，社会が解決すべき問題として，社会資源を投入する意義を編み出す「取組み」が社会政策である。

本書を閉じるに当たり，社会政策を考えるうえでの課題を４つ挙げて，本書のまとめとしたい。

第１に，「標準」あるいは「普通の生活」という考え方をどう克服するかである。どの時代にも「標準」の生活イメージがある。これまで日本では，小中高の後，専門学校や大学などを経由し就職，結婚，子育て，家の購入，子どもの教育，そして老後は年金生活，親は２人いて，片方が労働を主に，もう片方がケアを主にするモデルが前提であった。しかし，いまでは共働きが主であり，単身化も進み，ひとり親の家庭も増えてきた。これまで社会政策では「標準」生活を対象として考え，非標準の生活問題は個人の問題として切り落とされてきた。これら非標準に対する研究は地道になされてはきた。しかし，それが政策として人々に届くには様々なハードルがある。その結果の１つともいえるが，日本の「子どもの貧困」，特に，ひとり親家庭の貧困は，国際的にみて深刻な状況にある。日本の家族「標準」から外れてしまった途端，親にも子どもにも，経済的・精神的に負担が一気にかかってしまうである。

第２に，社会政策の対象としての「家族」である。家族の構成員である子どもの貧困は共感を得やすい。しかし，家族を支える大人の貧困問題の解決は自助で解決を求められ，切り捨てられやすい。なぜだろうか。大人は自立して当たり前，自立できない大人は大人ではない，と考えられているからではないだろうか。親が自立できない環境にあること，親の無理が子どもの貧困を加速化させているのではないだろうか。近年，子どもの貧困の視点からヤングケアラーというとらえ方が「発見」され，ケア労働を担わざるを得ない児童が決して少なくないことが明らかとなった。これまで家族内のケアは，社会問題ではなく，自分たちだけの問題と認識されていた。家族内で対処することが「標準」とされ，さらに，プライバシー保護や親の扶養義務などで目隠しされている。親については，女性労働問題としてケアと労働の関係が研究されてきたが，男性も含めて，社会全体でケアと労働を，家族や女性にのみ任せる「標準」を変えていかなければならない。

第３に，「自立」をどうとらえるかである。誤解を恐れずにいえば，この世に個人で自立できる人などいない。働くことで生計を成り立たせることを自立と考える人がいるが，それは自立の一部分でしかない。正社員という働き方ですら，いまや就労人口の６割程度しかない。その働き方は長時間労働で過労死・過労自殺を生み，労働者の健康・生活・命を守ってはいない。さらに，経済的に自立できたとしても，すべての生活場面で自立しているとは限らない。社会政策が，個人の生活とどのように，また，どの程度関与するかについては，依然として模索が続いている。

第４に，世界の実態を知り，政策を構想する「創造力」である。本書では，主に日本の社会政策を解説してきた。いま，世界では，様々な地域での戦争・紛争で多くの死者や難民が発生している。家族離散の中で子どもたちが人身売買の危険にさらされているとユニセフは警鐘を鳴らす。アジアを中心に人身売買が横行し，世界では数千万人単位での犠牲が出ているといわれる。多くの国は貧困ゆえに，子どもは経済価値をもつ労働力として商品化されてしまう。世界では教育ではなく児童労働に駆り出されている子どもたちが１億人以上はいる。また，紛争その他の事情で，自分の国に住めない人々が多数いる。生活するために国境を越えなければならない人々が多数いる。社会政策は，個人の問題を，その社会全体の問題としてとらえ，多くの人々がつながり，資源や知恵を集めることで問題を解決しようと試みてきた。現在，人も経済も情報も，国境を越えてつながっており，国際的な社会政策の枠組みが必要となりつつある。自分の生活圏から遠い地域や国の出来事を，自分の生活問題とつなげて考えることができるか，その想像力が問われているといえる。

本書を執筆したわれわれ社会政策の研究者は，研究を生業（なりわい）にしている。人生が不幸であるならば，それは個人の問題ではなく，社会の問題であることを発見しようと歴史を学び，他国を学び，個人と社会の望ましい関係を模索している。社会政策という学問には，貧困や差別を克服する知恵が詰まっている。

社会政策とは，どこで生まれても，どんな職業についても，どんな病気になっても，社会で解決することが個人にとって意味があると考え，個人も社会も豊かになる解を創り出すための思索を行う学術分野である。それは，社会政策を学んだわれわれの言動を通じた社会を創造する営み次第である。多くの人たちの生活の困りごとや課題を想像し，問題の歴史を学び，われわれの創造力を使って，不安と不信が広がる社会から安心と信頼が広がる社会へ転換していく営みが必要である。本書がその１つの契機になればと願っている。

最後に，本書の作成に当たっては，法律文化社の梶谷修さんにお世話になった。本書の作成を企画して頂き，オーソドックスな教科書でなく，人生ハンドブックのような構成・内容にすることについても，快く理解を示して頂き感謝している。これも社会政策学会にほぼ毎回参加しわれわれとも交流をもち続けて，社会政策とは何かを熟知した編集者であったことが大きかった。この場をもって謹んでお礼を申し上げたい。

本書が多くの読者に届き，様々な議論を起こして，次の取組みに反映されることを祈っている。

It is better to light a candle than to curse the darkness.
暗き社会を呪うよりも明かりを灯すことに価値がある。

——エレノア・ルーズベルト

編者　石井まこと・所道彦・垣田裕介

索　引

あ　行

か　行

さ　行

た　行

な　行

●は　行

●ま　行

や　行

ら　行

わ　行

執筆者紹介

（＊は編者，執筆順）

＊所《ところ》　道《みち》彦《ひこ》　大阪公立大学大学院生活科学研究科教授（第１章）

相《そう》馬《ま》直《なお》子《こ》　横浜国立大学大学院国際社会科学研究院教授（第２章，共著）

二《に》木《き》　泉《いずみ》　トロント大学大学院社会学部博士課程（第２章，共著）

居《い》神《がみ》　浩《こう》　神戸国際大学経済学部教授（第３章）

藤《ふじ》原《わら》千《ち》沙《さ》　法政大学大原社会問題研究所教授（第４章）

森《もり》　詩《うた》恵《え》　大阪経済大学経済学部教授（第５章）

＊石《いし》井《い》まこと　大分大学経済学部教授（第６章）

松《まつ》木《き》洋《ひろ》人《と》　早稲田大学人間科学学術院教授（第７章）

祐《すけ》成《なり》保《やす》志《し》　東京大学大学院人文社会系研究科准教授（第８章）

森《もり》川《かわ》美《み》絵《え》　津田塾大学総合政策学部教授（第９章）

＊垣《かき》田《た》裕《ゆう》介《すけ》　大阪公立大学大学院生活科学研究科教授（第10章）

〈編著者紹介〉

石井まこと（いしい・まこと）

九州大学大学院経済学研究科博士後期課程単位取得退学。修士（経済学）
現　在：大分大学経済学部教授
専門分野：社会政策，労使関係
主　著：『多様化する現代の労働―新しい労働論の構築に向けて』（共著）法律文化社，2024年
『水俣に生きた労働者―チッソと新日窒労組の59年』（共著）明石書店，2021年
『地方に生きる若者たち―インタビューからみえてくる仕事・結婚・暮らしの未来』（共著）旬報社，2017年

所　道彦（ところ・みちひこ）

英国ヨーク大学大学院社会政策学研究科修了。博士（Social Policy and Social Work）
現　在：大阪公立大学大学院生活科学研究科教授
専門分野：社会政策，社会福祉
主　著：『社会福祉の原理と政策』（共著）ミネルヴァ書房，2020年
『福祉国家と家族政策―イギリスの子育て支援策の展開』（単著）法律文化社，2012年
『社会福祉学』（共著）有斐閣，2011年

垣田裕介（かきた・ゆうすけ）

大阪府立大学大学院社会福祉学研究科博士後期課程修了。博士（社会福祉学）
現　在：大阪公立大学大学院生活科学研究科教授
専門分野：社会政策
主　著：『就労支援政策にみる福祉国家の変容―7ヵ国の分析による国際的動向の把握』（共著）ミネルヴァ書房，2024年
『生活困窮者への伴走型支援―経済的困窮と社会的孤立に対応するトータルサポート』（共著）明石書店，2014年
『地方都市のホームレス―実態と支援策』（単著）法律文化社，2011年

Horitsu Bunka Sha

Basic Study Books

社会政策入門
──これからの生活・労働・福祉

2024年10月10日　初版第1刷発行

編著者　石井まこと・所　道彦
　　　　垣田裕介

発行者　畑　　光

発行所　株式会社 法律文化社

〒603-8053
京都市北区上賀茂岩ヶ垣内町71
電話 075(791)7131　FAX 075(721)8400
https://www.hou-bun.com/

印刷：共同印刷工業(株)／製本：(株)吉田三誠堂製本所
装幀：白沢　正

ISBN 978-4-589-04352-8